ZWINGLIANA

BEITRÄGE ZUR GESCHICHTE ZWINGLIS
DER REFORMATION UND
DES PROTESTANTISMUS
IN DER SCHWEIZ

HERAUSGEGEBEN VOM ZWINGLIVEREIN
UNTER MITWIRKUNG DES INSTITUTS
FÜR SCHWEIZERISCHE REFORMATIONSGESCHICHTE

BAND XXXVI

2009

TVZ

THEOLOGISCHER VERLAG ZÜRICH

ZWINGLIANA ist die Mitgliederzeitschrift
des Zwinglivereins Zürich

ZWINGLIANA erscheint ab Band XX 1993 einmal pro Jahr
in einem Band

Adresse der Redaktion:
c/o Institut für schweizerische Reformationsgeschichte
Kirchgasse 9
CH-8001 Zürich

Weitere Informationen zur ZWINGLIANA sowie Orientierungshilfen für Autorinnen und Autoren befinden sich auf folgender Homepage:

www.zwingliverein.ch/zwingliana

Nichtmitglieder können ZWINGLIANA ausschließlich
über folgende Adresse beziehen:

Theologischer Verlag Zürich
Postfach
CH-8026 Zürich

ISSN 0254-4407

ISBN 978-3-290-17551-1

Gedruckt mit Unterstützung der Schweizerischen Akademie der Geistes- und Sozialwissenschaften

Inhalt

Benützungshinweise

Die verwendeten bibliographischen Sigel stammen aus: Theologische Realenzyklopädie. Abkürzungsverzeichnis, zus.gestellt von Siegfried Schwertner, 2. Aufl., Berlin 1994.
Die Angaben der Bibelstellen richten sich nach der Zürcher Bibel.

Außerdem werden folgende Abkürzungen verwendet:

HBBibl	Heinrich Bullinger, Werke, 1. Abt.: Bibliographie, Zürich 1972ff.
HBBW	Heinrich Bullinger, Werke, 2. Abt.: Briefwechsel, Zürich 1975ff.
HBT	Heinrich Bullinger, Werke, 3. Abt.: Theologische Schriften, Zürich 1983ff.
HBLS	Historisch-biographisches Lexikon der Schweiz, 8 Bde., Neuenburg 1921–1934.
SI	Schweizerisches Idiotikon. Wörterbuch der schweizerdeutschen Sprache, Frauenfeld 1881ff.
S	Huldreich Zwingli's Werke. Erste vollständige Ausgabe durch Melchior Schuler und Joh. Schulthess, 8 Bde., Zürich 1828–1842.
Z	Huldreich Zwinglis Sämtliche Werke, Berlin/Leipzig/Zürich 1905ff. (Corpus Reformatorum 88ff.).
ZS	Huldrych Zwingli, Schriften, 4 Bde., Zürich 1995.
Zwa	Zwingliana. Beiträge zur Geschichte Zwinglis, der Reformation und des Protestantismus in der Schweiz, Bd. 1ff., Zürich 1897ff.

Die weiteren Abkürzungen lehnen sich im allgemeinen an die Abkürzungsverzeichnisse in Z und HBBW an.

Profile des frühen Täufertums im Raume Bern, Solothurn, Aargau

VON MARTIN HAAS [1]

Cornelius Bergmann stellte in seiner 1916 erschienenen Darstellung der Täuferbewegung im Kanton Zürich [2] bereits fest, es habe viele Strömungen in der frühen Reformation gegeben, etwa die Verweigerung des Zehnten, Bildersturm, Unruhen im Umfeld des Bauernkrieges. Man könne nicht sagen, was von den Täufern geweckt worden sei. Die Strömungen seien aus den lokalen Verhältnissen und ihren Wünschen nach Neuerung entstanden. Die Begeisterung, all das zu ändern, was man noch nicht als reformiert gelten lassen wollte, habe auch eine subjektive Note enthalten. Was und mit welchem Bibelverständnis geändert werden sollte, bewegte nicht nur, sondern führte auch zu Parteiungen. Durch neuere Forschungen wurde formuliert, dass auch unterschiedliche Temperamente, ferner Eigenheiten ihrer Gruppendynamik sowie unterschiedliche Einbindung im sozialen und obrigkeitlichen Umfeld spaltend wirkten.

Ein anderer Ansatz kam schon 1895 von Ernst Müller [3], dem ersten wissenschaftlichen Erforscher der Berner Täufer. Er zog in Betracht, dass der Berner Zweig eine eigenständige lokale Ausprägung des Täufertums war, etwa wenn Müller Gründe dafür angab, dass die Wurzeln in Bern auf die Waldenser zurückgingen. Die These einer Polygenese des Täufertums wird heute oft akzeptiert, allerdings nicht im Sinne von Müllers einseitigem Rückgriff auf die Waldenser. [4] Die folgenden Ausführungen kommen auf diesen Aspekt nicht mehr zurück.

Im Folgenden werden historische Abfolgen sowie Merkmale des bernisch-aargauisch-solothurnischen Täufertums herausgegriffen, wobei Gemeinsamkeiten und Besonderheiten im Rahmen der Schweizer Brüder im Vordergrund stehen. Der Vergleich betrifft nicht nur die Täufergemeinden und deren Schrifttum, sondern vor allem auch das Umfeld, eingeschlossen die unterschiedliche Repression in den einzelnen eidgenössischen Orten.

1 Erweiterte Fassung eines Referats an der ordentlichen Mitgliederversammlung des Zwinglivereins vom 19. Juni 2008.

2 Cornelius *Bergmann*, Die Täuferbewegung im Kanton Zürich bis 1660, Leipzig 1916, 20.

3 Ernst *Müller*, Geschichte der bernischen Täufer, Frauenfeld 1895, 52ff. Ludwig *Keller*, Die Reformation und die älteren Reformparteien in ihrem Zusammenhang dargestellt, Leipzig 1885.

4 Die Notiz von Berchtold *Haller*, Bern in seinen Ratsmanualen, 3 Bde., Bern 1900–1902, [zit. *Haller*, Band, Seite] I, 101, man habe sich schon am 3. März 1483 im Simmental mit Täufern befasst, beruht auf einem Übertragungsfehler.

Die Quellenlage und der Quellengehalt sind für das Täufertum des 16. Jahrhunderts im deutschsprachigen Raum durch viele Editionen transparenter geworden, nicht nur in Deutschland und Österreich, sondern vor allem auch in der Schweiz. Direkt oder indirekt gingen alle vier Bände der Quellen zur Geschichte der Täufer in der Schweiz auf den Zwingliverein zurück, etwa durch die vielfältigen Initiativen und Arbeiten des damaligen Präsidenten Leonhard von Muralt, der die ersten Materialsammlungen für Zürich, Bern und die Ostschweiz selber handschriftlich angelegt hatte. Und gestützt auf den Band Zürich veröffentlichte Fritz Blanke seine fundamentale Darlegung über die erste Täufergemeinde in Zürich und Zollikon. Der 3. Band der Quellen, der die Kantone Bern, Aargau und Solothurn umfasst und dessen Materialien die Grundlage dieses Aufsatzes bilden, ist ein Nachzügler und erschien erst 2008.[5]

1. Die Spannweite des ersten täuferischen Geschehens in der Schweiz

Wer die Zürcher Verhältnisse ab 1522 betrachtet, wird sich nicht nur auf die Quellen bei v. Muralt/Schmid abstützen, sondern auch die allgemeine Sicht[6] der Aktensammlung von Emil Egli einbeziehen. Es wurde schon oft dargestellt[7], dass auch Leute die Reformation vorantrieben, welche die damals verfügbaren Mittel der Provokation effizient einzusetzen wussten, etwa die Beherrschung der Kanzel im Kampf gegen den Eigentümer der Kollatur und

[5] Fritz *Blanke*, Brüder in Christo, Zürich 1955, Winterthur ²2003; Quellen zur Geschichte der Täufer in der Schweiz, [zit. QGTS Band, Seite], Bd. I: Zürich [bis 1533], hg. von Leonhard von Muralt und Walter Schmid, Zürich 1952, ²1974; Bd. II: Ostschweiz [bis 1560], unter Benutzung der von Leonhard von Muralt begonnenen Materialsammlung hg. von Heinold Fast, Zürich 1973; Bd. III: Aargau, Bern, Solothurn [bis 1560], unter Verwendung der Materialsammlungen von Leonhard von Muralt und der Quellenverzeichnisse von Hans Rudolf Lavater hg. von Martin Haas, Zürich 2008; Bd. IV: Drei Täufergespräche 1531, 1532, 1538, hg. von Martin Haas, Zürich 1974.

[6] QGTS I haben absichtlich eine andere Ausrichtung als Emil *Egli*, Aktensammlung zur Geschichte der Zürcher Reformation, Zürich 1879 (Nachdruck Aalen 1973) [zit. *Egli*, Nr.]. QGTS I übernahmen für ihre Aktenselektion die Vorgaben des Deutschen Vereins für Reformationsgeschichte, deren Ausrichtung im Vorwort der Täuferquellen Band I, Württemberg, S. V–VI dargelegt wurde. Man war zwar bereit, Quellen aus verschiedenen Strömungen aufzunehmen, sofern sie nicht dem «offiziellen Protestantismus oder Katholizismus» angehörten. Aber sie mussten «irgendwie mit der täuferischen Bewegung in Verbindung stehen». QGTS I hielten sich an diese Festlegung und interpretierten sie recht eng. Das führte dazu, dass in QGTS I bis Ende 1524, mit drei Ausnahmen, lediglich Dokumente von Grebel und Manz aufgenommen wurden.

[7] Vgl. z. B. Heinold *Fast*, Reformation durch Provokation: Predigtstörungen in den ersten Jahren der Reformation in der Schweiz, in: Umstrittenes Täufertum, hg. von Hans-Jürgen *Goertz*, Göttingen 1975, 79 ff.

gegen dessen Pfarrer, unerlaubte Pfarrwahl, Predigtstörung, Fastenbruch, frühe Formen des Bildersturms, Antiklerikalimus generell, Bekämpfung des Zehnten, Erhebungen gegen Klöster und Pfründen usw. Die Reformationsgeschichte von Emil Egli ist voll davon und ebenso die Biographie über Jörg Berger von Leonhard von Muralt.[8] Der Zwingliverein war entscheidend an dieser Forschung beteiligt. Zürichs Landschaft wurde ab 1522 zunehmend aufgewühlt. Unter den wichtigen Akteuren, die alles vorantrieben, waren viele, die 1525 Täufer wurden. Diese haben ihre impulsiven Kräfte nicht einfach verloren, nachdem sie die Taufe empfangen hatten. Sie suchten ihre Aktivitäten weiterhin vor allem dort, wo das Landvolk im Aufbruch war, rund um die Stadt Zürich im Kampf gegen die geistliche Herrschaft, aber auch sehr intensiv im Grüninger Amt. Auch in Marthalen waren welche anzutreffen und außerhalb von Zürich, etwa im Raume St. Gallen und Umgebung sowie im angrenzenden appenzellischen Gebiet, wo starke Bewegungen aufbrachen, ferner in Hallau und vor allem in Waldshut, von wo aus die Kontakte mit den Protagonisten in Zürich hin- und hergingen. Die Täuferführer suchten in den Phasen 1525 und 1526 nicht die Stillen im Land, sondern sie waren dort, wo es laut zu und her ging. Damals suchten sie Orte, wo Ansammlungen erregter Menschen waren.

Wir verweisen in diesem Rahmen auf Hans-Jürgen Goertz, der Möglichkeiten darlegte, die Vorstellungen von «Volksreformation», «religiös-sozialrevolutionärer Bewegung», «Gemeindereformation» und deren Verbindung mit «Täufertum» begrifflich abzugrenzen, und auch Überschneidungen zeigte.[9]

Die Zürcher Ereignisse strahlten aus. Auswärtige kamen, um diese Form der Reformation zu erleben. So wurde im August 1525 der Aarauer Pfistermeyer vom St. Galler Niklaus Guldi bei Zollikon in einem Haus am See getauft, und später war Pfistermeyer wohl auch an der Täuferdisputation im November 1525 in Zürich als Zuhörer dabei.[10] Täufer aus dem Aargau wurden nachher in der Zusammenrottung in Hinwil festgestellt.[11] Vorausgegangen war in Aarau bereits im August 1524 ein Zirkel mit Bibellesungen. Pfistermeyer musste damals erklären, dass er an keinem andern Ort als bei ihm

[8] Emil *Egli*, Schweizerische Reformationsgeschichte, Bd. 1, Zürich 1910; Leonhard *von Muralt*, Jörg Berger, in: Festgabe des Zwinglivereins für [...] Hermann Escher, Zürich 1927, 98ff.

[9] Hans-Jürgen *Goertz*, Die Täufer: Geschichte und Deutung, München 1980, ^{2}1988, 15ff., 43ff. *ders.*, Aufständische Bauern und Täufer in der Schweiz, in: Peter Blickle (Hg.), Zugänge zur bäuerlichen Reformation, Zürich 1987, 267ff. Zu den unterschiedlichen Forschungsansätzen auch C. Arnold *Snyder*, The Birth and Evolution of Swiss Anabaptism, in: Mennonite Quarterly Review 80 (2006), 499–646. Anschließend Stellungnahmen von neun Forschern, 647–690.

[10] QGTS I, 117. Zu Pfistermeyers Taufe QGTS I, 106, 118.

[11] QGTS I, 106, 117, 129.

zuhause Lesungen durchführe. Das wurde ihm vom Rat in Bern erlaubt mit dem ermahnenden Hinweis, er solle es nicht auf der Gasse tun.[12]

2. Erste Täufer im Raum Aargau, Bern und Solothurn

Die Gesinnungsgenossen kannten den Aarauer Kreis. Bevor die Täuferbewegung in Waldshut im Dezember 1525 unter Gewalt von außen zusammenbrach, verfügten sich deren Exponenten anderswohin, Hubmaier nach Zürich[13], Jakob Groß nach Aarau. Groß wusste, in welches Haus er gehen konnte. Er traf auf einen eingeweihten Kreis von Freunden und Nachbarn, wo er das Abendmahl feierte und die Frau des Stadtschreibers taufte[14]. Aarau gehörte damals zum Herrschaftsraum von Bern. In Aarau entstand also unter Berns Untertanen der erste Täuferkreis. Er war geheim und bestand aus Verwandten, Freunden und Nachbarn. Dieser Kreis war klein und keine öffentliche Protestbewegung. Er blieb der Obrigkeit dennoch nicht verborgen, und der Prozess ließ nicht lange auf sich warten. Es kam anfangs 1526 zu Verbannungen.

Es lässt sich indessen keine Verbindung aus Aarau in den engeren Raum von Bern feststellen. Eine isolierte Anspielung von 1525 auf Täufer in der Stadt Bern selbst lässt sich nicht durch weitere Quellen zu Fakten verdichten.[15]

Die Täufer gingen nicht von Aarau nach Bern. Der Aarauer Pfistermeyer wählte für seine Tätigkeit schon 1526/27 Therwil[16] im Baselbiet. Dann wirkte er in der solothurnischen Vogtei Gösgen[17], wo später jeweils «by sechtzig wiber und ungefarlich by sechtzig man, jung und altten, gesy syent»[18]. Das waren viele, aber sie wirkten damals noch als mehr oder weniger versteckte Gemeinde, die allerdings in der Region schon vielen bekannt war.

In die Stadt Bern selbst kamen die ersten konkret fassbaren Täufer aus Basel. In Bern lebte Jakob Hochrütiner. Sein Vater war der St. Galler Täuferführer Laurenz Hochrütiner, der über Zürich hinaus bis Straßburg tätig war

[12] QGTS III, 2.

[13] QGTS I, 148f., 161. Zu Hubmaier in Zürich vgl. Hans Rudolf *Lavater*, Miszellen zu Balthasar Hubmaier, in: Mennonitica Helvetica 26/27 (2003/2004), 133ff., bes. 133–147.

[14] QGTS III, 8, 9, 11, 12, 13ff. Katharina Senger, die Frau des Stadtschreibers, wurde getauft. QGTS III, 17. Zum radikalen Aarauer Cluster vgl. Hans Rudolf *Lavater*, Die bernischen Täufer: Theologie und Bekenntnis, in: Die Wahrheit ist untödlich, hg. von Rudolf Dellsperger und Hans Rudolf Lavater, Mennonitica Helvetica 30 (2007), 55–67. [zit. *Lavater*, Theologie und Bekenntnis, Seite].

[15] Vgl. QGTS III, 135f., 137ff.

[16] QGTS III, 26, 33ff.

[17] QGTS III, 532.

[18] QGTS III, 550.

und 1525 sowie1526 einen Schwerpunkt in Basel hatte.[19] Das Netz der Familie war generell eine wichtige Kommunikationslinie für die Ausbreitung der Täufer. Auf diesem Weg fand der Basler Täufer Hans Hansmann, genannt Seckler[20], seinen Kontaktpunkt in der Stadt Bern. Von dieser 1527 tätigen Gruppe sind die Verhöre überliefert.[21] Außerdem wurden damals täuferische Schriften konfisziert, darunter eine Handschrift des Schleitheimer Bekenntnisses[22] und die früheste Gemeindeordnung[23], ebenso ein langes Schreiben von Hansmann[24]. Man forderte von den Täufern auch schriftliche Darlegungen über die Gütergemeinschaft sowie über Eid, Nachfolge Christi, Absonderung, Eigentum, Nächstenliebe und Erwachsenentaufe.[25]

Man verhörte die Anführer, den Basler Hansmann und den in Bern ansässigen Jakob Hochrütiner.[26] Seckler hatte offenbar sieben Personen getauft.[27] Er wurde wie auch Jakob Hochrütiner nach Gesprächen mit Berner Prädikanten verbannt.[28] Die Täufer wurden mehrfach verhört, vom 21. Mai bis zum 9. August 1527 wohl dreimal.[29]

3. Der Bauernkrieg von 1525 und die Täufer in Bern

Die Forschung der letzten Jahrzehnte beobachtete die Erhebung der Bauern und die Aktivitäten der frühen Täufer mit Interesse. Die Interpretationen bewegten sich zwischen der Vorstellung einer gemeinsamen «Volksreformation» als antiklerikaler Massenbewegung einerseits und einer theologisch getrennten, schon am Anfang auf Absonderung hin tendierenden, strukturierten Täuferkirche andrerseits. Diese hatte bei der zweiten Betrachtungsweise inhaltlich mit der Bauernbewegung nichts zu tun. Im ersten Fall werden besonders die Verhaltensweisen der damals Beteiligten stark gewichtet und im zweiten Fall vor allem die, allerdings spärliche, theologische Literatur der Täufer, wobei erstaunlicherweise bei dieser zweiten Sichtweise die Rolle Hubmaiers in Waldshut aus dem «eigentlichen» schweizerischen Täufertum

19 Aktensammlung zur Geschichte der Basler Reformation, hg. von Emil Dürr und Paul Roth, Basel 1921–1950, Bd. 2, 33, 367.
20 Beutelschneider.
21 QGTS III, 154–169.
22 QGTS II, 26–35. Ferner: Das Schleitheimer Bekenntnis 1527: Einleitung, Faksimile, Übersetzung und Kommentar, hg. von Urs Leu und Christian Scheidegger, Zug 2004.
23 QGTS III, 487f.
24 QGTS III, 146–153.
25 QGTS III, 488–491.
26 QGTS III, 144f. Auch Hans Treyer wurde später verhört und verbannt, QGTS III, 167f.
27 QGTS III, 153.
28 QGTS III, 145, 156.
29 QGTS III, 157–166.

an den Rand gedrängt wurde.[30] So kam im zweiten Fall ein teilweise gereinigtes Täuferbild zustande. Diese Auseinandersetzung, ausgelöst unter anderem durch unterschiedliche methodische Ansätze, beschlug vor allem die Rolle der Täufer bei den Unruhen in Zürichs Gebiet und im Raume Schaffhausens sowie das Geschehen im Umfeld von St. Gallen und Appenzell.

Die Verhältnisse in Bern wurden nicht in diese Auseinandersetzung einbezogen. Wenn man vom bernischen Aargau absieht, wird das Täufertum in Bern selbst, wie bereits erwähnt, erst 1527 fassbar, als der Bauernkrieg überall vorbei war. Zudem war in Bern 1525 keine richtige Bauernerhebung ausgebrochen. Die Erhebung des Landes hatte bereits 1513 als «Könizer Chilbi» stattgefunden. Dabei war es aber in erster Linie um Missbräuche im Soldwesen gegangen.

Gleichwohl kam es in Bern 1525 zu Auseinandersetzungen, die allerdings auf dem Wege des Dialogs zwischen Obrigkeit und Land ausgetragen wurden. Der Rat hatte sich im Mai bereiterklärt, die Meinung des Landes zu vernehmen. Es wurden denn auch viele Artikel eingereicht, zu denen die Obrigkeit Stellung nahm.[31]

Schon Edgar Bonjour wies zu Recht darauf hin, dass die Eingaben vor allem weltliche Probleme beschlugen.[32] Dennoch kamen kirchliche Themen vor. Die Obrigkeit lavierte und hielt vieles offen, bis die Krise ausgestanden war. Sie hatte die Kontrolle über den Alltag in der Kirche schon seit dem 15. Jahrhundert ausgebaut. Das Bistum Konstanz, dessen Grenzen an der Aare lagen, befasste sich vor der Reformation kaum mit bernischen Angelegenheiten. Im Unterschied zum Thurgau, dem Raum St. Gallens, Schaffhausens, Zürichs und Süddeutschlands kommen die bernischen Gebiete in den Protokollen des Konstanzer Domkapitels praktisch nicht vor.[33] Die Stadt Bern selbst gehörte, wie alle Gebiete westlich der Aare, zum Bistum Lausanne. So griff Bern in dieser Grenzlage mit eigener Autorität ein, wo es möglich war. Richard Feller wies darauf hin, dass Bern bereits am 7. April 1525 in seinem dritten Glaubensmandat einigen aufbrechenden Forderungen entgegenkam, immer zulasten der Kirche und zugunsten der eigenen Machtfülle. Das mochte im Voraus das Klima beruhigen.[34]

[30] Vgl. dazu auch Andrea *Strübind*, Eifriger als Zwingli: Die frühe Täuferbewegung in der Schweiz, Berlin 2003.

[31] Aktensammlung zur Geschichte der Berner Reformation, hg. von Rudolf Steck und Gustav Tobler, 2 Bde., Bern 1918, 1923, [zit. Steck/Tobler], Nr. 633, 743. Ferner Staatsarchiv Bern [zit. StABE] A III 18, f. 458ff.

[32] Edgar *Bonjour*, Die Bauernbewegungen des Jahres 1525 im Staate Bern, Bern 1923, 18, 46ff., 77ff, 94ff.

[33] Vgl. Die Protokolle des Konstanzer Domkapitels, bearbeitet von Manfred *Krebs* in: Zeitschrift für die Geschichte des Oberrheins, Neue Folge, Bde. 61–64, Karlsruhe 1952–1955.

[34] Richard *Feller*, Geschichte Berns, 4 Bde., Bern 1946–1960, Bd. 2, 131.

Im Rahmen der Fragestellung Täufer und Bauernkrieg interessieren für die bernische Sachlage vor allem die örtliche Herkunft der 1525 eingereichten Artikel sowie die regionale Verteilung jener Eingaben, die auch kirchliche Situationen betrafen.

Besonders dicht mit Eingaben vertreten waren etwa Lenzburg und Schenkenberg, damals im bernischen Aargau, sowie die Vogteien des Oberaargaus, also Aarwangen, Bipp und Wangen.[35] Auch Gemeinden des Schultheißenamtes Burgdorf waren aktiv sowie Sumiswald und andere benachbarte Teile des Emmentals. Diese Reihe lässt sich mit Aarwangen, Melchnau, Madiswil, Busswil, Thunstetten, Lotzwil, Roggwil, Wynau, Utzenstorf, Langenthal, Bipp und Koppigen illustrieren. Alle reichten Artikel ein. Demgegenüber fallen die Eingaben, die aus anderen Gegenden des Bernbiets kamen, zahlenmäßig weniger ins Gewicht, etwa Thun, Steffisburg, Zollikofen, Vier Kirchspiele, Lüsslingen.[36]

Es waren Anliegen zur Kirche und ihrer Organisation in den eingereichten Artikeln enthalten. So kam die Forderung vor, es sei nicht zu gestatten, dass Mönche in den Kirchen pfarrherrliche Funktionen versähen. Bern differenzierte in seiner Antwort, der Entscheid hänge davon an, wie gut ein Mönch die Aufgabe als Pfarrer erfüllen würde und dass ein Kloster nicht irgendeinen schlecht bezahlten Stellvertreter auf die Pfründe setze.[37] Oft wurde darum gebeten, den kleinen Zehnten abzuschaffen, so von Bipp, Kirchberg, Aarwangen, Lotzwil.[38] Auch Jahrzeiten und anderes Seelgerät[39] sollten abgeschafft werden.[40] Aeschi, Koppigen, Kirchberg, Schenkenberg dachten in diese Richtung. Animositäten gegen die Klöster kamen ebenfalls vor, besonders im Emmental[41], gegen das Benediktinerkloster Trub, gegen die Deutschordenskommende in Sumiswald und gegen die Benediktinerinnen in Rüegsau. Roggwil in der Vogtei Aarwangen im bernischen Oberaargau kritisierte in seiner Eingabe das Zisterzienserkloster St. Urban in der luzernischen Nachbarschaft. Koppigen, heute im Bezirk Burgdorf gelegen, beschwerte sich über das Kartäuserkloster Thorberg, das im Dorf Rechte besaß, und forderte Mitsprache bei der Pfarrwahl. Es wollte auch die Jahrzeiten selber verwalten. Mit solchen Forderungen bewegten sich Berns Bauern

35 Steck/Tobler, Nr. 630, 631, 671, 673, 679, 680, 681, 712, 743, 749, 778; StABE A V 1349, Nr. 105, 106, 107, 108, 110, 111; StABE A V 1350, Nr. 23, 63–66; StABE A V 1359, Nr. 271, 272; StABE A III 18, f. 458–473.

36 Steck/Tobler, Nr. 630, 643, 670, 714, 743, 749, 778; StABE A V, 1351, Nr. 231, 133, 219, 220; StABE A V 1356, Nr. 19.

37 Steck/Tobler, Nr. 743; StABE A III 18, f. 460v; StABE A V 1356, Nr. 19.

38 Steck/Tobler, Nr. 643, 670, 679, 714; StABE A V 1349, Nr. 107, 110, 111; StABE A V 1350, Nr. 64; StABE A V 1351, Nr. 66.

39 Donatio pro remedio animae.

40 Steck/Tobler, Nr. 778; StABE A V 1350, Nr. 23, 65.

41 Steck/Tobler, Nr. 631, 671, 712; StABE A V 1349, Nr. 107; StABE A V 1350, Nr. 65.

nicht völlig im Neuland. Am 3. September 1489 hatte man an der Kanzel in Konolfingen gegen den Kirchherrn geredet, und schon am 18. Mai 1502 befand der Rat, das Kloster Trub solle für die Gemeinde Oberburg einen genügsameren Priester bestellen, und am 13. Juni 1509 entschied er, man solle in Ursenbach einen Priester auf drei Jahre einsetzen, der den Leuten gefalle. Ab 1508 kam es vereinzelt zum Bruch der Fasten.[42]

Diese Feststellungen wollen keinen engen Zusammenhang zwischen bäuerlichen Forderungen und Täufertum im bernischen Gebiet belegen. Es sind auf Grund der archivalischen Quellen kaum personelle Verbindungen zwischen den Ereignissen von 1525 und dem späteren Täufertum sichtbar.[43] Es fällt jedoch auf, dass sich im Oberaargau und im Emmental 1525 ein großes Interesse regte, an den Verhältnissen Kritik zu üben und auch Forderungen nach Veränderungen zu stellen. Das hängt damit zusammen, dass diese Gebiete den auswärtigen, dichteren Aufstandsregionen am nächsten waren. Überdies ist eine gewisse räumliche Überlagerung der Ereignisse von 1525 und nach 1527 sichtbar. Im Raum Emmental, wo Eingaben auch zu Kirche und Klöstern auffallen, fanden später die Täufer ihre größte Verbreitung. Ebenso ist dort die Bereitschaft zu erkennen, die kirchlichen Fragen auf einem eigenen, kommunalen Wege zu lösen. Die Täufer hatten in diesen Gebieten später einen Boden, den sie in ihrem Sinne zu nutzen wussten.[44]

4. Inhalte des frühen Täufertums in der Stadt Bern

Die bereits erwähnten Bekenntnisse und weitere Dokumente der Täufer von 1527[45] erlauben einen Einblick in den Täuferkreis in der Stadt Bern selbst. Viele der ersten Täufer in Bern kamen aus Basel.

Der Basler Hans Hansmann, genannt Seckler, war zum Teil von Balthasar Hubmaier beeinflusst. Hubmaier, allerdings nicht nur er, bekämpfte die Kindertaufe mit dem Hinweis auf die Johannestaufe. Sowohl Hansmann als auch seine Mitgefangenen argumentierten in gleicher Art.[46] Ferner legte Seckler in seinem Text ausführlich dar, wie Jeremia über den Tempel in Jerusalem ge-

[42] Vgl. *Haller* I, 89.

[43] Räumliche Kontinuität: vgl. die Eingabe von 1527 der Leute von Sumiswald gegen den Entscheid Berns, das Klostergut in die obrigkeitliche Verfügungsgewalt zu nehmen. Es solle in den Entscheidungsbereich der Gemeinde kommen. QGTS III, 171, 176, 178. Die Leute in Sumiswald hatten sich schon 1525 mit der Frage des Klostergutes befasst. Personelle Kontinuität: ab 1527 Uli Flückiger QGTS III, 143f., 154, 234f., 236f.

[44] Vgl. *Lavater*, Theologie und Bekenntnis, 55ff.

[45] Vgl. oben, 9.

[46] Mt 3,1ff. QGTS III, 152f., 158f., 161, 163. Balthasar *Hubmaier*, Schriften, hg. von Gunnar Westin und Torsten Bergsten, Gütersloh 1962, 131f., 148, 159.

sprochen habe.[47] Das sei der verdorbene alte Tempel gewesen, der zur Räuberhöhle verkommen sei.[48] Auch die Kirchen, in denen noch Bilder, geweihte Altäre und weiterer Missbrauch zu sehen seien, reiht er unter die Gräuel ein. Die Gemeinde Christi sei der rechte Tempel. Seckler war überzeugt, dass die Bauten die wahre Sicht der Dinge verblendeten. Solche Betrachtungen beherrschen mehr als die Hälfte des bekenntnishaften Textes von Seckler. Man ist an die Diskussionen erinnert, die in Waldshut beim Abbruch einer Kapelle geführt wurden[49], auch wenn dafür zitierte Bibelstellen[50] allein nicht ohne weiteres auf eine direkte Abhängigkeit schließen lassen.

Auf Hubmaiers Nachwirken weisen die in den Verhören gemachten Aussagen über die christliche Obrigkeit hin. Es wird deutlich, dass es in der Gruppe von 1527 in Bern mehrere Täufer gab, welche bejahten, dass eine Obrigkeit christlich sein könne und dass man sie mit Leib und Leben unterstützen müsse. Die Pflicht zur Waffe wurde also grundsätzlich akzeptiert.[51] Das entsprach Hubmaiers Haltung in Waldshut sowie seiner 1527 erschienenen Schrift vom Schwert.[52] Es wurden also in Bern täuferische Argumente vorgetragen, die auf frühere Verbindungen zu Waldshut oder zumindest auf Kenntnis der Publikationen hinweisen.[53] Sogar Seckler stimmte in seinem zweiten Verhör zu, dass ein Christ in der Obrigkeit sein könne. Sein Gefolgsmann, Hans Treyer aus dem Baselbiet, modifizierte allerdings bereits, ein Christ könne ein Oberer sein, aber er werde es nicht lange bleiben.[54]

Es gab also in der jungen Berner Täufergemeinde Positionen, die nicht dem Schleitheimer Bekenntnis entsprachen.[55] Dies ist vielleicht ein Hinweis, dass der Text des 1527 in Bern konfiszierten Schleitheimer Bekenntnisses eine Alternative in die Berner Täufergemeinde bringen sollte und deshalb einen besonderen Stellenwert bekam.[56] Die Berner Täufer schwenkten wahrscheinlich bald auf die Schleitheimer Linie ein.

Das geht auch aus den erwähnten weiteren täuferischen Texten hervor, die sich in Bern erhalten haben.

Nicht nur die Prädikanten argumentierten mit dem dreifachen Schrift-

47 Jer 9,10; 26,18; 31,28. QGTS III, 147, 148.
48 Mt 21,12 f. QGTS III, 149.
49 QGTS I, 196.
50 2. Kor 6,16; 1. Kor 3,17.
51 QGTS III, 163, 164.
52 *Hubmaier*, Schriften, 432, 442 ff.
53 QGTS III, 159, 160, 161, 163, 166.
54 QGTS III, 167 f. Das heißt nicht, dass der oben angeführte Aspekt allein bestimmend wäre. Die in der Literatur vielfältig abgehandelte Rolle des Schleitheimer Bekenntnisses in der Auseinandersetzung im oberdeutschen Täufertum 1527 steht von diesem Hinweis nicht berührt.
55 Vgl. dazu auch den allerdings unklaren Hinweis QGTS III, 142.
56 Vgl. auch QGTS III, 142.

sinn[57], sondern auch ein Täufer, wahrscheinlich war es Seckler[58]. Dominanter war bei den Täufern indessen ein Bibelverständnis, das zur gleichen Zeit von ihnen so umschrieben wurde:[59]

> «Wir als die verlasnen dieser weltt, aber by gott unserem vatter hoch getzesch[!][60] und unverlasen, des kinder wir sind; dan wir erkenent in worhaft und grechtt ... Eß ist entlich unsere meynung, daß wir pliben wend by dem schlechten[61], einfaltten[62] wort gotteß, durch das wir versichertt sinnd durch die gnad gottes, dass wir nit künden abston von unserm fürnemen ...»[63]

Die Täufer nennen sich hier die Verlassnen dieser Welt. Die Welt hat sie aufgegeben. Den Grund sehen sie darin, dass sie dem einfachen Gotteswort anhangen, ohne jede Zutat. Damit wollen sie nicht nur ihre Trennung von der katholischen Kirche deutlich machen, sondern vor allem auch ihren Abstand von den Prädikanten betonen. Diese predigten aus täuferischer Sicht nicht das einfache Wort, da sie als ausgebildete Theologen mit anderen hermeneutischen Methoden arbeiteten, und sie waren, wie die Täufer glaubten, in manchen alten Normen befangen. Die Täufer grenzten sich ab: Was die Bibel befahl oder verbot, wurde auf das Leben im Alltag wörtlich übertragen. Auf diesen Akzent hatte schon Fritz Blanke in Bezug auf die Zürcher Täufer in seiner Arbeit über die Entstehung des Täufertums hingewiesen.[64]

Generell für das Schleitheimer Bekenntnis und für den Stand der täuferischen Bewegung von 1527 ist die Frage der Absonderung zentral. Die Berner Quellen geben dazu belegende Anhaltspunkte:

> «Item der absündrung halb, so gib ich die antwurtt, daß ich mich von nieman sündren wirtt, weder von vienden noch fründen, sünder jederman düldenn und lieben mit ungeferbter lieby bedy, den sünder und den gerechten. Aber irer lastrenn wird ich mich nit teilhafftig machen noch mit inen darinliggen, so war mir gott furhin gnad gitt.»[65]

Der Text beginnt offen, man glaubt an keine Absonderung der Täufer vom Umfeld. Aber das wird rasch geklärt. Das Gemeindeleben verträgt keine Nachgiebigkeit gegenüber dem Laster. Der Druck des Banns ist spürbar und

[57] Vgl. QGTS III, 161. Vgl. dazu ferner Hans-Jürgen *Goertz*, Zwischen Biblizismus und Spiritualismus: Zur Auslegung der Heiligen Schrift im Täufertum, in: Mennonitische Geschichtsblätter 60 (2003), 8–11; Gottfried *Gerner*, Folgerungen aus dem täuferischen Gebrauch der Heiligen Schrift, in: Mennonitische Geschichtsblätter 31 (1974), 25–43.

[58] Vgl. QGTS III, 150.

[59] Vgl. *Lavater*, Theologie und Bekenntnis, 29ff.

[60] Wohl aus Versehen für geschetzt.

[61] ohne Zutat, gerade. SI IX, 46

[62] einfach, schlicht. SI I, 817.

[63] QGTS III, 490.

[64] *Blanke*, Brüder in Christo, 14f., 18ff.

[65] QGTS III, 488f.

die strenge Trennung von denen, die nicht zur täuferischen Gemeinde gehören. Das Dokument belegt jenes Denken, das galt, als sich die Täufer bereits in Richtung Absonderung bewegten, wie das Schleitheimer Bekenntnis es vorsah[66].

Es fällt bei diesen Texten ferner auf, dass die Täufer den Dialog mit der Obrigkeit suchten, um sich zu erklären. Man wagt, offen auf die Herren zuzugehen, allerdings 1527 kaum mehr mit sichtbarer Hoffnung, die Obrigkeit könnte sich ändern. Man will deren Bedenken zerstreuen.[67]

Dokumentarisches Gewicht für die Berner Täufer und für die frühe Täuferbewegung überhaupt hat die Gemeindeordnung der Täufer.[68] Auch sie liegt im Staatsarchiv Bern und ist von der gleichen Hand geschrieben wie das Schleitheimer Bekenntnis. Auch sie stammt also von 1527.

Darin wurde postuliert, dass sich die Gemeinde pro Woche drei- oder viermal treffen solle, um sich in der Lehre Christi und der Apostel zu festigen und sich gegenseitig zu ermahnen, im geleisteten Gelöbnis beständig zu bleiben. In der Versammlung soll ein Bibeltext vorgelesen und von demjenigen ausgelegt werden, dem Gott den besten Verstand gegeben hat. Die andern sollen schweigen und zuhören. Ferner wurde verlangt, dass bei ihnen der Psalter täglich, also wohl bei jedem Treffen, gelesen werde.

Sittenstrenge und Bann waren bereits festgelegt und die Grundregeln des Banns mit Hinweis auf Mt 18,15–20 Bestandteil der Gemeindeordnung.

Die Gemeinde besaß ein gemeinsames Gut, wofür jeder, je nach Bedarf der armen Gemeindeglieder, spenden müsse. Wie in der Zeit der Apostel solle kein Bruder Mangel leiden.

Die Gemeinde soll aber bescheiden bleiben. Wenn sie sich versammelt, soll Verschwendung vermieden werden. Es soll eine Suppe oder etwas Gemuse und Fleisch in einfacher Form gereicht werden.

Das Abendmahl wurde gehalten, so oft sich die Gemeinde versammelte,

> «hermidt den dodt des herren verckunden[69], und einen yecklichen vermanen, daby zů gedencken, wie Christüs sind lib für uns geben und sin blůt für uns vergossen, das wir ouch willig sein, unser lib und leben um Christus willen, das ist für alle brůder, zů geben.»

Hier ist bereits die Erwartung festgehalten, in der Nachfolge Christi und für die Gemeinde den Glauben mit dem Tod zu bezeugen. Dies wurde besonders von vielen Berner Täufern unter den kommenden blutigen Verfolgungen erfüllt.

66 Vgl. Martin *Haas*, Der Weg der Täufer in die Absonderung: Zur Interdependenz von Theologie und sozialem Verhalten, in: Umstrittenes Täufertum, 1525–1975: Neue Forschungen, hg. von Hans-Jürgen Goertz, Göttingen ²1977, 50–78.

67 QGTS III, 490.

68 QGTS III, 487f.

69 Vgl. 1. Kor 11,26.

5. Die weitere Entwicklung bis 1532

1527 wurden einheimische und fremde Täufer aus Bern verbannt, sofern sie bei ihrer Überzeugung blieben. Deren Führer waren Ende des Jahres in Biel[70], wo sie ihre Rückkehr nach Bern vorbereiteten. Die Gelegenheit bot die öffentliche Berner Disputation vom Januar 1528, welche das Ziel hatte, der Reformation in Bern zum Durchbruch zu verhelfen. Jedermann wurde eingeladen, und man versprach freies Wort und freies Geleit für alle, die kamen.[71] Man hatte in Bern wohl nicht erwartet, dass die soeben verbannten Täufer gleich wieder da waren, pochend auf ihr Recht, dabei zu sein, wenn über den Glauben disputiert werde, und durch öffentliche Verlautbarung versichert, dass man reden dürfe und freies Geleit habe. Schon bevor die Disputation anfing, waren sie aktiv in Häusern und auf den Gassen und legten ihre Sicht der Dinge dar. Ein parteiischer Berichterstatter meldet, sie «gugaageten»[72] überall herum. Der alte bernische Ausdruck Gugaag bedeutet dummer Kerl und Schwätzer. Die Obrigkeit griff durch, indem sie die Täufer gefangen setzte.[73] Die im Druck publizierten Disputationsakten der großen Berner Disputation vermerkten für den 22. Januar 1528, man habe an diesem Tag Pause gemacht. In den persönlichen Notizen des Berner Stadtschreibers Cyro vernimmt man aber, dass an diesem Tag mit den Täufern disputiert wurde.[74] Und am gleichen Datum gab die Obrigkeit in einem Täufermandat bekannt, die Täufer hätten Unrecht, und man drohte ihnen Tod durch Ertränkung an.[75] Das freie Geleit wurde aber auch für die Täufer beachtet; man wies sie aus dem Land.

Schon 1529 war wieder eine Täufergemeinde in Bern aktiv. Wieder kam der Kern aus Basel. Seckler Hansmann und Hans Treyer waren die Anführer. Der dritte Exponent kam aber aus Aarau, wahrscheinlich der Hutmacher Heini Seiler. Diese drei wurden am 8. Juli 1529 zum Tode verurteilt und das Urteil vollstreckt. Sie waren die ersten Opfer der verschärften Politik. Die Chance, abzuschwören und das Land zu verlassen, wollten sie nicht wahrnehmen.[76] Weitere Verhaftete kamen aus dem damals vorderösterreichischen Rheinfelden via Basel, dann aus Dörfern in unmittelbarer Umgebung der Stadt Bern, ferner die Frau des Heini Seiler. Sie kam aus Sigris-

[70] QGTS III, 178f.

[71] QGTS III, 176f.

[72] QGTS III, 188.

[73] QGTS III, 182f. Man hielt sie im aufgehobenen Predigerkloster gefangen. Vgl. dazu Isaac *Zürcher*, Die «Aufenthaltsorte» der Täufer in der Stadt Bern, in: Schweizerischer Verein für Täufergeschichte: Informationsblätter, Heft 9 (1986), 28ff.

[74] QGTS III, 183ff.

[75] QGTS III, 192f.

[76] QGTS III, 193, 202–210, 223.

wil. Das Täufertum entwickelte sich vorerst zögerlich. Aber es verbreitete sich in den Verbindungen von Sippe und Nachbarschaft mit immer neuen Zellen.

Anfangs 1530 wurde Konrad Eichacher aus Steffisburg verhaftet und hingerichtet. Sigriswil und Steffisburg lagen im Schultheißenamt Thun. Geographisch zeichnet sich der Weg des Täufertums in die Vogtei Signau und damit ins obere Emmental ab.

Der andere Durchbruch kam ebenfalls aus Basel, aber über solothurnisches Gebiet in die angrenzende bernische Vogtei Bipp. Bern suchte abzuwehren, indem es überall warnte, zu Anfang 1530 vier Basler in Bipp festnahm und wahrscheinlich zwei davon hinrichten ließ.[77]

Diese Verbreitung von Norden her fand aber ein Zentrum außerhalb der bernischen Herrschaft, nämlich im solothurnischen Lostorf in der Vogtei Gösgen. Das wurde entscheidend. Pfistermeyer aus Aarau und Täuferführer aus Basel und Zürich waren dort aktiv. Der Oberherr von Schloss und Herrschaft, Herrschaft Wartenfels bei Lostorf, der aus Württemberg geflohene Johann Caspar von Bubenhofen, war 1524 für kurze Zeit in Aarau wohnhaft gewesen, eingebettet in die nächste Nachbarschaft des späteren Täuferkreises.[78] Er selbst wurde nicht Täufer, aber mit seiner Passivität schirmte er sie vor Zugriffen von außen ab. In Lostorf konnten sich auch Täufer aus der bernischen Nachbarschaft relativ gefahrlos versammeln. Solothurn, griff nicht durch; denn die Stadt vermochte damals keine Linie für oder gegen die Reformation und für oder gegen die Täufer zu formulieren und durchzusetzen. So fanden sich in der grenznahen solothurnischen Gegend Täufer ein, die aus Berns Gebieten in Weidlingen über die Aare kamen; denn die Brücken waren zu gut bewacht: östlich aus Aarau und der Vogtei Lenzburg, westlich sogar aus dem Raum Burgdorf. Letzterer wurde für die Täufer später die entscheidende Öffnung ins Emmental.[79]

Zu diesem kurzen Einblick in die Ausbreitung der ersten Jahre gehört ein Hinweis auf die Gemeine Herrschaft Freie Ämter im Aargau, wo ab 1530 eine Lawine losbrach. Treibende Kraft war Pfistermeyer, der Täuferführer aus Aarau. Die Landesherrschaft in den Freien Ämtern war infolge Versplitterung und Kompetenzüberlagerung ineffizient. Solche Situationen wusste Pfistermeyer immer auszunützen. Sein großes Thema im Aargau war der Kampf gegen den Zehnten. Er nahm Themen der Bauernerhebung also wieder auf. Die Leute kamen zu Hunderten, um ihn zu hören. Erst im Januar 1531 versuchte Heinrich Bullinger, damals Pfarrer im benachbarten Bremgarten, die Zehntenfrage in einer lokalen Disputation mit den Täufern zu

77 QGTS III, 210, 214–216, 218f., 221, 511.

78 Vgl. QGTS III, 13, 521f.

79 QGTS III, 57, 70, 230–235, 524, 532, 543–560.

klären, aber erfolglos.[80] Eine Massenbewegung, wenn auch einstweilen isoliert, bahnte sich an. Die Tagsatzung hatte Mühe, eine einheitliche Linie zu finden. Weil die Situation unkontrollierbar wurde, setzte Bern einseitig auf eine Überraschungsoperation, obwohl es in der Vogtei der Freien Ämter keine Herrschaftsrechte hatte. Es ließ Pfistermeyer durch Mittelsleute verhaften und in Bern gefangen setzen. Das anschließende Gespräch der Prädikanten mit Pfistermeyer wurde 1531 zu einem Erfolg. Der Täufer widerrief. Rasch wurde das Gespräch im Druck verbreitet.[81] Die Bewegung im Aargau zerfiel und lebte in kleineren Strukturen weiter.

6. Die Berner Obrigkeit auf der Suche nach dem Dialog

Nach dem Erfolg über Pfistermeyer zeichnete sich ein anderes Klima der bernischen Täuferpolitik ab. Bern hatte vorher mehrere Todesurteile gefällt, und dennoch wurde man der Täufer nicht Herr. Die Obrigkeit besann sich darauf, dem Problem im Gespräch zu begegnen. Die Todesurteile hatten den Täufern zu Beachtung und Achtung in der Bevölkerung verholfen. Der Berner Synodus im Januar 1532 stellte die Täufer zwar nicht ins Zentrum. Dennoch konnte man etwa im Kapitel über die Schriftauslegung Gesprächsbereitschaft erkennen.[82] Nicht einfach Strafe, sondern das Gespräch im Zeichen von Glaube und Liebe wurde zum Leitmotiv. Ausdruck fand diese akzentuierte Haltung in der Ausschreibung eines Täufergesprächs nach Zofingen. Die Obrigkeit wollte es so. Berchtold Haller meldete Bedenken an.[83] Vom 1. bis 9. Juli 1532 wurde es abgehalten. Die Konfliktstoffe wurden breit erörtert.[84] Der damals gedruckt publizierte Band mit den Gesprächsakten umfasste über 300 Seiten.

Die Obrigkeit war sich sicher, mit ihren Argumenten die Täufer im Gespräch überwunden zu haben. Sie ordnete an, das Manuskript für den Druck zu erstellen, das auch von Täufern begutachtet werden sollte. Marti Weniger, genannt Linggi, drückte sich vor dieser Aufgabe. Deshalb verpflichtete die Obrigkeit Christian Brügger aus Rohrbach in der Vogtei Wangen. Dieser entwischte aber ins sicherere und dennoch nahe solothurnische Gebiet, und

80 QGTS III, 69, 71.

81 QGTS III, 59–74, 233. QGTS IV, S. XIIIff., 1ff.

82 QGTS III, 240f. Ein weiterer Impuls zur Neuorientierung kam aus der Erkenntnis, dass durch den Kappeler Landfrieden 1531 Katholiken und Reformierte in der Eidgenossenschaft rechtlich anerkannt waren. Deshalb durften die Orte die Anhänger der anderen Konfession aus dem eigenen Gebiet lediglich ausweisen, ohne schwere Strafe. Da schien es vielen Reformierten ungerecht, die Täufer an Leib und Leben zu richten.

83 QGTS III, 247.

84 QGTS III, 245ff. QGTS IV, 67ff.

Hans Ryff aus Madiswil in der Vogtei Aarwangen zog sich zurück, weil er nicht zu den Hauptsprechern gehört hatte. Brügger und Ryff gehörten nachher zu den einheimischen Täuferführern. Um mit ihnen in informellen Kontakt zu kommen, suchte Bern auch sie bezeichnenderweise im benachbarten solothurnischen Gäu.[85]

Berns Obrigkeit und die kirchliche Führung, die seit 1523 mit Umfragen auf dem Lande und mit dem gedruckten Wort für die Reformation eine Meisterleistung der Kommunikation vollbracht hatten, fielen mit der Bekanntmachung der Akten des Zofinger Gesprächs aber in eine Informationspanne mit Folgen. Am 9. Juli war das Gespräch zu Ende. Die Erstellung des Manuskripts dauerte bis zum 6. August. Bern hatte keine Druckerei. Man beauftragte Froschauer in Zürich, der aber den Auftrag nicht rasch erfüllte. Am 13. September, mehr als zwei Monate nach Gesprächsschluss, kam das gedruckte Produkt endlich nach Bern, und man fing mit dessen Verteilung an.[86] Auf dem Land wusste man schon längst, wer gewonnen hatte. Die Täufer hatten die obrigkeitliche Informationslücke mit ihrer Mundpropaganda gefüllt. Ihr Kommunikationsnetz von Dorf zu Dorf, von Nachbar zu Nachbar war in einer Gesellschaft mit vielen Analphabeten effizienter. Sie konnten ihre Behauptung, Sieger zu sein, in kurzer Zeit unter die Leute bringen.[87] Das Täufertum nahm damals und in den folgenden Monaten sichtlich zu. Quellen zeigen, dass sich ein Netz über den bernischen Aargau und vor allem von den Vogteien Wangen und Aarwangen über das Schultheißenamt Burgdorf hin nach Trachselwald, Sumiswald und Signau bildete. Überdies war die Ausstrahlung aus dem solothurnischen Gebiet weiterhin sehr spürbar. Damals bekam das Emmental nachhaltig seine Täufer, und das Täufertum wurde dort aus der Sicht der Obrigkeit über zweihundert Jahre hinaus zum Problem.[88]

Dennoch blieb bei den Oberen vorerst das Unbehagen über die Todesurteile, die man seit anfangs 1530 nicht mehr vollzog.[89] Es kam zu einer rechtlichen Neuordnung, indem am 2. März 1533 ein neues Mandat festlegte, dass man die Täufer weder verbannen noch schwemmen oder ertränken werde, sondern sie gefangen setze, auf Kosten des Vermögens der Inhaftierten. Erst wenn deren Eigentum aufgezehrt war, wurden sie zulasten des Staates bei Wasser und Brot in weiterer Gefangenschaft gehalten, bis sie starben oder dem Täufertum abschworen.[90] Man versuchte es mit Beugehaft und Einzelgesprächen.

85 QGTS III, 265. QGTS IV, 255f.
86 QGTS III, 258f., 264ff., 273f.
87 QGTS III, 269, 270, 273.
88 QGTS III, 84f., 87ff., 260, 268f., 270f., 273, 275–282, 571ff.
89 QGTS III, 511.
90 QGTS III, 295f. Zur Situation in Zürich vgl. Urs *Leu*, Gutachten Bullingers und der Pfarrerschaft über die Bestrafung der Täufer (Mai 1535), in: Zwingliana 30 (2003), 103ff.

7. Rückkehr zur harten Linie

Berns Infrastruktur war in Stadt und Land mit der Umsetzung dieses Mandates überfordert. Die Gefängnisse überfüllten sich, und die Obrigkeit befahl, keine Täufer mehr nach Bern zu schicken. Die Vögte sollten sie in den lokalen Gefängnissen behalten. Aber mangels Platz ging das dort nicht.[91] Das Täufertum breitete sich rasch aus. Am 13. März 1535 wurde deshalb die Todesstrafe für Täufer wieder eingeführt.[92] Ob Täufer oder «Päpstler», wer keinen Eid auf die Kirchenordnung leistete, wurde an die Grenze geführt und verbannt.[93] Wer gleichwohl wieder zurückkam, sollte die Todesstrafe erleiden: die Männer durch das Schwert, die Frauen durch Ertränkung. 1535 bis 1537 wurden wohl neun Täufer hingerichtet.[94]

Die Täufer versuchten, sich vor dem drohenden Unheil abzuschirmen. Sie hofften wohl auf ein milderes Klima wie nach dem Zofinger Gespräch. Sie baten die Obrigkeit 1538 um ein weiteres Gespräch.[95] Das fand zwar statt, doch die Obrigkeit verschärfte nachher dennoch das Mandat und setzte zur größten Täuferverfolgung in Bern an[96], was 1538 und 1539 zu mindestens 13 weiteren Hinrichtungen führte. Ab 1541 wurde die Todesstrafe auf der Basis eines neuen Mandates selten ausgesprochen.[97] 1571 kam es zur letzten Hinrichtung. Es war Hans Haslibacher.[98] Die Verfolgung blieb dennoch hart, aber ihre Form und die Bestrafung wurden anders.

Im Folgenden sollen die Profile nicht mehr aus dem historischen Ablauf gewonnen werden, sondern die thematische Betrachtung wird im Vordergrund stehen.

8. Das personelle Beziehungsnetz

Über weiträumige Zusammenhänge geben vorerst die Teilnehmerlisten der großen Berner Täufergespräche Aufschluss. Am Gespräch während der Berner Disputation, am 22. Januar 1528, waren von täuferischer Seite Hansmann und Treyer aus Basel, und Ulrich Isler oder Yler aus Straßburg, der wohl

91 QGTS III, 317f., 325f., 344f.

92 QGTS III, 334.

93 Zu den «Päpstlern» vgl. Martin *Haas*, Berner Täufer: Gesellschaft und Herrschaft, in: Die Wahrheit ist untödlich, hg. von Rudolf Dellsperger und Hans Rudolf Lavater, Mennonitica Helvetica 30 (2007), 21ff.

94 QGTS III, 511.

95 QGTS III, 379ff.

96 QGTS III, 402ff.

97 QGTS III, 442ff. und unten 30ff.

98 QGTS III, 511.

auch in Basel lebte und überdies 1527 im appenzellischen Teufen tätig war.[99] Auch Blaurock war da, kaum aus dem Gefängnis in Appenzell entlassen.[100] Dass das Netz funktionierte, belegten an diesem Gespräch ferner zwei Vertreter aus dem Aarauer Kreis, darunter Pfistermeyer, sowie ein Täufer aus Freiburg und Thomas Maler aus Franken in Deutschland. Man kann sich das lokale damalige täuferische Leben durchaus in kleineren Gruppen vorstellen. Die weiträumige Vernetzung wird indessen sichtbar.[101]

Die Liste der Täufer am Zofinger Gespräch 1532 ist lückenhaft überliefert. 23 waren dort[102], aber nur fünf sind mit Namen bekannt[103]. Es fällt der Schneider Michel Ut aus Stams im Oberinntal im Tirol auf. Seine Verbindungen zur Schweiz waren stabil; denn auch am Täufergespräch von 1538 nahm er als wichtiger Sprecher teil.

Besser fassbar ist aber Marti Weniger, genannt Linggi, aus dem schaffhausischen Gebiet. Er war bereits im November 1525 zusammen mit Konrad Grebel, Felix Mantz, Blaurock, Michael Sattler und Ulrich Teck in Zürich im Gefängnis.[104] Er betätigte sich später öfter im Zürcher Unterland und predigte auch in einem Wald bei Kaiserstuhl und Zurzach, also in der Grafschaft Baden.[105] 1530 wirkte er auch in Basel selbst. Von dort aus verlagerte er seine Tätigkeit in die östlichen Vogteien von Solothurn, also in die Gegend der Vogtei Gösgen. Er predigte öffentlich in Egerkingen mit großer Ausstrahlung in Berns Gebiet. Dass er den bernischen Täufer Uli Flückiger aus dem nahen Niederhuttwil getauft hatte, belegt seine Bedeutung ebenso wie der Druck Berns, Weniger zu fangen und durch ihn die spätere Niederschrift des Gesprächs als korrekt bestätigen zu lassen[106]. Für die letztere Aufgabe setzte er sich jedoch ab.[107] Bis zu seinem Widerruf von 1535 gehörte er zu den wichtigsten Lehrern der Täufer. Er war in Zofingen deren maßgebender Sprecher.[108] Sein Tätigkeitsfeld lag in den Kerngebieten: inhaltlich auf der Basis der Zürcher Begründer des Täufertums, räumlich wirkte er in den Schlüsselstellen Zürcher Unterland mit dem Übergang nach in die Grafschaft Baden, also Aargau, von dort nach Basel

[99] QGTS II, 197, 204f., 211, 217ff., 226, 249.

[100] QGTS II, 199; QGTS III, 184.

[101] QGTS III, 192ff., 184f.

[102] QGTS III, 261.

[103] QGTS IV, 71f. Marti Weniger, genannt Linggi, aus Schaffhausen, Hans Hotz aus dem zürcherischen Grüninger Amt, Simon Lantz, der Schneider Michel Utt, Christian Brügger. Berchtold Haller nennt auch einen Hottinger aus Zollikon. QGTS III, 261.

[104] QGTS I, 136.

[105] QGTS II, 115. Das Hochgericht gehörte zur Grafschaft Baden, vgl. Historisch-Biographisches Lexikon der Schweiz, Bd. 7, Neuenburg 1934, 771.

[106] QGTS III, 236, 250, 253, 549, 559, 561, 571; QGTS II, 119, 121.

[107] QGTS III, 259, 263.

[108] QGTS III, 260.

und wieder über den Jura nach Solothurn, mit großer Ausstrahlung in Berns Gebiet.

Ein weiterer täuferischer Sprecher war Hans Hotz aus dem Grüninger Amt. Es ist bekannt, dass er 1535 und 1543 im Siglistorfer Holz taufte, also ebenfalls im Grenzraum des Zürcher Unterlandes und der Grafschaft Baden.[109] Er war auch 1538 ein maßgeblicher Sprecher der Täufer auf dem Gespräch in Bern.[110] Hotz hatte in der Frühzeit Kontakte zu Konrad Grebel, Blaurock und Mantz. Seine Tätigkeit lag 1532 im Zürcher Unterland.[111] In den Quellen ist er sonst kaum fassbar.

Im gleichen Sinne bewegten sich auch Prediger, die allerdings nicht an den bernischen Täufergesprächen beteiligt waren. Der Zürcher Konrad Winkler vom Wassberg wirkte ebenfalls in diesem Raum.[112] Im Mai 1528 wurde er zusammen mit Vit Öttlin aus Rheinfelden in Basel gefasst, nachdem er in Lausen aktiv gewesen war. 1529 predigte er im Krinental-Holz bei Zeglingen, benachbart zu Wisen, wo damals Basel das Hochgericht und Solothurn (Landvogtei Gösgen mit Lostorf) das Niedergericht innehatten.[113] Wichtiger Täuferführer im solothurnischen Lostorf war später auch Hans Landolt aus dem Gebiet Zürichs. Auch er hatte früher bei den Täufern im Baselbiet gewirkt.[114]

Es ist dabei auffallend, wie sich das Geflecht von Gemeinden und deren Prediger vom Raum des Zürcher Unterlandes in den nördlichen Teil der Grafschaft Baden und weiter in die Landschaft Basels und schließlich nach Solothurn hinein erstreckt. Von dort aus ging es in die bernischen Vogteien. Das Zürcher Unterland und die nördlichen Teile der Grafschaft Baden wurden Drehpunkt für die Verteilung. Dieser Umschlagsplatz konnte sich entwickeln, weil im Grenzbereich die Zusammenarbeit der Obrigkeiten nie optimal war und vor allem der Informationsweg unter den Täufern kürzer war als das obrigkeitliche Koordinationsritual. Urs Leu hat auf die lokale Vernetzung der Täufergemeinde des Zürcher Unterlandes hingewiesen, vor allem unter dem Blickwinkel nach Osten.[115]

109 QGTS III, 121, 588

110 QGTS IV, 265 ff.

111 QGTS I, 186, 281, 284, 365, 366.

112 Vgl. C. Arnold *Snyder*, Konrad Winckler: An Early Swiss Anabaptist Missionary, Pastor and Martyr, in: Mennonite Quarterly Review 64/4 (1990), 352–361.

113 Vgl. QGTS III, 41–44, 168, 540. Hinrichtung in Zürich vgl. QGTS I, 332–335.

114 QGTS III, 541, 546, 548. Über seine Zeit und seine Probleme nach der Abkehr vom Täufertum vgl. Max *Banholzer*, Hans Landolt, in: Aarauer Neujahrsblätter 1968, Aarau 1968, 43–50; Martin *Haas*, Täufertum und Revolution, in: Festgabe für Leonhard von Muralt, Zürich 1970, 290.

115 Vgl. Urs B. *Leu*, Täuferische Netzwerke in der Eidgenossenschaft, in: Grenzen des Täufertums: Neue Forschungen, hg. von Anselm Schubert, Astrid Schlachta und Michael Driedger, Gütersloh 2009 (Schriften des Vereins für Reformationsgeschichte 209), 168 ff., bes. 174 f.,

Zusammenfassend lässt sich zur täuferischen Führerschaft am Zofinger Gespräch feststellen, dass sie weiträumig vernetzt war und die eigentlichen Wortführer alle aus dem frühen Täufertum in Zürich kamen oder mindestens enge Kontakte zu Grebel, Manz, Sattler und anderen gehabt hatten. Die inhaltlichen Positionen lassen sich in der Gesprächsakte verfolgen. Sie liegen im Feld des Schleitheimer Bekenntnisses.

Es zeigen sich aber auch Spuren einer einheimischen täuferischen Führerschaft, die personell ihre Wurzeln im bernischen Raum hatte. Es war nicht mehr Pfistermeyer, der abgefallen war, und nicht mehr Heini Seiler oder Konrad Eichacher, die hingerichtet worden waren, sondern neue Köpfe. Bezeichnenderweise kamen sie aus den bernischen Grenzgebieten zu Solothurn hin. Am Gespräch selber waren es Christian Brügger aus Rohrbach in der Vogtei Wangen, Hans Ryff, genannt Kaderli, aus Madiswil und Cläui Zingg aus Busswil in der Vogtei Aarwangen, alle an der Grenze zu Solothurn gelegen.[116]

Das nächste Täufergespräch vom 11.–17. März 1538 wurde damals nicht gedruckt.[117] Dank seiner handschriftlichen Überlieferung ist indessen die Namensliste mit 45 Täufern erhalten geblieben.

Es waren wiederum fünf Hauptredner. Hans Hotz aus dem Zürichbiet und Michel Ut aus dem Inntal waren wieder da. Ferner wird ein Mathis Wiser aus Bremgarten angeführt. Man kennt ihn aus den Akten kaum. Dennoch war er wichtig. Auch er gehörte 1543 zum täuferischen Beziehungsnetz Zürcher Unterland/Grafschaft Baden. Er stellte aber offenbar auch eine Verbindung zu Appenzell her, indem er dort wirkte.[118] Zeitweise lebte er in Mähren. Von dort kehrte er, allenfalls vorübergehend, 1552 zurück.

Von den einheimischen Täufern waren schon 1532 mehrere dabei.[119] Deutlich wird indessen, dass 1538 die lokalen Repräsentanten vor allem aus dem Emmental kamen. Aus der Vogtei Signau allein 13. Darunter waren zwei, die später Wirkung entfalteten, nämlich Hans Lüti aus Eggiwil und der

179ff.; *ders.*, Die Zürcher Täufer zur Bullingerzeit, in: Heinrich Bullinger: Life – thought – influence, hg. von Emidio Campi und Peter Opitz, Zürich 2007 (Zürcher Beiträge zur Reformationsgeschichte 24), Bd. 1, 251 ff.

116 QGTS III, 265; QGTS IV, 255, 256. Vgl. dazu Hans Rudolf *Lavater*, … nienen böser, dann zu Rockwyl …: Die Anfänge des Täufertums im Oberaargau 1527–1542, in: Jahrbuch des Oberaargaus 2007, Langenthal 2007, 145–184.

117 1532 vernichtete man nach dem Druck die handschriftlichen Protokolle. Es wurden im Druck nur die Hauptredner genannt, obgleich schon damals 23 Täufer anwesend waren. 1538 wurde kein Druck publiziert. Es liegen vier handschriftliche Fassungen vor. Die Schlussversion enthält die vollständige Liste der Täufer, und bei jedem Votum ist der Redner namentlich vermerkt. QGTS IV, 265 f. Zum Formalen und Inhaltlichen vgl. Hans Rudolf *Lavater*, Berner Täuferdisputation 1538: Funktion, Gesprächsführung, Argumentation, Schriftgebrauch, in: Mennonitica Helvetica 11/12 (1988/1989), 81–123.

118 QGTS II, 228; QGTS III, 117, 125, 128.

119 QGTS IV, 266. Christian Brügger und Hans Ryff, sowie neu der ehemalige Bilderstürmer Ueli Flückiger aus Niederhuttwil.

1566 hingerichtete Wälti Gerber von der Streithalde in Röthenbach. Die Teilnehmerschaft erstreckte sich vom Aargau bis nach Thun. Erst am Rande disputierte der später wichtige Hans Haslibacher aus Sumiswald.[120]

Aus unseren Darlegungen geht hervor, dass das Täufertum in der Schweiz maßgeblich durch die personellen Verbindungen unter den wichtigen Täuferführern geprägt war. Die lokalen Gemeinden fanden auf diese Weise das großräumige Informationsnetz. Dadurch ließen sich die Lehre und die Normen des Lebens in den lokalen Gemeinschaften aufeinander abstimmen. Für diese Zeit sind keine grundlegenden Differenzen unter den Täufern in der Schweiz mehr erkennbar. Die Schweizer Brüder hatten sich im gemeinsamen Netz von Beziehungen gefunden.

9. Die einzelnen Gemeinden und deren lokale Versammlungsorte

Unterhalb dieser weiten Kommunikation lebten die einzelnen lokalen Täufergemeinden. Es galt generell, was die Berner Prädikanten in ihrem Gutachten von 1585[121] so formulierten:

> «Dieweil auch die täüffer der arglistigkeit sich gebruchen, dass sie mehrentheils ihre versamblungen und ynzug uff den frontieren und grentzen e[uer] g[naden] landen haben, damit sie, gleich wan sy in gefahr der behendigung sind, in andere anstoßende herschafften entweychen mögind ...»

Weil bei Täuferbewegungen über Grenzen hinweg zwischen den Regierenden Orten großer Koordinationsbedarf bestand, hat sich in diesen Fällen die schriftliche Überlieferung am besten erhalten. Wie bereits erwähnt, versammelten an Pfistermeyers Predigten in den Freien Ämtern drei- bis vierhundert. Bei Lostorf sollen es 1530 60 Frauen und 60 Männer gewesen sein.[122] In Oensingen trafen sich 1533 jeweils um die 30 und 1534 im ebenfalls solothurnischen Aeschi 200 und mehr. Deren Lehrer kamen aus dem benachbarten Bernbiet.[123] Für Aufregung sorgte, dass sich im bernischen Aargau bei Schlossrued, mit Ausweichmöglichkeit über die Grenze nach Luzern, 1535 jeweils um die 300 Täufer trafen. 1535 war die Nervosität in jeder Obrigkeit besonders groß; denn man fürchtete sich vor Zuständen, wie sie damals im Täuferreich von Münster in Westfalen herrschten.[124]

[120] QGTS IV, 328.

[121] QGTS III, 509.

[122] QGTS III, 61, 550

[123] QGTS III, 577, 582. Vgl. auch Isaac *Zürcher*, Versammlungsorte der Täufer in der Vefolgungszeit, in: Schweizerischer Verein für Täufergeschichte: Informationsblätter, Heft 5 (1982), 14ff.

[124] QGTS III, 99, 590.

Ein Verhör von 1530 in Basel gibt Auskunft über den Grenzraum Solothurn und Basel. Man traf sich bei der Frohburg oder bei Lostorf in der Sandgrube. Da habe ihnen Marti Weniger, genannt Linggi, gepredigt, der damals jeweils aus Appenzell gekommen sei. Die Leute gingen aber auch viele Stunden weit in einem anderen Treffpunkt in der Nähe von Kaiserstuhl, wo man in einem verfallenden Haus in einer Wüstung miteinander das Abendmahl feierte.[125] Man habe Mathis Gysi zum Oberen gewählt, der auch jeweils bekannt gab, wo man sich das nächste Mal treffen werde.

Es ließe sich auch auf Moutier-Grandval hinweisen, wo es Mühe machte, die Täufer zu verdrängen. Bern als verbündeter Partner des Tals und Bischof von Basel als formeller Landesherr taten sich zeitweise in der Koordination schwer.[126] Oder: Zwischen Bern und Solothurn waren die Rechte im Bucheggberg geteilt. Solothurn wollte auf keinen Fall Bern Verfolgungen auf Solothurner Boden zugestehen. 1537 Entwickelten die Täufer dort entsprechende Aktivitäten, mit viel Zuzug aus bernischem Gebiet.[127]

Damit bleibt aber die Frage, was die Quellen über räumliche Ausmaße, personelle Verbindungen, Mitgliederzahlen und Versammlungsorte berichten, wenn sich die Ereignisse innerhalb von Berns Gebiet abspielten. Da sind die Informationen dünner. Es gibt einige Angaben.

Der Täuferführer Hans Lüti aus Eggiwil im Emmental wirkte auch im Berner Oberland.[128] Das lässt sich wohl nicht als Ausdehnung einer einzelnen Gemeinde verstehen. Es zeigt die Wirkung und die Bedeutung von einzelnen Persönlichkeiten im Leben der Täufergemeinden.

Im Übrigen lebte das täuferische Geschehen auch im kleinen Raum, wo einer lesen konnte, in der Nachbarschaft oder im Versteck der Wälder, aber auch hier immer an wechselnden Orten.[129] Dass es etwa im Emmental, verglichen mit anderen Gebieten, viele Täufer gab, schon im 16. Jahrhundert, legen die Quellen nahe. So jagten sich zeitweise die Aufforderungen an Vögte und Weibel, Täufer zu fangen, zu verhören und deren Aussagen für weitere Verhaftungen zu nutzen. Die Präsenzlisten des Gesprächs von 1538 weisen ebenfalls in diese Richtung.[130]

Zum Verhör des Täufers Hans Eichacher aus Steffisburg ließ man 1530 Behördenvertreter aus Thun und Steffisburg sowie Röthenbach in der Vogtei

[125] QGTS III, 549f.

[126] QGTS III, 392ff., 400, 405ff. 413, 459.

[127] QSTS III, 373, 598ff.

[128] QGTS III, 412, 470. Lüti arbeitete auch in Solothurns Gebiet, QGTS III, 418.

[129] Es tauchen einige Orte auf, etwa: Seeberg 1537 (Hochgericht Wangen, Niedergericht Schultheißenamt Burgdorf) QGTS III, 372; Altisberg ebd., 600; Wiggisberg 1537 (Vogtei Sumiswald, Hochgericht bei Trachselwald) ebd., 363; Hartlisberg bei Steffisburg ebd., 449; bei Brienz der Ballenberg 1552 ebd., 470.

[130] QGTS IV, 265ff.

Signau kommen.[131] Es scheint dies das innerste Aktionsfeld Eichachers gewesen zu sein. Dies ließe Rückschlüsse auf die räumliche Dimension seiner Gemeinde zu. Ferner wurden 1535 im Landgericht Konolfingen Leute bestraft, die zur Täuferpredigt gegangen waren. Fünf davon lebten auf dem Gebiet der heutigen Gemeinde Konolfingen, fünf im Raum von Münsingen, fünf bei Freimettigen und zwei in der Gegend von Stalden. Das waren wenige Leute, und die Dörfer lagen recht nahe beieinander. Möglicherweise gehörten zwei weitere Täufer aus dem benachbarten Grosshöchstetten dazu. An einer anderen Versammlung waren einige Täufer aus der Vogtei Brandis sowie aus Signau und Zäziwil. Dieser Raum war etwas weiter.[132] Auch die entferntesten Punkte, jene in der Vogtei Brandis, waren über das Biglental in einigen Stunden zu erreichen. Die andern lagen näher beieinander. Die Namenlisten wecken den Eindruck, dass an der einzelnen Versammlung wenig Teilnehmer waren, vielleicht ein bis drei Dutzend.

1537 stellte man fest, dass es Täufer in Kiesen, Gerzensee, Wichtrach, Kirchdorf, Belp und Münsingen gab, die sich trafen und dabei Weidlinge über die Aare benützten. Auch hier waren die Distanzen gering.[133]

10. Verhaltensweisen der Obrigkeit und Reflexe der Bevölkerung

Die obrigkeitliche Täuferpolitik stieß in der Bevölkerung oft auf einen Konflikt der Loyalitäten. Der Obrigkeit waren die Männer zum Beispiel durch den Eid verbunden. Auf Eidbruch stand Strafe. Dieser Treueid war periodisch zu leisten. Die Eidverweigerung der Täufer war ein Kardinalproblem für die Regierenden und für die Rechtsordnung von Stadt und Land.

Das Problem der Loyalität zeigte sich auch unter anderen Aspekten. Der Einzelne hatte die Verpflichtung zur Loyalität nicht nur gegenüber der Obrigkeit, sondern auch gegenüber der engeren Umgebung, etwa gegenüber der Dorfgemeinschaft oder, noch enger, gegenüber der «früntschafft». Darunter verstand man den Familienverband, also die Sippe. Doch die Bindung reichte weiter und konnte Nachbarn oder Freunde im emotionalen Sinne umfassen. Das waren Loyalitäten gegenüber der nahen Umgebung im Alltag, gegenüber der gesellschaftlichen Struktur, welche den Alltag bestimmte. Schon 1527 brach im zürcherischen Grüninger Amt das Problem auf. Einheimische Richter im lokalen Gericht waren im beschriebenen Sinne «den töuffern gefrünt» und galten dem Landvogt nicht mehr als zuverlässig. Sie standen also im Konflikt der Loyalitäten. Dieses Phänomen war vielerorts ein Problem.

131 QGTS III, 217f.
132 QGTS III, 330f.
133 QGTS III, 371f.

1530 verlangte etwa der bernische Landvogt von Lenzburg im Namen der Obrigkeit, dass das lokale Gericht von Gundiswil mit einer Täuferin überdies auch deren Gatte und die Kinder des Landes verweisen solle. Das lokale Gericht lehnte dies ab und ließ Mann und Kinder im Land.[134]

In akzentuierter Form wurde das Problem in Solothurn sichtbar. 1537 bekam der Landvogt von Falkenstein den Auftrag, in der benachbarten Vogtei Bechburg zum Rechten zu sehen. Der dortige Landvogt sei mit Freundschaften als «fründt» verbunden, die ihrerseits Täufer in ihren Reihen hatten. Den Konflikt der Loyalitäten scheint jener also mit viel Rücksicht auf seine «frünttschafft» gelöst zu haben und nicht einfach im Sinne der Obrigkeit, deren Repräsentant er war.[135] Der Landvogt von Falkenstein unternahm jedoch nichts. Die Obrigkeit drohte ihren Vögten mit Strafe, allenfalls mit Strafe am Leib.[136] 1541 kam ein Auftrag aus Solothurn an den Vogt von Bechburg: Wenn er Täufer in seiner «fründtschafft» habe, solle er jemand anders mit dem Einfangen beauftragen. Wegen der unveränderten Loyalität des Vogtes gegenüber seiner «fründtschaft» hatten die Herren in Solothurn diesen Ausweg gefunden.[137]

Das Problem der Loyalität verschärfte sich 1537 auch im Emmental. Das Täufertum hatte in der Gegend viel Anhang gewonnen. Die Obrigkeit schickte eine Delegation in die Landtage der kritischen Gebiete, welche die Aufgabe hatte, den Leuten klar zu machen, dass sie die Täufer denunzieren und fangen mussten. Die Antworten waren rigoros ablehnend. Einer sagte, er wolle die Täufer aus Rücksicht auf die christliche Liebe nicht fangen. Vorher würde er aus Stadt und Land ziehen. Ein andrer sagte, er nehme an, es falle wohl seinen Herren nicht ein, dass er seine «fründ» und Nachbarn fangen müsse. Gleiches gelte für die Verwandtschaft seiner Frau. Die Delegation der Obrigkeit mäßigte sich und betonte, dass man dies nicht wolle, sondern nur Hilfe suche, wenn es darum gehe, landesfremde durchstreifende Täufer zu fangen.[138]

Die bernische Obrigkeit löste das für sie delikate Problem, indem sie aus anderen Teilen ihres Herrschaftsraumes Leute rekrutierte und gegen Geld als Täuferjäger in Dienst nahm. Diese hatten keine Verbindung zu den lokalen Strukturen. Besonders Bevölkerung, die nicht direkt zu den Täufern gehörte, reagierte mit zum Teil grober Beschimpfung gegenüber den Täuferjägern.[139] Überdies wurden in den Phasen der Täuferverfolgung auch die Prädikanten mit rauhen antiklerikalen Verunglimpfungen aus der nichttäuferischen Be-

[134] QGTS III, 90.
[135] QGTS III, 597.
[136] QGTS III, 604f.
[137] QGTS III, 609f.
[138] QGTS III, 366f, 437.
[139] QGTS III, 349, 441, 456f.

völkerung bedacht.[140] Im Solothurnischen kam es vor, dass der Gottesdienst durch Lärmereien auf dem Kirchplatz gestört wurde.[141]

Geht man weiteren Spannungsfeldern zwischen Täufern und der sie umgebenden Gesellschaft nach, so werden nicht nur Sympathie, sondern auch Spuren radikaler Trennung sichtbar. Diskussionen tauchten immer wieder auf, ob man Täufer, die sich von der Kirche trennten, auf dem Kirchhof bestatten dürfe. In Gegenden mit katholischer Obrigkeit bestattete man sie in der Regel in ungeweihter Erde. In Bern, wo die Frage ebenfalls diskutiert wurde, lautete die Antwort, man wolle dem Entscheid Gottes nicht vorgreifen, und bestattete sie im normalen Friedhof.[142]

Es versteht sich von selbst, dass der Konflikt auch bei den Waffenschauen der Obrigkeit und der Nachbarschaft auftauchte. An diesen Anlässen wurde die Bewaffnung der Pflichtigen überprüft. Es war für Täufer ein unerfreulicher Tag. Wer fernblieb, wurde notiert und bekam Repressionen zu spüren.[143] 1559 waren in Oberdiessbach 127 Bauern, 41 Tagelöhner und 5 Witwen im Waffenrodel eingetragen. Den Abschluss bildeten 16 Täufer. Wenn diese nicht selber im Notfall einrückten, musste jeder von ihnen einen vertretenden Söldner finanzieren.

Ähnlich war es bei der Nachbarschaftshilfe. Bei Feuer und Wasser war die Nachbarschaft oder die ganze Dorfgemeinschaft zur Hilfe verpflichtet. Es kam vor, dass Täufer diese Hilfe am Nächsten verweigerten. Absonderung wurde also bis ins Extreme verstanden. Die Obrigkeit verfügte, dass bei dieser Verweigerung irgendwelche Feiwillige in die Lücke springen mussten, die für ihre Arbeit aus dem dafür konfiszierten Täufergut bezahlt wurden. Gleiches galt, wenn das Dorf gemeinsam «fremdes Gesindel» dingfest machen musste.[144]

11. Hinrichtungen von Täufern

Bereits 1524 ging Luzern voran, als Klaus Hottinger hingerichtet wurde.[145] Auch 1525 verhängten die katholischen Orte Todesstrafen, wobei sie Täufer hinrichteten, aber dabei auch die Reformation treffen wollten. Ein Opfer kam 1525 aus Wesen, wo Schwyz an der Herrschaft beteiligt war, den Täufer

140 QGTS III. 223f., 267, 270, 279, 290, 307, 311, 333, 335, 343f, 347, 350f. 369, 370, 430.
141 QGTS III, 535, 583f, 606f.
142 QGTS III, 433. Vgl. Sachregister: Bestattungsform, 663.
143 QGTS III, 481, 484.
144 QGTS III, 575f. Es handelt sich in den Quellen aber um Einzelfälle. Eine Quantifizierung der Anwendung ist nicht möglich.
145 QGTS II, 331.

abführte und in Schwyz verbrennen ließ.[146] Gleiches geschah Eberli Bolt aus der March, der bei St. Gallen auf äbtischem Gebiet gefasst und ebenfalls in Schwyz verbrannt wurde. Auch Johannes Krüsi aus Klingnau wurde im gleichen Jahr auf äbtischem Gebiet gefasst und dann in Luzern verbrannt.[147]

Zürich ging überraschend vor, als es in der Krisenlage von 1526 und 1527 Felix Manz ertränkte.[148] Im Anschluss daran war es bemüht, die Orte der Eidgenossenschaft, die zur Reformation neigten, ebenfalls auf diese Linie zu verpflichten. In diesem Sinne war deren gemeinsames Mandat vom September 1527 ein zürcherischer Erfolg[149]. Erstes Opfer dieser Abmachung war 1527 in Schaffhausen der Täufer Rüeger, der aber auch in den Rebleutenaufstand verwickelt war.[150] Zürich selbst tötete 1528 Jakob Falk und Heini Reimann.[151] 1529 kam es zu einer weiteren Hinrichtung in Schaffhausen, nämlich von Jakob Schaufelberg.[152] In Basel wurden 3 Täufer getötet.[153] In Bern wurden im gleichen Jahr erstmals Täufer hingerichtet: die Basler Hans Hansmann, gennannt Seckler, sowie Hans Treyer und der aus Aarau stammende Hutmacher Heini Seiler.[154] Im gleichen Jahr wurde im Toggenburg Hans Feusi aus dem Grüninger Amt hingerichtet.[155] 1530 ertränkte Bern Konrad Eichacher aus Steffisburg sowie wahrscheinlich zwei Täufer aus Basel, die man in der Vogtei Bipp gefasst hatte.[156] In Luzern traf es einen Täufer aus den Freien Ämtern[157], und in Zürich erlitt Konrad Winkler vom Wassberg das gleiche Schicksal.[158] In Gossau in der Abtei St.Gallen wurden ebenfalls 1530 Täufer getötet.[159] 1532 schließlich traf es in Zürich Heini Karpfis aus Grüningen und Hans Herzog von Stadel.[160] 1532 hatte die Tagsatzung ein Täufermandat für die Gemeinen Herrschaften beschlossen[161], was 1532 in Baden zum Tode von sieben[162] und 1532 im Thurgau von fünf Täufern führte.[163]

146 QGTS II, 563.
147 QGTS II, 377, 605 ff.
148 QGTS I, 224 ff.
149 QGTS I, 1 ff.
150 QGTS II, 42 ff.
151 QGTS I, 290 f.
152 QGTS II, 51.
153 Hanspeter *Jecker*, Ketzer, Rebellen, Heilige: Das Basler Täufertum von 1580–1700, Basel 1998, 41 f.
154 QGTS III, 208, 210.
155 QGTS II, 574.
156 QGTS III, 220, 218, 221 f., 229 f.
157 QGTS III, 68.
158 QGTS I, 332.
159 QGTS II, 635, 639. Es ist unsicher, ob es sich nur um einen oder bis zu vier Täufer handelte.
160 QGTS I, 363 f.
161 QGTS II, 7–10.
162 QGTS III, 86. Stumpfs Chronik nennt sieben Hingerichtete, Vadians Diarium sechs (zwei Männer und vier Frauen).

Dann trat eine gewisse Entspannung ein, bis sich in Bern die Lage wieder verschärfte.[164] 1535 gab es in Berns Gebiet 5 Hinrichtungen, 1536 2, 1537 2. Die Täufer im Emmental fürchteten sich vor einer Verstärkung der Verfolgung und versuchten, das Gesprächsklima und die Milde, die von 1531 bis 1534 geherrscht hatte, wieder herbeizuführen. Sie gingen zum Prädikanten von Grosshöchstetten mit der Bitte, die Obrigkeit dazu zu bewegen, ein Täufergespräch in Bern durchzuführen. Die Obrigkeit bewilligte sogar das Gespräch von 1538 und ließ es ordnungsgemäß durchführen.[165] Aber offensichtlich dachte sie nicht an Entspannung, sondern es diente ihr zur Rechtfertigung, den Täufern Vorwürfe zu machen und zur schärfsten Verfolgung anzusetzen. 1538 wurden 10 Täufer hingerichtet und 1539 3. Ob noch weitere Todesurteile vollstreckt wurden, wissen wir nicht. Die einzige Quelle sind die Seckelamtsrechnungen Berns, die aufführen, wenn ein Totengräber einen Täufer begraben musste. Das kostete 5 Schilling. Diese Quellen sind indessen von der zweiten Hälfte 1540 bis und mit 1551 verschollen. Und später wurden diese Details nicht mehr einzeln aufgeführt. Aus anderen Quellen können wir entnehmen, dass es bis 1571 sicher noch zu zwei bis drei Hinrichtungen kam.[166]

Weiter kam es 1550 zu einer Hinrichtung in Rorschach und 1556 in Wil in der Abtei St. Gallen.[167]

Das heißt zusammengefasst, dass wir zwischen 64 bis 67 Hinrichtungen von Täufern bis 1571 aufgrund der Quellenlage als glaubhaft annehmen können. Schaffhausen 2, Basel 3, Zürich 6, die Inneren Orte 5, die Abtei St. Gallen 4 bis 7, Gemeine Herrschaften 13, Bern 31. Es fällt auf, dass Orte Solothurn und Appenzell sowie die territorial kleinen Stadtstaaten St. Gallen und Biel keine Täufer hinrichteten, Basel nur in der Frühzeit.

12. Die reformierten Orte auf dem Weg zu einer neuen Täuferpolitik

Berns Täuferpolitik war in der Krise. Die Zahl ihrer vollstreckten Todesurteile belegt es. Unter dem entscheidenden Druck des neuen Schultheißen Hans Franz Nägeli wurde die Ordnung 1541 gemildert. Er rief Kleinen und Großen Rat zur Sitzung wegen der Täuferfrage zusammen und verlangte

[163] QGTS II, 549. Es ist anzunehmen, dass es sich um Todesurteile handelte.

[164] Vgl. oben 18 ff. Zu Verfolgungen in Bern, auch über 1585 hinaus, vgl. auch Hanspeter *Jecker*, Biss das gantze Land von disem Unkraut bereinigt sein wird, in: Die Wahrheit ist untödlich, hg. von Rudolf Dellsperger und Hans Rudolf Lavater, Mennonitica Helvetica 30 (2007), 97 ff.

[165] QGTS III, 379, 380 f.

[166] QGTS III, 511.

[167] QGTS II, 290 f., 299.

eine rigorose Änderung. Er griff die Pfarrerschaft an, dass sie ihrer Aufgabe nicht nachkomme, wenn sie sich nur im damals in Bern herrschenden Abendmahlstreit ergehe und dabei jedermann die Möglichkeit vielfältigster Bibelauslegungen vor Augen führe. Was man ja den Täufern nicht zugestand. Das wirkte. Das Mandat wurde sogar milder beschlossen, als es der Antrag des Stadtschreibers vorgesehen hatte. Es gab die Todesstrafe für Täufer nur noch, wenn für den Rat besondere Umstände vorlagen. Nachweislich wurde sie noch zweimal, eventuell dreimal, vollzogen. Nachher nicht mehr.

Im Vordergrund für diesen Wandel stehen wohl zwei Momente:

In einer Missive an Zürich, Basel, St. Gallen und Schaffhausen erklärte Bern später, es habe lange Zeit das Täuferproblem auch mit Todesstrafen lösen wollen.

> «Dahar wir und andere oberkheiten bewegt wordenn, dieselb uff lyb und läben fürzenemmen und gegen etlichenn erstatten ze lassen. Wyl aber söllichs ouch nit sovil (als ze wünschen gewäsenn) erschossen und wir befundenn, das andere oberkheiten diß mittel (am läbenn ze straffen) zů streng geacht, [sind wir] davon abgestandenn und [haben] ein milterung fürgenommen, [doch] wir ouch mit der verwysung [von Täufern] nit vil ußrichten mögenn ...» [168]

Berns brutale Strafen waren also vor 1541 in die Kritik der andern reformierten Orte geraten. Allerdings hielt der Rat auch die gemilderte Regelung nicht für erfolgreich.

Zweitens sind Ansätze für einen Wandel der Denkweise zu erkennen. Niklaus Zurkinden war 1532–1534 Vogt in Sumiswald, und dort vollzog er die Mandate der Obrigkeit gegen die Täufer offenbar ungenügend.[169] Über seine Haltung schrieb er 1554 nach der Hinrichtung Servets an Calvin:

> «Ich gebe indessen gerne zu, dass ich auch einer von denen bin, die aus einem Übermass an Ängstlichkeit oder Unerfahrenheit bestrebt sind, dass das Schwert äusserst selten gegen Gegner aus Glaubensgründen eingesetzt werde; mögen diese vorsätzlich oder aus Unerfahrenheit in die Irre gehen. Die Bibelstelllen, die sie anführen, versetzen mich nicht so sehr in Bewegung, dass ich sie aus Gründen der Religion mit dem Schwert abwehren müsste, wie etwa ... in unserer Zeit gegen die beklagenswerten Täufer geschah. Ich habe hier gesehen, wie eine Achtzigjährige mit ihrer Tochter, Mutter von sechs Kindern, weggeführt wurde, wegen keiner anderen Schuld, als dass sie, verführt von einer demagogischen und verbreiteten Lehre, die Kindertaufe ablehnten ... Es bestand doch keine Gefahr, dass die zwei Weiblein mit ihrer falschen Lehre unseren [Herrschafts-] Kreis gar hätten ins Verderben bringen können.» [170]

[168] StABE A III 38, 579–581.
[169] QGTS III, 281 f.
[170] QGTS III, 476.

Nicht eine falsche Lehre war für ihn das Kriterium, sondern die Einschätzung der Gefahr, die von der Gegenseite ausging. Zurkinden war 1561–1565 unter Hans Franz Nägeli Stadtschreiber von Bern.[171]

Aber das Täuferproblem bekam man mit der milderen Ordnung von 1541 auch nicht in den Griff. Es weitete sich aus, weil die täuferischen Verbindungen zu Mähren mit Aus- und Rückwanderungen immer intensiver wurden. Die Ausweisung von Täufern war das Hauptmittel. Aber sogar die Lehrer kamen immer wieder zurück. Man suchte unter den reformierten Orten nach einer Neuorientierung. Für die Verhandlungen von 1585 ließ Bern ein Gutachten durch Pfarrer erstellen und schlug den reformierten Orten vor, das Problem gemeinsam mit einer im reformierten Lager abgestimmten Ordnung anzugehen, ohne Todesstrafe.[172]

Der Vorschlag bernischer Pfarrer, man könnte die täuferischen Lehrer auf die Galeeren schicken, wurde vorerst von der bernischen Obrigkeit nicht aufgegriffen.[173] Bern hatte seit 1571 einen Vertrag mit Savoyen geschlossen, um verurteilte Landstreicher für eine bestimmte Zeit auf die Galeeren abliefern zu können.[174] Später dehnte man diese Möglichkeit auch auf Täufer aus. Zürich versuchte es zum Beispiel 1614[175], und Bern vollzog diese Strafe 1671[176]. Rechtlich wurde diese Möglichkeit in Bern im Februar 1695 bestätigt.[177] Auch die Täufermandate von 1714, 1718 hielten grundsätzlich an der unbefristeten Galeerenstrafe fest. Ob und wie die Strafe angewendet wurde, ist nicht im Zusammenhang erforscht.

Die reformierten Orte einigten sich 1585 auf eine Täuferpolitik, die ohne Todesurteile auskommen sollte, auch wenn in Mandaten damit gedroht

171 Zu Niklaus Zurkinden vgl. Eduard *Bähler*, Niklaus Zurkinden von Bern, Zürich 1912.

172 QGTS III, 506ff.

173 QGTS III, 508.

174 Die Rechtsquellen des Kantons Bern, 1. Teil: Stadtrechte, Aarau 1902–1979 [zit. RKB.St], Bd. VI/1: Staat und Kirche, hg. von Hermann Rennefahrt, 431ff. 457. Der Vertrag mit Savoyen: ebd., Bd. VII/1: Zivil-, Straf- und Prozessrecht, hg. von Hermann Rennefahrt, 456f. Die eidgenössischen Orte waren in den folgenden Jahrzehnten immer wieder bemüht, Landstreicher, anfänglich auf bestimmte Zeit, später unbeschränkt, in die Galeeren nach Frankreich, Spanien, Venedig oder Savoyen abzuschieben. Vgl. Amtliche Sammlung der ältern eidgenössischen Abschiede, Luzern 1839ff. [zit. EA], Bd. V/1, 411, 541, 582, 597, 650, 693, 745, 777, 843, 1131, 1155. Schließlich dehnte Bern diese Möglichkeit auch auf Täufer aus. In Berns Täufermandaten von 1695, 1714 und 1718 wurde an dieser Strafe grundsätzlich festgehalten, RKB.St, Bd. VI/1, 457, 469, 484, 487.

175 Vgl. Barbara *Bötschi-Mauz*, Täufer, Tod und Toleranz, in: Die Zürcher Täufer 1525–1700, hg. von Urs B. Leu und Christian Scheidegger, Zürich 2007, 183. Zur Kritik Berns an diesem Entscheid 1616 vgl. EA, Bd. V/1, 1233f.

176 RKB.St, Bd. VI/1, 457., ferner StABE A I 487, 575, 615; StABE A II 474, 218ff., 438, 442, 447; StABE A I 476, 51; *Feller*, Geschichte Berns, Bd. 3, 163; *Müller*, Berner Täufer, 144f.; Kurt *Guggisberg*, Bernische Kirchengeschichte, Bern 1958, 366.

177 StABE A I 490, 130–141, 144; RKB.St, Bd.VI/1, 469.

wurde. Trotz dem Verzicht auf die härteste Strafe waren die Obrigkeiten aber in der Verfolgung der Täufer aktiv. In Bern überwachten die Pfarrkapitel auf dem Lande diesbezüglich die Effizienz der Landvögte, und diese überwachten die Pfarrer. Beide Seiten waren je rapportpflichtig. Über den Besuch des Gottesdienstes und des Abendmahls wurden Präsenzlisten, auch für das Hausgesinde, geführt, ebenso über den Besuch der Kinder in der Kinderlehre, ferner über die Teilnahme am Landtag, wenn der Obrigkeit die Eide geleistet wurden, unter anderem auch, dass man bei Täuferverdacht denunzieren werde. Auch über die Präsenz an der periodischen Waffeninspektion wurde Buch geführt.[178]

Die angewandten Strafen waren abgestuft, von Begnadigung über Gefängnis und Landesverweisung bis hin, im Wiederholungsfall, zu unbeschränkter Verwahrung, verbunden mit regelmäßiger Belehrung und Zwangsarbeit.

1585 bedeutet insofern eine Wendung in der bernischen Täuferpolitik, als künftig die Todesstrafe gemieden wurde; denn die Todesstrafe gab den Täufern keine Chance, sich zu ändern, wie in einem Gutachten festgehalten wurde. Das hätte Perspektiven für eine weitere Milderungen öffnen können. Diese weitere Öffnung wurde aber immer wieder durchkreuzt, durch Gefängnis, durch Verschickung und durch Vertreibung.

Dr. Martin Haas, Winterthur

178 Vgl. EA, Bd. IV/2.1, 879ff. und StABE A IV 99, f. 169ff.

Die Zürcher Landeskirche und die Täufer. Oder: «Die Wahrheit wird euch frei machen.» (Joh 8,32)

VON RUEDI REICH[1]

Oft wird heute recht spöttisch auf die gängige «Entschuldigungskultur» verwiesen. Man entschuldigt sich für alles und jedes, was da in den letzten 2000 Jahren angeblich oder wirklich falsch gelaufen ist. Aber entschuldigen kann man sich nicht selber. Um Entschuldigung kann man nur bitten.

Und die Vergangenheit kann nicht nach gegenwärtigen Kriterien von Menschenrecht und Menschenwürde beurteilt und verurteilt werden. Alles menschliche Denken und Tun unterliegt historischen Bedingtheiten.

Zur Vorsicht mahnt auch die Bergpredigt: «Richtet nicht, damit ihr nicht gerichtet werdet» (Matth 7,1). Es gilt also mit unseren Vorfahren barmherzig umzugehen in der Hoffnung, dass auch das Urteil unserer Nachfahren über uns nicht allzu unbarmherzig ausfallen wird.

Dennoch, vergangenes Unrecht darf von der Kirche nicht kleingeredet, vertuscht oder gerechtfertigt werden. Unser Tun geschieht wie dasjenige unserer Vorfahren, in Kenntnis des Evangeliums. Am Evangelium ist es deshalb zu messen.

In dieser Weise ist es auch zu verstehen, wenn ich 2003 im Vorwort des Reprints von Fritz Blankes «Brüder in Christo» festgehalten habe: «Das Unrecht, das taufgesinnten Menschen über Jahrhunderte angetan wurde, war ein Verrat am Evangelium.» Da redet nicht der Historiker. Als kirchlich Verantwortlicher fordere ich dazu auf, auch die Vergangenheit der reformierten Kirche im Licht des Evangeliums zu betrachten und für die Gegenwart Konsequenzen daraus zu ziehen.

Seit ich mein Amt als Kirchenratspräsident übernahm, also seit 1993, hat mich dies dreimal intensiv beschäftigt. Mir ist dabei bewusst geworden, wie wichtig die öffentliche Auseinandersetzung der Kirche mit von ihr begangenem Unrecht im Hinblick auf Gegenwart und Zukunft ist. Zugleich entdeckt man dort, wo man sich dem Dunkeln der Vergangenheit stellt, auch dankbar die hellen und ermutigenden Perspektiven.

Auf drei Beispiele sei verwiesen. Der dritte Bereich, die Täuferproblematik, wird entsprechend dem Vortrag von Martin Haas[2] besonders betont.

1 Referat von Pfr. Dr. h.c. Ruedi Reich, Kirchenratspräsident der Zürcher Landeskirche, an der ordentlichen Mitgliederversammlung des Zwinglivereins vom 19. Juni 2008.

2 Vgl. den Beitrag von Martin Haas in diesem Band.

I

Zunächst der Wasterkinger Hexenprozess 1701. In diesem vom recht pathologischen Antistes Antonius Klinger mitverantworteten Unrechtsprozess wurden sieben Frauen und ein Mann psychisch und physisch schwer gefoltert und getötet.

Im Zusammenhang mit einem in Rafz aufgeführten Theaterstück, das sich dieser abgründigen Begebenheit widmete, habe ich eine Erklärung vor der Kirchensynode abgegeben. Regierungsrat Markus Notter und ich haben in einem öffentlichen Gedenkakt in der Kirche Rafz gesprochen. Es ging darum zu zeigen, dass die Angelegenheit schon damals von vielen als offenes, von Staat und Kirche gemeinsam begangenes Unrecht empfunden wurde.

Dankbar konnte aber auch auf Antistes Ulrich verwiesen werden. Er hat sich 1782, acht Jahrzehnte später, mit großem evangelischem Engagement für die Rettung von Anna Göldi eingesetzt, leider vergeblich.

II

1997 und in den folgenden Jahren stellte sich die Schweiz, leider eher gezwungenermaßen als freiwillig, ihrer Kriegsvergangenheit und dem Umgang mit den sogenannten «nachrichtenlosen Vermögen». Es wurde deutlich, dass viele jüdische Flüchtlinge an unserer Grenze abgewiesen und in den sicheren Tod geschickt wurden.

Und die Zürcher Kirche? Hat sie damals mit den Wölfen geheult, zum Unrecht geschwiegen oder gar dazu aufgefordert? War sie nicht selber von Antijudaismus und Antisemitismus geprägt?

Es war wichtig, sich diesen dunklen Punkten zu stellen. Das Resultat dieser Recherchen war ambivalent. Da gab es Lichtgestalten wie etwa den damaligen Kirchensynodepräsidenten Max Wolff und den Flüchtlingspfarrer Paul Vogt, als solcher von Landeskirche und Regierung beauftragt und besoldet. Aber es gab auch in der Zürcher Kirche Kleinlichkeit, Leisetreterei und Antijudaismus.

Der Kirchenrat hat anlässlich der Kirchensynode im März 1997 eine Erklärung zum Antijudaismus in Vergangenheit und Gegenwart abgegeben.

Zugleich beantragte der Kirchenrat der Kirchensynode, für die Erschließung und Auswertung der damaligen Flüchtlingsakten des Verbandes Jüdischer Fürsorgen 600 000 Franken zur Verfügung zu stellen. Als zeichenhafter Beitrag zur Dokumentation des damaligen Unrechts.

Noch heute besteht ein freundschaftliches Verhältnis zu den beiden jüdischen Gemeinden im Kanton Zürich, für deren öffentliche Anerkennung sich die Landeskirche nachdrücklich eingesetzt hat.

III

Am Eingang zum Fraumünster gibt es eine Tafel, die an die Aufnahme der hugenottischen Flüchtlinge in Zürich erinnert. Und auf dem Zwingliportal des Großmünsters zeigt eine Kassette die Aufnahme der reformierten Glaubensflüchtlinge aus dem Tessin.

Dass unsere Kirche damals zeitgleich aber auch evangelische Glaubensflüchtlinge geschaffen hat – das wurde lange Zeit weitgehend verdrängt. Auch die teilweise blutige Täuferverfolgung, obwohl historische Tatsache, wurde von der Zwingli- und Bullinger-Forschung meist verschämt verdrängt oder gar vorsichtig gerechtfertigt.

Uns war bewusst, dass im Rahmen des Bullingerjahres 2004 ein anderer Akzent zu setzen sei. Schon 2003 war die in Winterthur tätige, charismatische Stiftung «Schleife» aktiv geworden. Sie lud zu einer Konferenz ein unter dem Titel: «Schritte der Versöhnung mit den Wiedertäufern». Das Ziel war eine vertiefte, zukunftsbezogene Auseinandersetzung mit den reformationsgeschichtlichen Trennungen und Verurteilungen.

Im Rahmen dieser Konferenz gab es im Großmünster eine Feier, an der auch Mennoniten aus den USA teilnahmen. Fritz Blankes «Brüder in Christo» wurde von der Stiftung neu herausgegeben und ins Französische und Englische übersetzt. Auf mein Vorwort habe ich bereits verwiesen. «Wer anders Denkende und Handelnde ausgrenzt und bekämpft, der verrät das Evangelium».

Aber Worte sind oft flüchtig. Wenn es um Schuld und Vergebung geht, wenn es um Wahrheit und Erkenntnis geht, braucht es glaubwürdige Gesten, nachhaltige Zeichen der Selbstbesinnung und persönliche Begegnungen.

2003 – Vorbereitung des Bullinger-Jahres. Dem Projektteam ging es um die Würdigung von Heinrich Bullinger im Bezug auf die Konsolidierung und Ausstrahlung der Zürcher Reformation. Dies schien uns aber nur dann glaubwürdig, wenn auch seine «Schattenseiten» thematisiert würden. Dies, so war uns klar, konnte nicht nur durch eine faire, kritische Geschichtsschreibung erfolgen.

So beschlossen wir, zusammen mit den Schweizer Mennoniten nach einer adäquaten Form des Gedenkens zu suchen.

In einer paritätisch zusammengesetzten Arbeitsgruppe wurde für den Juni 2004 ein Begegnungs- und Versöhnungstag konzipiert. Dieser wurde für alle Teilnehmenden, darunter rund 150 Gäste täuferischer Abstammung aus Europa und Amerika, zu einem wichtigen Ereignis.

Am 26. Juni 2004 kam man unter dem Motto «gegeneinander – nebeneinander – miteinander» zusammen. Es gab einen gemeinsam gestalteten Gottesdienst im Großmünster. Im Namen der Landeskirche sprach ich ein Bekenntnis, in welchem die Schuld unserer Vorfahren beim Namen genannt wurden. Zugleich wurde festgehalten, dass die reformierte Kirche und die Täuferbewegung «Zweige desselben evangelischen Astes am großen christlichen Baum» sind.

Das ist eine historische und eine theologische Aussage, die der Feststellung Heinrich Bullingers «Wir haben mit ihnen rein gar nichts gemein» klar widerspricht. Hier hatte der Reformator Unrecht. Sein theologisches und historisches Urteil ist falsch.

Ein weiterer Höhepunkt war die Enthüllung einer Gedenkplatte bei der Schipfe am linken Limmatufer zu Ehren von Felix Manz und Hans Landis und den weiteren Täufern, die in der Reformationszeit getötet wurden.

Ergreifend war die Reaktion der Nachfahren der damaligen Täufer bereits im Vorfeld des Versöhnungstages. So bekamen wir zum Beispiel ein Schreiben – notabene in Handschrift – der «Old Order Amish Churches» aus den USA. Bestimmt hätten wir Verständnis dafür, dass eine Weltreise nach Zürich mit ihrem Lebensstil nicht zu vereinbaren wäre, merkten sie an und hielten dann fest: «Wir glauben, dass die Nachfahren der Reformierten Kirche in keiner Weise für das verantwortlich gemacht werden können, was ihre Vorväter den Täufern angetan haben.»

Und der Brief schließt mit folgenden Worten: «Wir bitten Euch, dieses bescheidene Schreiben in gutem Glauben anzunehmen. Wir kennen keine negativen Gefühle und bitten um Nachsicht für allen Verdruss, den wir verursacht haben mögen. Gott segne euch und die Euren. Lebt wohl.»

Das öffentliche Benennen und Bekennen von historischem Unrecht hatte etwas Befreiendes und Zukunftweisendes für die Nachfahren von Tätern und Opfern.

In der mennonitischen Antwort auf das reformierte Bekenntnis war Dankbarkeit für diese Geste der Versöhnung zu spüren. Selbstkritisch hielten die Mennoniten fest: «Ausgestoßen und an den Rand gedrängt verharrten wir zu lange in einer manchmal selbstgefälligen Ausgrenzung von der Welt und der Gesellschaft. Wir bekennen, dass unsere Gemeinden unsere Auslegung des Evangeliums häufig nicht widerspiegeln. Da begegnen uns Angepasstheit, Einengung, Absonderung und Hochmut.»

IV

Der Lauf der Geschichte ist immer komplex und dialektisch. Auch Verfolgte sind nicht einfach Helden und Märtyrer, die Verfolger sind nicht nur unmenschliche Verbrecher. Taten wie Missetaten sind nur im Kontext der Zeit zu verstehen.

Dies ist auch den Nachfahren der Täufer bewusst. Schon Fritz Blanke wies mit seinem Büchlein darauf hin, dass Huldrych Zwingli und Felix Manz sich je auf ihre Weise ihrem Gewissen folgend dem Evangelium verpflichtet fühlten.

Die Tatsache, dass am Versöhnungstag der Generalsekretär des Mennonitischen Weltbundes in der Kirche Zwinglis die Predigt hielt, wurde von den Mennoniten als starkes Zeichen der Versöhnung und der Freundschaft empfunden. Ein führendes Mitglied der amerikanischen Mennoniten zog folgende Bilanz: «Für unser Bewusstsein gibt es ein ‹Zürich› vor unserer Begegnung im Juni 04. Und es gibt ein ‹Zürich› danach. – Zürich erscheint heute in einem anderen Licht.»

Auch die Gedenktafel an der Schipfe hat eine nachhaltige Wirkung: Sie ist für die Mennoniten aus aller Welt zu einem Pilgerort geworden. Umgekehrt wurden Vertreter der Zürcher Kirche zu einer Konferenz der Mennoniten in den USA eingeladen.

2005 lud die Landeskirche zu einer speziellen Filmvorführung von Peter von Guntens Täuferfilm «Im Leben und über das Leben hinaus» mit anschließendem Filmgespräch ein.

Darüber hinaus sei an die vom Schweizerischen Evangelischen Kirchenbund initiierte theologische Arbeitsgruppe «Reformierte / Mennoniten» und an das Berner Täuferjahr 2007 erinnert.

Der Theologische Verlag Zürich, der Hausverlag der Landeskirche, brachte einen Dokumentationsband über den Versöhnungstag von 2004 heraus. Sein Titel: «Gemeinsames Erbe: Reformierte und Täufer im Dialog».

Weiter wurden mit Unterstützung der Zürcher Kirche historische Untersuchungen über «Die Zürcher Täufer 1525–1700» vorgelegt. Dieser Band hat rund 400 Seiten und wurde von Urs Leu und Christian Scheidegger herausgegeben. In acht anschaulichen und spannenden Kapiteln wird die religiöse Landschaft mit ihren innerreformierten Zerwürfnissen nachgezeichnet. Die Vernissage des Buches wurde als weiterer gut besuchter Begegnungstag zwischen Reformierten und Täufern gestaltet. Dabei – und das zeigt die neue Art des gegenseitigen Verhaltens – konnten auch ungute Erfahrungen sowohl in anonymen landeskirchlichen Gemeinden wie auch in freikirchlich-moralisierender Enge angesprochen werden.

V

Die Wahrheit wird euch frei machen – das ist die Erfahrung der vergangenen fünf Jahre. Befreiung zur Begegnung, Befreiung auch zum Abwägen der Stärken und Schwächen der aus der Reformation hervorgegangenen Kirchenmodelle.

Historische Forschung ist dabei wichtig. Aber sie allein genügt nicht. Es geht um selbstkritische Reflexion von Vergangenheit und Gegenwart. Es geht darum, sich von Zuspruch und Anspruch des Evangeliums ergreifen und befreien zu lassen.

Ruedi Reich, Zürich

Noch einmal: Huldreich Zwinglis hebräische Bibel

VON HERBERT MIGSCH

Zwingli hat am 25. März 1522 an Beat Rhenanus einen Brief geschrieben, in dem er Rhenanus bittet, Konrad Pellikan mitzuteilen, dass er – Zwingli – mit dem Studium des Hebräischen wieder begonnen habe;[1] und Heinrich Bullinger berichtet, dass Zwingli wegen seiner raschen Fortschritte im Hebräischen, «die Bibel hebraisch brucht, vnd sy imm[2] gar gemein, imm alten testament, machet»[3]. «Um diese Zeit wird» Zwingli – so vermutet Traudel Himmighöfer – «wohl auch sein hebräisches Altes Testament erstanden haben, das sich leider nicht erhalten hat»[4]. Zwingli hat also im Jahr 1522 eine hebräische Bibel erworben.[5]

In Zwinglis lateinischer Jeremiaübersetzung[6] und in der Zürcher Prophetenbibel[7] begegnet in Jer 36,26 der Name «Achdiel». Dieser Name basiert auf der korrupten Namensform עַכְדְאֵל, *'a<u>k</u>d^{e}'el*, die sich in der Folioausgabe der ersten Rabbinerbibel[8] und in der zweiten Auflage ihrer Quartausgabe[9]

1 Huldreich Zwinglis sämtliche Werke [zit. Z], Bd. 7, Leipzig 1911 (Corpus Reformatorum 94), 497, Z. 27–29.

2 sich.

3 Heinrich Bullingers Reformationsgeschichte, hg. von Johann Jakob Hottinger und Hans Heinrich Vogeli, Bd. 1, Frauenfeld 1838 [zit. HBRG 1], 30.

4 Traudel *Himmighöfer*, Die Zürcher Bibel bis zum Tode Zwinglis (1531): Darstellung und Bibliographie, Mainz 1995 (Veröffentlichungen des Instituts für Europäische Geschichte Mainz. Abteilung Religionsgeschichte 151), 33.

5 Man darf es als sicher annehmen, dass Zwingli im Jahr 1522 eine hebräische Bibel erwarb; erwähnt er doch in der Schrift «Handlung der Versammlung in der Stadt Zürich auf den 29. Januar 1523» (Erste Zürcher Disputation), dass er die hebräische, die griechische und die lateinische Bibel «zegegen» habe (Z 1, 498, Z. 2–3).

6 Complanationis Ieremiae prophetae, foetura prima, cum apologia quur quidque sic versum sit, Zürich: Christoph Froschauer 1531. Die Übersetzung ist in Z 14 abgedruckt.

7 Das vierde teyl des alten Testaments. Alle Propheten uß Ebraischer spraach mitt gůtenn trüwenn unnd hohem flysz durch die predicanten zů Zürich in Tütsch vertolmätschet, Zürich: Christoph Froschauer, 1529. Es erschienen eine Folio-, eine Oktav- und eine Sedezausgabe. Der zitierte Titel ist der Titel der Folioausgabe, nach der hier zitiert wird. Zu den drei Ausgaben und ihren Titeln s. *Himmighöfer*, Zürcher Bibel, 302–307.

8 Venedig: Daniel Bomberg für Felix Pratensis, 1516–1517; Exemplare in Österreichische Nationalbibliothek, Wien [zit. ÖNB], Zentralbibliothek Zürich [zit. ZBZ], Z III ZZ25; Jüdische National- und Universitätsbibliothek Jerusalem.

9 Venedig: Daniel Bomberg, 1521; Exemplare in Universitätsbibliothek Wien; ZBZ Z Heid 3621–24, VIII bis 75, VIII bis 77 und III A 604 b.

findet. Der Name lautet korrekt עַבְדְּאֵל, *'abd^e'el.*[10] Der Name «Achdiel» lässt vermuten, dass Zwingli und die Prädikanten entweder ein Exemplar der Folioausgabe oder ein Exemplar der zweiten Auflage der Quartausgabe der ersten Rabbinerbibel bei ihrer Arbeit benutzt haben. Da in einer Verlustliste, die der Bibliothekar Johann Jakob Fries (1546–1611) um 1580 anfertigte (Zentralbibliothek Zürich, Ms. Car. XII 5, f. 164r), notiert ist, dass eine Bibel «ed. Bombergi preciosissimae, in 4°» verloren gegangen ist,[11] legte ich in meinem ersten Aufsatz zu Zwinglis hebräischer Bibel die Vermutung vor, Zwingli und die Prädikanten hätten bei ihrer Übersetzungsarbeit ein Exemplar der zweiten Auflage der Quartausgabe unter der Hand gehabt.[12] Diese Vermutung kann nun durch sicheres Wissen ersetzt werden. Zwingli macht nämlich im Anmerkungsteil zu seiner lateinischen Jeremiaübersetzung auf einen Druckfehler in Jer 39,12 aufmerksam:

> «*Neque ingeras ei quicquam mali.*) Meum[13] exemplum דע habet no*n* רע. Quod non annoto tanquam non uisque possit hoc mendum deprehendere, sed in hoc, ut videatur quam faciles inter istas literas lapsus sint, tum olim tum hodie.»[14]

Dieser Druckfehler findet sich weder in der Folioausgabe der ersten Rabbinerbibel noch in der ersten Auflage ihrer Quartausgabe[15], sondern erst in der

10 Die hebräischen Buchstaben ב *b* und כ *k* wurden verwechselt, vgl. Herbert *Migsch*, Die Jeremia-Übersetzung in der Ruremundebibel (1525): Eine nach der Complutenser Vulgata und der ersten Rabbinerbibel revidierte Übersetzung aus der Delfter Bibel (1477), in: Dutch Review of Church History 84 (2004), 139, Anm. 44.

11 Zitiert nach Martin *Germann*, Die reformierte Stiftsbibliothek am Großmünster Zürich im 16. Jahrhundert und die Anfänge der neuzeitlichen Bibliographie: Rekonstruktion des Buchbestandes und seiner Herkunft, der Bücheraufstellung und des Bibliotheksraums. Mit Edition des Inventars von 1532/1551 von Conrad Pellikan, Wiesbaden 1994 (Beiträge zum Buch- und Bibliothekswesen 34), 237.

12 Herbert *Migsch*, Huldreich Zwinglis hebräische Bibel, in: Zwingliana 32 (2005), 43. Konrad Pellikan fertigte nach dem Jahr 1532 einen Katalog über die Bestände der Stiftsbibliothek an, der den Zeitraum von 1532 bis 1551 umfasst (ZBZ, Ms. Car. XII 4; *Germann*, Stiftsbibliothek, 8–10). In diesem Katalog ist auch eine «Biblia Hebraica» verzeichnet, «die Zwingli nachweislich gekannt und benutzt hat» (Walther *Köhler*, Huldrych Zwinglis Bibliothek, in: Neujahrsblatt auf das Jahr 1921. Zum Besten des Waisenhauses in Zürich 84 (1921), *6, Nr. 29). Pellikan hat dieser Bibel die Nr. 113 gegeben. Um 1543/1544 stellte Pellikan die Bibliotheksbücher neu auf und versah jedes Buch – auch im Katalog – mit einer roten Nummer (*Germann*, Stiftsbibliothek, 56). Doch fügte er in dem Katalog zu der hebräischen Bibel keine rote Nummer hinzu (ebd., 237). Daraus ist abzuleiten, dass die hebräische Bibel bereits vor 1543/1544 abhanden gekommen ist (*Migsch*, Bibel, 39). Pellikan führt in dem Bibliothekskatalog auch ein Exemplar der Folioausgabe der ersten Rabbinerbibel an. Nach *Germann*, Stiftsbibliothek, 242 stammt das Exemplar allerdings «aus dem Bestand der reformierten Stiftsbibliothek 1532 ff» (ebd., 218).

13 Zu «Meum», also dazu, dass Zwingli diesen Satz schrieb, vgl. Edwin *Künzli*, Zwingli als Ausleger des Alten Testaments, in: Z 14, 875: «Diese Ich-Stellen können nur so verstanden werden, daß Zwingli hier direkt zu Worte kommt.»

14 Zitiert nach *Zwingli*, Complanationis (Z 14, 632 f.).

15 Venedig: Daniel Bomberg, 1516–1517; Exemplar in Staats- und Stadtbibliothek Augsburg.

zweiten Auflage der Quartausgabe.[16] Dies bedeutet: Zwingli kann nur ein Exemplar der zweiten Auflage der Quartausgabe der ersten Rabbinerbibel besessen haben.

In Zwinglis lateinischer Jeremiaübersetzung und auch in der Prophetenbibel steht nicht, wie aufgrund der korrupten Namensform zu erwarten wäre, «Achdeel», sondern «Achdiel». Die Existenz des «i» verlangt nach einer Erklärung.[17] Es gibt neben dem Namen עַבְדְּאֵל, *'abḏᵉ'el*, (Jer 36,26) auch die Namensform עַבְדִּיאֵל, *'aḇdî'el*[18], (1 Chr 5,15)[19]. Es ist jedoch nicht wahrscheinlich, dass Zwingli und die Prädikanten an 1 Chr 5,15 angeglichen haben. Eine andere Erklärung liegt näher, nämlich dass Zwingli in seiner hebräischen Bibel bei Jer 36,26 tatsächlich עבדיאל, *'bdy'l*, gelesen hat, und zwar nicht im gedruckten Text, sondern als handschriftlich zugefügte Randlesart.

Es gab, was die Vokalisation angeht, zwei Traditionen. Bereits in der antiken Origenes-Rezension spiegelt sich die Namensform mit «i»: αβδιηλ. Die Lesart, die von LXX^{88}, von der Syrohexaplarischen Übersetzung, von LXX^{233} und von LXX^{86} bezeugt wird,[20] stammt aus der Septuaginta-Spalte der Hexapla.[21] Ferner hat die Namensform mit «i» auch in eine Vulgata-Handschrift, die um 780 angefertigt wurde, Eingang gefunden: *abdi(h)el.*[22] Freilich kam die Namensform mit «i» auch in mittelalterlichen hebräischen Bibelhandschriften vor. Doch kann ich dafür nur indirekte Bezeugungen nennen:

1. Die Propheten-Inkunabel, die um 1485 von Joshua Solomon Soncino in Soncino gedruckt wurde und die die späteren Propheten samt dem Kom-

16 Der hebräische Text wurde für die zweite Auflage der Quartausgabe neu gesetzt, und in ihm finden sich Varianten (Christian D. *Ginsburg*, Introduction to the Massoretico-Critical Edition of the Hebrew Bible, London 1897, 954). Was das korrupte Wort דָּע, *dā'*, angeht – korrekt lautet es רָע, *rā'*, «Böses» –, so hat der Setzer die zwei Buchstaben ד *d* und ר *r* verwechselt.

17 Die Erklärung, die ich in meinem ersten Aufsatz vorlegte, nämlich dass bei dem Vokalzeichen unter dem Buchstaben d die Druckerschwärze ausgelassen habe, dass also nicht דְ, sondern ד zu lesen war (*Migsch*, Bibel, 41, Anm. 13), muss, wie oben gezeigt wird, verworfen werden.

18 In dieser Namensform sind die zwei Teile עבד, «Sklave», und אל, «Gottes», durch den Bindevokal *-î* miteinander gefügt (Herbert *Donner* [Hg.], Wilhelm Gesenius: Hebräisches und Aramäisches Handwörterbuch über das Alte Testament, 4. Lieferung, Berlin/Heidelberg 2007, 912a).

19 Die zwei Personen sind nicht identisch.

20 Ebenfalls in der von der Origenes-Rezension beeinflussten Lukian-Rezension (αβιηλ) und in der gleichfalls von ihr beeinflussten armenischen Übersetzung; s.dazu Joseph *Ziegler* (Hg.), Jeremias Baruch Threni Epistula Jeremiae, Göttingen ²1976 (Septuaginta 15), 397 (beide Apparate).

21 Vgl. *Ziegler*, Jeremias, 67. Zur Hexapla des Origenes s. Emanuel *Tov*, Der Text der Hebräischen Bibel: Handbuch der Textkritik, Stuttgart u.a. 1997, 122–123.

22 Paris, Bibliothèque Nationale, Nov. Acq. lat. 1586 (ca. 780): *abdiel* ist die Lesart *prima manu*, *abdihel* ist die Lesart *secunda manu* (Biblia sacra iuxta Latinam Vulgatam versionem, Bd. 14, Rom 1972, 355a). Spiegelt sich in *abdiel* eine Angleichung an eine griechische Handschrift? *abdihel* reflektiert wahrscheinlich eine Angleichung an die Vulgata-Lesart *abdehel.*

mentar von David Kimchi enthält[23], wurde nach einer mittelalterlichen hebräischen Bibelhandschrift gesetzt. In dieser Propheten-Inkunabel steht עַבְֿדִיאֵל, *'abdi'el*. Ebenfalls liest man in der Propheten-Inkunabel, die 1492 in Lissabon von Eliezer Toledano gedruckt wurde und die die Propheten Jesaja und Jeremia sowie den Kommentar von David Kimchi enthält[24], עַבְֿדִיאֵל *'abdi'el*. Der hebräische Text ist in beiden Inkunabeln unpunktiert gedruckt. Die Vokal- und anderen Zeichen wurden mit Tinte zugefügt. Der Name עבדיאל ist in beiden Inkunabeln ohne Bindevokal zwischen עבד und אל gedruckt.

2. Schreibfehler haben sich auch in der mittelalterlichen Epoche in hebräische Bibelmanuskripte eingeschlichen, und auch in den Drucken der hebräischen Bibel findet man Druckfehler.[25] Was nun den Text der ersten Rabbinerbibel angeht, so wurde dieser vermutlich nicht nach einem einzigen, sondern nach mehreren hebräischen Manuskripten erstellt, und möglicherweise hat auch der Herausgeber Felix Pratensis das eine oder das andere nach seinem grammatischen Verständnis abgeändert.[26] Es überrascht daher nicht, dass mancher Rabbiner in seinem Exemplar der Folio- oder Quartausgabe der ersten Rabbinerbibel an den Rändern nach einem mittelalterlichen hebräischen Bibelmanuskript vom Druck abweichende Lesarten handschriftlich zufügte, um tatsächliche oder vermeintliche Fehler zu korrigieren. So ist in dem Exemplar der Folioausgabe, das sich in der Jüdischen National- und Universitätsbibliothek befindet und in dem die *korrupte* Namensform עַכְדְּאֵל, *'akd^e'el*, steht, am Rand die unpunktierte Namensform עבדיאל, *'bdy'l*, notiert.[27] Gleichfalls ist in dem Exemplar der ersten Auflage der Quartausgabe, das im Besitz der Staats- und Stadtbibliothek Augsburg ist und in dem die *korrekte* Namensform עַבְדְּאֵל, *'abd^e'el*, steht, am Rand die unpunktierte Namensform עבדיאל, *'bdy'l*, zugefügt.[28]

So stellt sich die Frage, ob nicht in dem Exemplar, das Zwingli besessen hat, am Rand die unpunktierte Variante עבדיאל korrekt mit ב geschrieben, handschriftlich zugefügt war. Die zweite Auflage der Quartausgabe hatte im Monat Elul des Jahres 281 – das ist zwischen dem 4. August (= 1. Elul)

23 Neviim Aharonim, Soncino: Joshua Solomon Soncino, um 1485 (vorh. ÖNB).

24 Yeshayahu, Yirmeyahu, Lissabon: Eliezer Toledano, 1492 (vorh. ÖNB).

25 *Tov*, Text, 162f.

26 *Tov*, Text, 63.

27 Das Exemplar steht im Internet zur Verfügung: http://aleph500.huji.ac.il/nnl/dig/books/bk001725628.html› (5.7.2009). Jer 36,26 befindet sich in Band 2, f. 83v.

28 Man vgl. ferner David *Ginsburg*, Biblia Hebraica: Massoretico-Critical Text of the Hebrew Bible carefully revised according the Massorah and the early printed editions of the Hebrew Bible with the Variations and marginal Annotations of the ancient Manuscripts and Targums, London/Wien ^{2}1906, 900. Ginsburg notiert im Apparat, dass in einem Buch/in einigen Büchern עַבְדִיאֵל, *'abdî'el*, geschrieben ist, dass aber עַבְדְּאֵל, *'abd^e'el*, zu lesen sei. Leider gibt Ginsburg nicht an, um welches Buch/um welche Bücher es sich handelt.

und dem 1. September (= 29. Elul) 1521 – die Druckerpresse verlassen.[29] Andreas Böschenstein, der 1521 Professor der hebräischen Sprache in Heidelberg geworden war, ging 1522 nach Antwerpen und bald darauf nach Zürich; 1523 ging er nach Augsburg.[30] Nähere Angaben zur Dauer seines Aufenthalts in Antwerpen und in Zürich sind offenbar nicht verfügbar. Da er im Jahr 1522 über Antwerpen nach Zürich reiste, kam er wahrscheinlich nicht im Januar, sondern erst im Februar oder im März nach Zürich. Heinrich Bullinger teilt mit, dass Zwingli bei Böschenstein Hebräisch lernte und «in ettwas zyts», also nach einiger Zeit, so viel Hebräisch konnte, dass er die hebräische Bibel studieren wollte.[31] «in ettwas zyts» ist eine sehr vage Angabe. Man darf aber gewiss mit einigen Wochen, vielleicht sogar mit ein oder zwei Monaten rechnen, bis Zwingli den Wunsch äußerte, eine hebräische Bibel sein Eigen zu nennen. So darf man wohl annehmen, er habe erst in der zweiten Hälfte des Jahres 1522 die hebräische Bibel erworben.

Als Zwingli sein Exemplar erhielt, waren seit dem Erscheinen der zweiten Auflage der Quartausgabe zumindest zehn Monate vergangen. Zwingli bezog sein Exemplar gewiss nicht direkt vom Drucker. Er erwarb es wohl aus zweiter Hand. Darauf weist nämlich die Namensform «Achdiel» hin, die vermuten lässt, dass in dem Exemplar, das er erwarb, am Rand die handschriftlich zugefügte Namensform עבדיאל zu lesen war. Mit anderen Worten: Zwingli kaufte ein Exemplar, das wahrscheinlich bereits in den Händen eines Rabbiners gewesen war, der nach einem mittelalterlichen hebräischen Bibelmanuskript an den Rändern abweichende Lesarten angeschrieben hatte. Anders ist kaum zu erklären, wie das «i» in den Namen «Achdiel» kam: Zwingli musste zwischen der gedruckten Version עכדאל, *'kd'l*, und der am Rand notierten Version עבדיאל, *'bdy'l*, wählen. Er wählte jedoch keine der zwei Lesarten, er schuf vielmehr die Misch-Lesart «Achdiel».

Zwingli verglich, wie zahlreiche Anmerkungen bezeugen, die er z. B. zu seiner lateinischen Jeremiaübersetzung verfasste, den hebräischen Text stets mit dem Septuaginta- und dem Vulgatatext.[32] Während er in der Vulgata *ab-*

[29] In der zweiten Auflage der Quartausgabe befinden sich zwei Epigraphe. Im zweiten Epigraph wird mitgeteilt, dass die Quartausgabe zum zweiten Mal im Monat Elul des Jahres 281 erschienen ist. Eine englischsprachige Übersetzung des Epigraphs bietet *Ginsburg*, Introduction, 952; der hebräische Text ist ebd., 953, Anm. 1 abgedruckt.

[30] Friedrich Wilhelm *Bautz*, Art. ‹Böschenstein, Johann›; in: Biographisch-bibliographisches Kirchenlexikon, Bd. 1, Hamm 1990, 668.

[31] Bullinger schreibt: «Diser iaren kamm gen Zürych Andreas Böschenstein [...] Disen Böschenstein namm ouch Zwinglj an zum Leermeister, [...] Jn ettwas zyts aber begab es sich das Zwinglj so vil darinn zůnamm, das er die Bibel hebraisch brucht, vnd sy imm [= sich] gar gemein, imm alten testament, machet.» (HBRG 1, 30.)

[32] Vgl. *Künzli*, Zwingli als Ausleger, in: Z 14, 871–899.

dehel las, fand er in der aldinischen Septuaginta[33] den Namen nicht vor. Die Septuaginta (43LXX,26) weist nämlich für den Namen *‘aḇd*^{e}*’el* ein Minus auf,[34] und daher fehlt der Name auch in der aldinischen Septuaginta, also in Zwinglis Hausbibel.[35] Zwingli kannte also die zwei Lesarten *abdehel* (= Vulgata) und *‘aḵd*^{e}*’el* (= seine hebräische Bibel). Es kann nicht daran gezweifelt werden, dass Zwingli der hebräischen Lesart eher als der Vulgata-Lesart vertraute. Doch brachte er der masoretischen Punktation allgemein nur geringes Vertrauen entgegen, da er sie für fehlerhaft hielt,[36] und dies ist gewiss der Grund dafür, dass er, was die Vokalisation anging, der Randlesart folgte, zumal der Vokal «i» in der Randlesart gewiss durch die *mater lectionis* י angezeigt war. Mit anderen Worten: Zwingli vertraute, was die Buchstaben כ, *k*, und ב, *b*, anging, dem gedruckten Konsonantentext in seiner Bibel, während er bezüglich der Vokalisation der handschriftlichen Randlesart folgte; also: «Achdiel».

Am Schluss unseres Aufsatzes soll noch kurz die Frage erörtert werden, von wem Zwingli seine hebräische Bibel erworben haben könnte. Es kommen wohl die folgenden drei Personen in Frage: Andreas Böschenstein, Jakob Ceporin und der jüdische Arzt Mosche von Winterthur[37]. 1522 waren Andreas Böschenstein und Jakob Ceporin[38] in Zürich, und Zwingli brachte bei ihnen sein Hebräischstudium zum Abschluss.[39] Zwingli könnte von Böschenstein oder von Ceporin sein Exemplar erhalten haben. Doch könnte

33 Sacrae Scripturae Veteris Novaeque omnia, Venedig: in aedibus Aldi et Andreae soceri, 1518 (vorh. ÖNB; ZBZ Z 14, 874).

34 Der Name dürfte infolge einer *aberratio oculi* (Homoioteleuton: עזריאל ואת־שלמיהו בן־עבדאל) bereits in der Vorlage der Septuaginta gefehlt haben (John Gerald *Janzen*, Studies in the Text of Jeremiah, Cambridge, MA 1973 [Harvard Semitic Monographs 6], 118). Wie oben bereits erwähnt wurde, findet sich der Name in der Form αβδιηλ nur in der hexaplarischen Rezension und in von ihr beeinflussten Handschriften. Zwingli verweist in seiner Abhandlung «De Septuaginta interpretibus iudicium» auch auf die «quinta traductio», also auf die fünfte Kolumne in der Hexapla, in die Origenes den Septuagintatext geschrieben hat (Z 14, 97, Z. 20). Doch weist nichts darauf hin, dass er den Text vergleichen konnte.

35 Zu Zwinglis Hausbibel vgl. Walther *Köhler*, Aus Zwinglis Bibliothek: Randglossen Zwinglis zu seinen Büchern, in: Zeitschrift für Kirchengeschichte 45/NF 8 (1927), 243f.

36 Beispielsweise in der Vorrede zur Prophetenbibel: «Der puncten […], so die rabi der Juden hynzůgethon, habend wir kleyn acht. Dann sölcher zůsatz erst in kurtzen jaren beschehen ist; deßhalb er dem verstand und wäsen der worten keyn vorgericht bringen soll.» (Z 6, 305, Z. 2–5.) Vgl. Z 14, 132, Z. 29.

37 Nach Achim *Detmers*, Reformation und Judentum: Israel-Lehren und Einstellungen zum Judentum von Luther bis zum frühen Calvin, Stuttgart 2001 (Judentum und Christentum 7), 157 dürfte Zwingli «außer dem Arzt Mosche von Winterthur […] Juden kaum persönlich gekannt haben».

38 Jakob Ceporin begann Ende Oktober 1522 in Zürich Griechisch und Hebräisch zu lehren (Emil *Egli*, Bibliander, Ceporin, Johannes Bullinger, Zürich 1901 [Analecta Reformatoria 2], 148).

39 Z 14, 879.

ihm auch der Jude Mosche die Bibel besorgt haben. Dafür spricht möglicherweise, dass das Exemplar wahrscheinlich vorher im Besitz eines jüdischen Gelehrten war, aber auch, dass Mosche zweimal nach Zürich kam und den hebräischen Vorlesungen zuhörte, um zu sehen, wie Zwingli mit der hebräischen Bibel zurechtkam.[40] Wollte Mosche nur erfahren, wie Christen mit der hebräischen Bibel umgingen? Wollte er nicht vielmehr wissen, ob die hebräische Bibel, die er besorgt hatte, in kundigen Händen war? Freilich kann die Frage, von wem Zwingli seine hebräische Bibel bekam, nicht endgültig beantwortet werden.

Zusammenfassung

In meinem Aufsatz «Huldreich Zwinglis hebräische Bibel» (Zwingliana 32 [2005], 39–44) zeigte ich auf, dass Zwingli entweder ein Exemplar der Folioausgabe der ersten Rabbinerbibel oder ein Exemplar der zweiten Auflage ihrer Quartausgabe besessen hat. In dem vorliegenden Aufsatz wird nachgewiesen, dass Zwingli ein Exemplar der zweiten Auflage der Quartausgabe der ersten Rabbinerbibel besessen haben muss. Zwingli notierte nämlich zu Jer 39,12 (in seinen Anmerkungen zu seiner lateinischen Jeremiaübersetzung) einen Druckfehler, den er in seiner Bibel vorfand, und dieser Druckfehler findet sich erst in der zweiten Auflage der Quartausgabe. Ferner dürfte das Exemplar, das Zwingli erworben hat, vorher in den Händen eines Rabbiners gewesen sein. Darauf weist das «i» in dem Namen «Achdiel» (Jer 36,26; so in Zwinglis lateinischer Jeremiaübersetzung und in der Prophetenbibel) hin. Dieses «i» steht nämlich nicht in dem Namen in der Rabbinerbibel. In dieser ist *'akd^e'el* zu lesen, wobei es sich um einen Druckfehler für *'abd^e'el*

[40] Zwingli veröffentlichte am 25. Juni 1524 die Schrift «Eine Unterrichtung, wie man sich vor Lügen hüten soll» (abgedruckt in Z 3, 132–145). Darin verteidigt Zwingli sich unter anderem auch gegen den Vorwurf, dass er und die anderen Zürcher Gelehrten «all unser künst des götlichen wortes vonn den Juden lernind» (Z 3, 138; vgl. dazu ebd., 133). In diesem Zusammenhang erwähnt Zwingli einen Juden namens Mosche von Winterthur – einige knappe biographische Angaben zu Mosche von Winterthur finden sich in Z 3, 138, Anm. 6 –, von dem man behauptete, er habe sich gerühmt, Zwingli und die anderen Gelehrten unterwiesen zu haben. Zwingli entkräftet diesen Vorwurf, indem er aus einem Brief, den Mosche ihm überbringen ließ, wörtlich zitiert. Zwingli hatte Mosche offenbar um eine Stellungnahme gebeten, und dieser hatte ihm mitgeteilt, man habe auch ihm Entsprechendes vorgeworfen, und er halte fest, dass er sich nie entsprechend geäußert habe. Doch räumt Zwingli ein, dass er «vor etwas zyten», also vor einiger Zeit, mit Mosche über einige Verheißungen, die im Alten Testament stehen, gesprochen habe, wobei mehr als zehn christliche Gelehrte aus Zürich und Winterthur anwesend waren. Ferner sei Mosche zweimal nach Zürich gekommen, um den hebräischen Vorlesungen zuzuhören. Er habe aber nicht gelehrt, sondern nur zugehört, «ob wir mit hebraischer geschrifft recht köndind umbgon, und uns demnach zůggeben, wir könnend recht mit umgan, und gewünscht, das er sölcher gstalt sy verhandlen kond» (Z 3, 138–139).

handelt. In dem Exemplar, das Zwingli besaß, dürfte die korrekte Namensform, jedoch mit *mater lectionis* geschrieben, am Rand handschriftlich notiert gewesen sein; also *'abdî'el*, und Zwingli schuf aus der Text- und aus der Randlesart die Misch-Lesart «Achdiel».

Herbert Migsch, Wien

Zwinglis «Fehltritt» in Einsiedeln und die Überlieferung dieses Ereignisses

von Alfred Schindler

In der Literatur des 19. und 20. Jahrhunderts über Zwingli, vor allem in den Büchern, also in längeren Darstellungen, wird meist relativ kurz über seinen Kontakt mit einer Dirne in Einsiedeln berichtet und über den bekannten «Beichtbrief» oder «Bekennerbrief» etwas mitgeteilt.[1] Der Name des Briefes rührt daher, dass Zwingli in ihm gegenüber Heinrich Utinger seinen sexuellen Seitensprung zugibt, und dies vor allem wegen der Verleumdungen im Zusammenhang mit seinem Geschlechtsleben, die seine erhoffte Berufung nach Zürich verhindern sollten. In diesem Brief bekundet er Reue über seinen Fehltritt und betont, dass er nicht etwa, wie behauptet wurde, eine Jungfrau geschwängert oder sonstwie gegen die geltende Sexualmoral verstossen habe. Es sei ja «nur» eine Weibsperson gewesen, deren Lebenswandel sattsam bekannt sei.[2]

Es scheint, dass ähnliche Gerüchte oder Verleumdungen zwischen Zwinglis Lebenszeit und dem Ende des Ancien Régime zirkulierten. Aber jene Autoren konnten sich nicht auf eine historisch kontrollierbare Quelle stützen. Soweit es sich um katholische Autoren handelte, hat Fritz Büsser das ganze Material gesammelt und interpretiert, auch für das 19. und 20. Jahrhundert.[3]

1 Ohne Anspruch auf Vollständigkeit nenne ich: Johann Caspar *Mörikofer*, Ulrich Zwingli nach den urkundlichen Quellen, 2 Teile, Leipzig 1867/1869, Teil 1, 46–53; Philip *Schaff*, History of the Christian Church, vol. 7: The Swiss Reformation, New York 1892, 28 f.; Rudolf *Staehelin*, Huldreich Zwingli: Sein Leben und Wirken nach den Quellen dargestellt, 2 Bde., 1895/1897, Bd. 1, 108–115; Martin *Haas*, Huldrych Zwingli und seine Zeit: Leben und Werk des Zürcher Reformators, Zürich 1969, 3. Aufl. 1982, 74; Ulrich *Gäbler*, Huldrych Zwingli: Eine Einführung in sein Leben und sein Werk, München 1983, 3. Aufl. 2004 (mit einem Nachwort und Literaturnachträgen versehene Auflage von Martin Sallmann), 45; Jean Vincent *Pollet*, Huldrych Zwingli: Biographie et Théologie, Genf 1988, 15.

2 Der Text des «Bekennerbriefes» in der originalen lateinischen Sprache in: Huldrici Zuinglii opera, Bd. 7: Epistolarum a Zuinglio ad Zuingliumque scriptarum, hg. von Johann Melchior Schuler und Johannes Schulthess, Zürich 1830, 54–57, und in: Huldreich Zwinglis sämtliche Werke, Bd. 7: Zwinglis Briefwechsel, Leipzig 1911 (Corpus Reformatorum 94), 110–113. Der deutsche, d. h. übersetzte Text vollständig in: Huldrych Zwinglis Briefe, übers. von Oskar Farner, Bd. 1, Zürich 1918, 18–25 (vgl. den Wiederabdruck unten) und in: Das Buch der Reformation Huldrych Zwinglis, hg. von Walther Köhler, München 1931, 40–44. Farner gibt in seiner Zwingli-Biographie (s. Anm. 5) nur ausgewählte Stellen wieder. Das Original ist erhalten im Staatsarchiv des Kantons Zürich unter der Signatur E. I.3.1 Nr. 3.

3 Fritz *Büsser*, Das katholische Zwinglibild: Von der Reformation bis zur Gegenwart, Zürich 1968, bes. 283 und 394.

Protestantischerseits wurde natürlich heftig gegen die – meist weit übertriebenen – Unterstellungen polemisiert.[4]

Soweit ich sehe, ist Oskar Farner der einzige Zwingli-Biograph, der die Episode und ihre Überlieferung genau und mit Belegen wiedergibt. In Band II (1946)[5] seiner vierbändigen Biographie findet sich die Darstellung auf den S. 295 bis 304 sowie in den Anmerkungen auf den Seiten 468f. Das, was Farner eine «mündliche Überlieferung» bzw. eine «lokal-zürcherische Tradition» nennt (S. 299 und 468f.), besagt, dass Johannes Schulthess, der erste Theologieprofessor an der damals neuen Universität und zugleich der letzte Chorherr des 1832 abgeschafften Chorherrenstifts,[6] bei den Vorarbeiten zur ersten vollständigen und kritischen Zwingli-Ausgabe, die er in den Jahren 1828 bis 1842 mit Melchior Schuler zusammen herausgab, auf diesen Brief stiess. Er war bis dahin unbekannt geblieben und wurde von Schulthess im Archiv des Antistitiums entdeckt. Damit stellte sich die Frage, ob man ein so kompromittierendes Dokument nicht vielleicht besser vernichten sollte.

Über diesen Vorgang gibt es zwei Überlieferungen: Die eine, sozusagen 100% originale, steht im (lateinischen) Vorwort zum ersten Band der Briefausgabe von Schuler/Schulthess. Es handelt sich um Band VII (1830) der ganzen Edition, und zwar auf den Seiten IV bis VII; der (lateinische) Text des Briefes selbst folgt auf den Seiten 54 bis 57.

Im Vorwort, das eindeutig von Johannes Schulthess verfasst wurde,[7] schreibt dieser, manche Briefe Zwinglis und an Zwingli seien schon im Druck erschienen, und diese habe er gesammelt, aber der grössere Teil sei bisher nicht veröffentlicht, sondern habe in Archiven versteckt gelegen. «Est una certe epistola», die man nicht hätte publizieren dürfen, wenn nicht in Zürich heute Pressefreiheit herrschen würde. Seine Veröffentlichung werde zwar Ärgernis erregen, «aber wir berufen uns auf Zwingli selbst, der keinerlei Heilige duldete». Sodann folgt eine Inhaltszusammenfassung des bewussten Briefes. Schulthess verweist im weiteren auf die zahllosen beschönigenden Heiligenviten der Kirche, «quae vult Catholicam se haberi», und rühmt demgegenüber Augustin und Hieronymus, die das Unschöne ihres Lebens nicht verschwiegen. Schliesslich führt er die elf Jahre Zwinglis in Zürich an, wo er von überallher beobachtet werden konnte und genug Gegner ihm einen Strick aus dieser oder eventuell weiteren Affären hätten drehen können.

[4] Vgl. zum Beispiel Johann Jacob *Hottinger*, Helvetische Kirchen-Geschichten [...], 4 Teile, Zürich 1698–1729, Teil 3 (1707), 35f.

[5] Oskar *Farner*, Huldrych Zwingli: Seine Entwicklung zum Reformator, 1506–1520, Zürich 1946.

[6] Zu Johannes Schulthess vgl. den entsprechenden Abschnitt in «Universität Zürich» (s.u. Anm. 8), 5–18, ebenso «Die Familie von Schulthess von Zürich» (s.u. Anm. 9), 100–103.

[7] S. III-VIII. Es ist auch unterzeichnet von ihm.

Irgendwelche Erinnerungen an den Augenblick der Entdeckung des Briefes nennt Schulthess keine, auch Hinweise auf Zeugen fehlen. Er sagt nur, dass er das «delictum» nicht verschweigen *(reticeremus)* wollte.

Hier greift nun als zweite Quelle eine Erzählung ein, für deren Schilderung Farner zu Recht auf die Darstellung der Geschichte der Professoren der Theologischen Fakultät Zürich des 19. Jahrhunderts von Gustav von Schulthess Rechberg zurückgreift. Das Werk erschien im Jahre 1914 zum Jubiläum, bzw. der Einweihung des damaligen Neubaus.[8] Das Gebäude steht auch heute weithin sichtbar über der Stadt (neben der Eidgenössischen Technischen Hochschule, erbaut Mitte des 19. Jahrhunderts. Dort liest man im Kapitel über Johannes Schulthess (S. 16):

Eines Abends besuchte der junge Alexander Schweizer seinen Lehrer Schulthess. Er fand ihn im Archiv des Antistitiums mit den Originalen der Briefe Zwinglis beschäftigt. … «Sie kennen den Inhalt dieses Briefes», bemerkte Schulthess zu seinem Schüler, indem er das Blatt der Kerzenflamme näherte: «Was meinen Sie? Ausser Ihnen und mir kennt heute niemand diesen Brief […]» Dann, mit einem Ruck, legte er den Brief zu den anderen. «Nein, der Protestantismus ist die Wahrheit, Wahrheit unter allen Umständen.»

Eine Quelle dieser Erzählung nennt Gustav von Schulthess Rechberg in seiner Darstellung nicht. Somit ist anzunehmen, dass er sie aus mündlicher Überlieferung kannte, womit eine schriftliche Quelle nicht ganz auszuschliessen ist. Wenn man aber die mündliche Überlieferung für wahrscheinlich hält, ist die Person schnell gefunden, die allein in der Lage gewesen sein könnte, die Episode weiterzuerzählen: Alexander Schweizer. Der Einfachheit halber seien hier die Lebensdaten der betreffenden Persönlichkeiten genannt:

Johannes Schulthess	1763–1836
Alexander Schweizer	1808–1888
Gustav von Schulthess Rechberg	1852–1916
Oskar Farner	1886–1958

Aus dieser Zusammenstellung lässt sich entnehmen, dass die Lebensdaten aller Genannten sich soweit überschnitten, dass ein mündlicher Kontakt möglich war oder gewesen sein könnte.

Ein gewisses Problem ergibt sich allerdings daraus, dass die Berührung zwischen Alexander Schweizer und Gustav von Schulthess Rechberg schwer

[8] Das Werk trägt den Titel: Universität Zürich: Festgabe zur Einweihung der Neubauten 18. April 1914, Zürich 1914. Die Beiträge der einzelnen Fakultäten sind je für sich paginiert. Der erste Beitrag von Gustav von *Schulthess Rechberg* trägt den Titel: «Die zürcherische Theologeschule im 19. Jahrhundert» (S. 1–149).

greifbar ist.[9] Dieser war zuerst Pfarrer in Witikon, später Küsnacht (ZH), habilitierte sich erst 1886 und wurde Professor in Zürich 1890. So könnte man denken, eine mündliche Tradierung sei schwer denkbar.

Dem ist jedoch nicht so, auch wenn im gedruckten Material ein diesbezüglicher Hinweis fehlt. Einmal gab es eine persönliche Beziehung zwischen beiden, die früher als die universitäre liegt: Im Jahre 1842 heiratete Alexander Schweizer (in zweiter Ehe) eine Tochter des als aktiver Gegner von David Friedrich Strauss bekannten Johannes Hürlimann-Landis in Richterswil. Gustav von Schulthess heiratete 1881 seinerseits eine entfernte Verwandte Hürlimanns, Anna Selina Syz. Die Familie Syz wiederum war auch unabhängig von verwandtschaftlichen Beziehungen mit der Familie Hürlimann befreundet, aus geschäftlichen wie aus persönlichen Gründen. Aber ob da eine engere Beziehung zwischen Schweizer und Schulthess zustande kam, wissen wir nicht.

Viel wichtiger dürfte die Verbindung sein, die der Professor zu dem (noch) Privatdozenten unterhielt; denn Schweizer war bis zu seinem Tod ganz aktiv und geistig wach. Zudem war Schweizer – und das dürfte entscheidend sein – 1865 bis zu seinem Tod Präsident der «Gelehrten Gesellschaft», die sich nach dem Ende des alten Chorherrenstifts als akademie-ähnlicher Verein gebildet hatte. 1887 wurde von Schulthess aufgenommen, also im Jahr vor Schweizers Tod (3. Juli 1888).[10]

Versucht man, über die wirkliche Zuneigung oder gute «Kollegenschaft» der zwei Theologen etwas zu erfahren, so erweist sich das, jedenfalls aus den

[9] Aus der weitverzweigten alten Familie Schulthess ist *ein* Zweig (genauer: zwei Brüder) durch Kaiser Franz I. von Österreich geadelt worden und darf seither (1824) den Namen «Ritter von Schulthess-Rechberg» tragen. Bis heute nennt sich dieser Zweig «von Schulthess Rechberg». Dazu vgl. das Buch: Familie Schulthess von Zürich, Zürich 1908, 57–59, sowie das Werk mit dem Titel: Aus dem Archiv der Familie von Schulthess Rechberg 1709–1931, Zürich [ohne Datum, wahrsch. 1932]. Dort wird Gustav von Schulthess Rechberg (und seine Frau Anna Selina geb. Syz) gewürdigt auf S. 539–557. Diese Würdigung stammt von Georg von Schulthess Rechberg, Sohn des Verstorbenen und Pfarrer in Männedorf, der denselben Text ohne den Teil über seine Mutter im Zürcher Taschenbuch 1934, 1–14 wieder veröffentlichte. Zusammenfassend und mit ausführlicher Bibliographie: Dietfried *Gewalt*, in: Biographisch-bibliographisches Kirchenlexikon, Bd. 9 (1995), Sp. 1125–1128. Zum Gebäude «Rechberg», aber auch zur Erhebung in den österreichischen Adelsstand vgl. Gustav W. von *Schulthess* und Christian *Renfer*, Von der Krone zum Rechberg: 500 Jahre Geschichte eines Hauses am Zürcher Hirschengraben, Stäfa 1996.

[10] Vgl. Dietrich W. H. *Schwarz*, Eine Gesellschaft: 150 Jahre Gelehrte Gesellschaft in Zürich 1837–1987, Zürich 1987 (150. Neujahrsblatt). Dort S. 20f. und 36 zu Alexander Schweizer, sowie S. 55–60 die Liste aller Mitglieder, nach dem Datum der Aufnahme aufgeführt. Dort figuriert Alexander Schweizer mit dem Eintrittsjahr 1845 und Gustav von Schulthess Rechberg mit dem Jahr 1887. – Zu Alexander Schweizer vgl. Emidio *Campi*, Ralph *Kunz*, Christian *Moser* (Hg.), Alexander Schweizer (1808–1888) und seine Zeit, Zürich 2008. Darin zu den biographischen Daten S. 1–38 von Peter Alexander *Schweizer*: Alexander Schweizer (1808–1888): Ein Lebensbild.

gedruckten Quellen, als ziemlich schwierig. Nur zwei Äusserungen nach dem Tod von Schulthess' habe ich gefunden: So hat Pfarrer Arnold Rüegg an der Beerdigungsfeier gesagt: «[...] hatte er sich doch schon, ermuntert durch das freundliche Entgegenkommen seines Anverwandten Alexander Schweizer, 1886 als Privatdozent habilitiert [...].», und im Blick auf die theologische Denkweise sagt Walther Köhler: «Dabei klang in der [...] Anfassung der Probleme deutlich Einfluss von Alexander Schweizer mit, dem [...] von Schulthess' besondere Liebe galt [...]»[11]

Unter diesen Umständen scheint es äusserst wahrscheinlich, dass die Episode mit dem erst gut zwanzigjährigen Alexander Schweizer durch diesen selbst an Gustav von Schulthess Rechberg mündlich weitergegeben wurde. Er hat von dem Vorkommnis wohl ein- oder mehrfach erzählt.

Was allerdings wirklich gesprochen wurde, kann nicht mit Sicherheit beurteilt werden. Aber die bevorzugte Verwendung von «Protestantismus» (s. o. S. 51) ist bei Johannes Schulthess und erst recht bei Alexander Schweizer, aber auch bei Gustav von Schulthess sehr wohl denkbar und plausibel.[12]

Prof. Dr. Alfred Schindler, Uerikon (ZH)

[11] Vgl. die Gedenkschrift: Worte der Erinnerung, gesprochen bei der Beerdigung von Professor Dr. theol. Gustav von Schulthess Rechberg am 7. Juli 1916. Darin auf S. 7 und S. 26 die zwei Zitate.

[12] Christian Moser hat dankenswerterweise in dem in Anm. 10 genannten Werk (S. 445–458) ein Werkverzeichnis Alexander Schweizers erstellt. Dort wird deutlich, wie gerade die zusammenfassenden Werke, von denen einige weitere Auflagen und Übersetzungen erfuhren, «protestantisch» oder «Protestantismus» im Titel tragen, z. B. die Titel AS-B 26, AS-B 31, AS-B 38, AS-B 44, AS-B 47. Zu Johannes Schulthess' Verwendung von «Protestantismus» vgl. Gustav von *Schulthess Rechberg*, Die zürcherische Theologenschule im 19. Jahrhundert, 10–12.

Zwingli an Heinrich Utinger[13]
Einsiedeln, 5. Dezember 1518

An Heinrich Utinger die Rechtfertigung Zwinglis

Liebster Heinrich, ein sehr gelehrter und vertrauter Freund hat mir geschrieben, in Zürich werde über mich das Gerücht ausgestreut, dass die Tochter eines mächtigen hiesigen Bürgers von mir geschändet worden sei, und begreiflicherweise sollen sich auch sehr viele meiner Anhänger daran stossen. Diese Verleumdung darf ich nicht unerwidert lassen, sonst könnte infolge des falschen Geschwätzes Dich, meinen besonderen Freund, aber ebenso andere ein Widerwille vor meiner Lebensweise erfassen. Ich lasse also meiner Feder die Zügel schiessen und will ganz offen und im Vertrauen mit Dir reden. Zuerst also soll Dir nicht verborgen sein, dass ich vor ungefähr drei Jahren den festen Vorsatz gefasst hatte, kein Weib mehr zu berühren, weil ja Paulus gesagt hat, es sei gut, wenn man kein Weib berühre. Aber es ist nicht gut gelungen. In Glarus blieb ich allerdings von da an ein halbes Jahr meinem Vorsatz treu, in Einsiedeln aber nicht mehr länger als ein Jahr, da ich eben in Einsiedeln niemanden fand, der diese Lebensweise mit mir teilte, wohl aber nicht wenige, die mich verführten – ach! da bin ich gefallen und dem Hunde gleich geworden, der sich zu seinem Auswurf wendet, wie der Apostel Petrus sagt. Oh, mit tiefer Beschämung (Gott weiss es) hole ich dies aus den Tiefen meines Herzens herauf, sogar vor Dir, vor welchem ich mich doch auch mündlich weniger als vor sonst irgend einem sterblichen Menschen auszusprechen scheuen würde. Was nun aber die Schändung betrifft, schau, da brauche ich mich nicht lange auf eine Entschuldigung zu besinnen. Einem mächtigen Bürger soll die geschändete Tochter gehören. Dass die Tochter einem mächtigen Manne gehört, will ich nicht leugnen; denn allerdings ist die Sorte Menschen mächtig, die ungestraft sogar dem Kaiser an den Bart greifen dürfen: die Barbiere nämlich. Seine Tochter ist sie, niemand sagt nein, höchstens vielleicht der Vater selbst, der auch seine Frau, die Mutter der Tochter, ein offenkundig treues und braves Weib, schon oft des Ehebruchs beschuldigt hat, heftiger freilich, als der Wahrheit entsprach. Aber auch diese Tochter, von der die Rede ist, hat er seit bald zwei Jahren von seinem Haushalt ausgeschlossen; weder Nahrung noch Kleidung lässt er ihr mehr zukommen. Was soll mir das: eines solchen Kerls Tochter? Sie sagen: eine Jungfrau, das wiegt schon schwerer. Aber es fällt mir leicht genug, diese Last abzuschütteln, ich

[13] Wiederabdruck mit einigen kleinen Änderungen der Übersetzung in: Huldrych Zwinglis Briefe, übers. von Oskar Farner, Bd. 1, Zürich 1918, 18–25. Dieser Brief verdiente eigentlich eine ausführliche Kommentierung. Das musste hier unterbleiben.

brauche nur kurz meine Lebensgrundsätze zu nennen. Ich richtete mich stets nach dem: keine Ehe zu verletzen (weil die Bettdecke, wie Jesaja sagt, zu kurz ist, um zwei Männer zugleich zu decken), keine Jungfrau zu schänden (davor hütete ich mich nach der Lehre des Paulus mit frommer Scheu) und ferner keine Nonne zu entweihen (weil dies Vergehen als Schändung des Heiligen zu gelten hat). Als Zeugen rufe ich alle an, mit denen ich gelebt habe. Und nun frage ich: wenn ich das schon damals, wo ich ein Kind war und redete wie ein Kind, gewissenhaft gehalten habe, glaubst Du, mein lieber Heinrich, dass ich jetzt, wo ich in die reiferen Jahre gekommen bin, dermassen allen Anstand, alle frühere Gewohnheit und alles Gefühl für die Unschuld vergessen habe und dass ich wie ein Esel mit zunehmendem Alter schliesslich geiler geworden bin, so dass ich jetzt dem bisher gemiedenen Laster zum Opfer fallen sollte? Ich weiss, dass Du mir das nicht zutraust. Zwingli treibt kein solch gefährliches Spiel; studiert er doch mit unablässigem Fleiss und auf Kosten der körperlichen Sinnlichkeit bei Tag und bei Nacht die griechischen und lateinischen Philosophen und Theologen; und löscht diese beharrliche Arbeit jene unkeuschen Begierden nicht ganz aus, so zähmt sie sie doch. Auch das musst Du noch wissen: bei diesen Dingen hielt mich immer das Anstandsgefühl in Schranken, so dass ich, schon als ich noch in Glarus war und mich in dieser Hinsicht verging, es so im Geheimen tat, dass selbst meine nächsten Bekannten kaum etwas davon merkten. Doch wohlan, lass mich jetzt, wie man sagt, den letzten Anker lichten und auf die Sache selbst zu sprechen kommen, ohne jede Angst vor der gewöhnlichen Meinung, die dahin geht, es sei ein schlechtes Zeichen, wenn man ganz offen gegen eine Frau loszieht. Jene war am Tag Jungfrau und des Nachts Weib, aber auch am Tag bloss so Jungfrau, dass die gesamte Bevölkerung von Einsiedeln den Sachverhalt ganz genau kannte, so dass man sie allenthalben mit jenem Sprichwort aufzog: was schadet's dem Kopf, dass u. s. w. Mit dem und jenem Mann hatte sie es also schon getrieben, schliesslich litt sie auch mich. Oder vielmehr, dass ich es recht sage, brachte sie mich nur mit Mühe und mit mehr als lockenden Verlockungen dazu; auch wusste ich meinerseits ganz wohl, dass sie keine Jungfrau mehr war. Denn jener (ich muss nun etwas versteckt reden), von dem Du bereits prophezeit hast, er werde verrückt werden, der hat sie geschändet. Sie half auch in der Barbierstube ihrem Vater bei der Arbeit, und dieser Ort stand ja schon bei den Alten wegen seines Leichtsinns in so schlechtem Rufe, dass es sprichwörtlich wurde: in der Barbierstube. Da ich also mit diesem bald Verrückten hie und da in die Barbierstube kam und sie ihr Auge auf mich warf, kam es so weit, dass sie nun von mir schwanger ist, wenn sie das wenigstens sicher wissen kann. Das pfeifen nämlich wie gesagt hier die Spatzen auf den Dächern, doch fällt es niemandem in Einsiedeln ein, mich der Schändung zu beschuldigen. Ja auch die ganze Verwandtschaft des Mädchens weiss gut genug, dass es schon geschändet war, bevor ich nach Einsiedeln kam; das ficht mich also nicht an. Sie hat ausserdem mit einem von den Einsiedler Helfern Umgang gehabt, was nicht weniger bekannt ist. Auch das Mädchen selber stellt es nicht in Abrede. Und nun flicken diese Sittenrichter aus ihm wieder eine Jungfrau zurecht, nur dazu, um mir die Schuld der Schändung in die Schuhe zu schieben, der ich doch diesem Vergehen ganz fern stehe. Doch geht es diesen vielleicht wie Leuten, die von einem grellen Anblick her noch lange einen eingebrannten Fleck im Auge sitzen haben, so dass sie von allem, was sie sehen, meinen, es sei gelb – so legen sie nun natürlich, von der Missgunst geblendet, alles bös, nein aufs böseste aus, diese bitterbösen Jungfrauenprüfer. Wenn man in Zürich den Mädchen, die mit so vielen Männern Umgang gehabt haben, fernerhin die Bezeichnung «Jungfrau» lässt, wem wird man dann schliesslich Frau oder Hure sagen? Wenn dieses nicht nur geschändete, sondern schon eher schandbare Mädchen in Zürich Jungfrau geheissen wird, und zwar nicht bloss von ihren Liebhabern, so mag sie sich schönstens bedanken, dass sie Richter gefunden hat, die ihr so leicht ihren Schaden oder Fehler verzeihen; sie ist nämlich jetzt in Zürich und mag auf die Geburt warten, doch weiss ich beim Herkules nicht wo. Nachdem ich so den Sachverhalt klargestellt habe, komme ich endlich zu dem Schlusse: weder diese noch eine andere, sondern überhaupt keine Jungfrau ist von mir geschändet worden, seit ich lebe. Wenn jene hingegen von mir schwanger zu sein behauptet, so befleckt das mich nicht mehr, denn für meine Schuld habe ich schon lange bei dem höchsten und besten Gott gebeichtet. Das dürften mir jene auch billigerweise zugutehalten, dass sie daran dächten, wie der Gerechte des Tags sieben mal fällt und wie dem Petrus geboten wurde, siebenzig mal sieben mal zu vergeben. Wenn sie aber etwa damit kommen wollen, ich werde auch in Zukunft im Banne der bösen Gewohnheiten bleiben, so magst Du antworten, das stehe nicht zu befürchten (doch schwöre ich nicht, da ich wohl weiss, dass ich von der Schwachheit umgeben bin); denn nie hat mich Venus mit ihren goldenen Ketten so gefesselt, dass mich der wenig behende Hephäst hätte erhaschen können. Was die Leutpriesterei betrifft, so bezeuge ich offen vor Gott: ich würde zurücktreten, wenn ich sähe, dass sich wirkliche Theologen darum bewürben und nicht bloss Scheintheologen oder eher Störer als Lehrer der Gerechtigkeit. Auch befinde ich mich hier wohl, und der Herr Geroldseck hat mich mit grossen Versprechungen überschüttet, auf die ich noch nicht geantwortet habe. Du brauchst darum meinetwegen niemanden zu belästigen: denn wenn Christus durch mich gelästert werden sollte, will ich nichts Derartiges unternehmen. Ich will nicht in diese Gefahr kommen. Oder wart, ich will es noch deutlicher sagen (denn vom langen Schreiben bin ich müde geworden): falls meine Sittenrichter mich fernerhin in einem fort so verleumden, so müssten in der Tat alle Zürcher, wenn sie mich das Evangelium predigen hörten, an dies mein schändliches Vergehen sinnen und dadurch, zu schlimmen Gedanken abgezogen werden, und so liefe Christus Gefahr. Ich halte es deshalb für ratsamer, dass Du darüber Dich genau erkundigst, ob irgendwo bei Euch eine solche Gefahr besteht, und dann: gehorche Gott mehr als den Menschen. Erst wenn dann die Herren meinethalben einen Beschluss gefasst haben, will ich, damit ich nicht etwa mein Wort brechen muss, auf die Versprechungen [Geroldsecks] antworten. Dass ich musiziere, haben etliche gegen mich vorgebracht – wenn das nicht unverschämte und ganz und gar unverständige Esel sind! Bloss zu Nutz und Frommen meiner Häuslichkeit habe ich das bisher getan. Wenn jene nämlich von einem Mimen oder Musiker hören, meinen sie sofort, sie müssen ein Scherflein hervorholen. Ich dagegen spiele und singe daheim ganz für mich selber und höre ohne Anspruch auf Lohn der lieblichen Harmonie der Töne zu. Nun ist (um endlich zum Schluss zu eilen) manches bei meinem Plaudern ziemlich scherzhaft herausgekommen, doch begreifen wir Menschen solches nun einmal nicht anders. Besprich Dich nach Belieben, mit wem Dir immer eine Besprechung gut scheint: ich bleibe fest bei meinem Vorsatz. An den ehrwürdigen Herrn Propst hätte ich mich schon längst mit einem Brief wenden sollen, doch unterblieb es absichtlich. Lass Myconius oder wer Dir sonst beliebt diese meine Schutzrede (richtiger: meine Schwatzrede) lesen. Dir ist's geschrieben, Dir stehe und falle ich. Doch halte die ganze Sache geheim, so viel ich Dir raten kann. Die beiliegenden andern Briefe verteile bitte an die, für die sie geschrieben sind, und wenn es eine üble Wendung nehmen sollte, so behalte mich trotzdem lieb wie bisher, ich will es auch meinerseits so machen.

Leb wohl, meine Zier und mein Schutz!

Mariä-Einsiedeln, 5. Dezember 1518.

Nimm alles aufs beste auf! Grüsse Herrn Engelhart.

Calvin und das Psalmsingen

Die Vorschichte des Genfer Psalters

von Beat A. Föllmi

1. Einleitende Überlegungen

Aus Anlass seines fünfhundertsten Geburtstages soll hier jenes beeindruckende literarisch-musikalische Repertoire, das mit Johannes Calvin in enger Verbindung steht, in den Blick genommen werden: der Genfer oder Hugenottenpsalter. Es handelt sich dabei bekanntlich um eine erstmals 1562 komplett erschienene Sammlung der 150 Psalmen (erweitert um Dekalog und Canticum Simonis), die den biblischen Text in gereimter Versform in zeitgenössischer französischer Sprache mit 125 verschiedenen Melodien (Neuschöpfungen oder Umarbeitungen bestehender Melodien von Genfer Kantoren) darbietet.

Die Verbreitung und Wirkung, welche dieses Repertoire in ganz Europa und in der Neuen Welt gefunden hat, kann hier nicht weiter dargestellt werden. Andreas Marti hat in dieser Zeitschrift vor einigen Jahren ausführlich darüber berichtet.[1] Es sei bloß daran erinnert, welche Rolle dem Genfer Psalter einerseits im politisierten Kontext der zweiten Hälfte des 16. Jahrhunderts in Frankreich oder den südlichen Niederlanden, bei den *Chanteries*[2], und andererseits bei der sogenannten zweiten Reformation zukam. In der Übersetzung des Lutheraners Ambrosius Lobwasser, 1573 in Leipzig erstmals erschienen[3], erhielt der Genfer Psalter ein deutsches Gegenstück, das in über hundert Auflagen in Deutschland und gerade auch in der deutschsprachigen Schweiz[4] enorme Verbreitung gefunden hat und in den reformierten Kirchen zuweilen bis ins 18. Jahrhundert das Rückgrat des Gemeindegesanges gebildet hat.

Die Forschung hat sich seit langem des Genfer Psalters und seiner ver-

[1] Andreas *Marti*, Der Genfer Psalter in den deutschsprachigen Ländern im 16. und 17. Jahrhundert, in: Zwingliana 28 (2001), 45–72.

[2] Siehe bspw. Théodore de *Bèze*, Histoire Ecclésiastique des églises réformées au royaume de France, hg. von Guilielmus Baum und Eduard Cunitz, édition nouvelle avec commentaire, notice bibliographique, Paris 1883–1889 (Nachdruck Nieuwkoop 1974), Bd. 1, 167f.

[3] Der Psalter des Königlichen Propheten Davids, in deutsche Reime verständlich und deutlich gebracht, Leipzig 1573.

[4] Beispielsweise im Berner Gesangbuch von 1606; vgl. dazu: Andreas *Marti*, Die Rezeption des Genfer Psalters in der deutschsprachigen Schweiz und im rätoromanischen Gebiet, in: Der Genfer Psalter und seine Rezeption (Anm. 16), 359–369.

schiedensten Aspekte angenommen. An erster Stelle ist hier der Genfer Hymnologe Pierre Pidoux zu nennen, der insbesondere die kritische Ausgabe der Melodien besorgt hat.[5] Er hat auch die komplexe Entstehungsgeschichte des Psalters, von den Straßburger Anfängen bis zur vollständigen Ausgabe von 1562, ausführlich dargestellt.[6] Zu diesen grundlegenden Arbeiten kommen zahlreiche Einzelstudien, worunter hier nur einige wenige herausgegriffen werden können: Fragen nach der Herkunft der Melodien (Jan A. Smelik)[7], nach Calvins «Theologie der Musik» (Charles Garside Jr.[8], Jeremy Begbie[9], Jan Smelik[10]), nach Quellen dieser Theologie (H. P. Clive[11]), nach dem Zusammenhang mit der Humanistenode (Édith Weber[12]), nach der Herkunft der Psalmmelodien (Piet van Amstel[13]), nach dem Einfluss des Straßburger Psalmsingens (Robert Weeda[14]) und vieles mehr. Zu den neueren Sammelbänden zum Genfer Psalter gehört die «Entdeckungsreise», die Peter Ernst Bernoulli und Frieder Furler 2001 herausgegeben haben[15], sowie der umfangrei-

5 Pierre *Pidoux*, Le Psautier huguenot du XVIe siècle, 2 Bde., Basel 1962; Les Psaumes en vers français avec leurs mélodies, Genf 1986 (Textes littéraires français 338) (Faksimile der Ausgabe von 1562).

6 Pierre *Pidoux*, Studie over de oorsprong van de Psalmmelodieen, in: Organist en Eredienst 44 (1978), 166–68, 186–88; *ders.*, Les origines des mélodies des psaumes huguenots, Fleurier 1979; *ders.*, The history of the origin of the Genevan Psalter, in: Reformed Music Journal 1 (1989), 4–6, 32–35 und 64–68; *ders.*, Au XVIe siècle, la Genève de Calvin et le chant des psaumes, in: Revue musicale de Suisse romande 44/3 (1991), 139–159; *ders.*, Vom Ursprung der Genfer Psalmweisen, Zürich 1986.

7 Jan A. *Smelik*, A Historical Outline of The Church Song, in: Reformed Music Journal 14 (2002), 13–15 und 60–70.

8 Charles *Garside*, Calvin and Music: A Study of the Relationship between Religious and Artistic Expression in the Sixteenth Century, Diss. Princeton University; *ders.*, The Origins of Calvin's Theology of Music: 1536–1543, in: Transactions of the American Philosophical Society 69/4 (1979), 1–36.

9 Jeremy *Begbie*, Calvin: Die Musik und Gottes Wort, in: Berliner Theologische Zeitschrift 20/1 (2003), 85–102.

10 Jan *Smelik*, Die Theologie der Musik bei Johannes Calvin als Hintergrund des Genfer Psalters, in: Der Genfer Psalter und seine Rezeption (Anm. 16), 61–77.

11 H. P. *Clive*, The calvinist attitude to music, and its literary aspects and sources, in: Bibliothèque d'Humanisme et Renaissance: travaux et documents, Genf, Bd. 19 (1957), 80–102 und 294–319, Bd. 20 (1958), 79–107.

12 Édith *Weber*, L'influence de la pédagogie et de la musique humanistes sur le style du choral luthérien et du psaume huguenot, in: Actes du Colloque l'Amiral de Coligny et son temps (Paris, 24–28 octobre 1972), Paris 1974, 251–269.

13 Piet van *Amstel*, The Roots of the Genevan Psalm Tunes: An Inquiry, in: Reformed Music Journal 3 (1991), 49–55, 93–97 und 136–142.

14 Robert *Weeda*, L'influence bénéfique de Strasbourg sur la personnalité de Jean Calvin, in: Société des Amis du Vieux Strasbourg 28 (2001), 15–25; *ders.*, L'‹Église des Français› de Strasbourg (1538–1563): Rayonnement européen de sa Liturgie et de ses Psautiers, Baden-Baden 2004 (Collection d'études musicologiques / Sammlung musikwissenschaftlicher Abhandlungen 94).

15 Der Genfer Psalter – eine Entdeckungsreise, hg. von Peter Ernst Bernoulli und Frieder Furler, Zürich 2001, ²2005.

che Sammelband, der 2004 als Resultat dreier Tagungen in Emden (2001, 2002, 2003) erschienen ist.[16] Diese beiden Publikationen widmeten sich auch ausführlich der Verbreitung und Wirkung des Genfer Psalters.

Trotz der Bedeutung, die Calvin bei der Entstehung des Genfer Psalters und vor allem hinsichtlich der Einführung des liturgischen Psalmsingens zukommt, ist das Repertoire nicht direkt mit seiner Person verbunden worden. Die Bezugnahme auf die Stadt Genf ist historisch sicher richtig und einsichtig, da das Psalmsingen dort seinen Ursprung genommen hat und die wichtigsten Drucke einschließlich der ersten vollständigen Psalterausgabe von 1562 in dieser Stadt gedruckt worden sind. Bleibt anzumerken, dass der Begriff «Hugenottenpsalter» als Übersetzung des französischen «Psautier huguenot» (als Resultat einer Deformation des Terms «Eidgenossen») aus dem 19. Jahrhundert stammt und somit eine (ursprünglich pejorativ gemeinte) Fremdbezeichnung darstellt. Interessanterweise spricht erst eine jüngere Publikation (2002) vom «Psautier de Calvin»[17] – und das nicht einmal mit einer besonderen Emphase, sondern eher beiläufig.

Gerade angesichts der Fülle der Publikationen sind zwei Kritikpunkt im Hinblick auf die Forschungsgeschichte des Genfer Psalters anzubringen. Zum einen sind die zahlreichen und vielfältigen Einzelstudien zur teilweise sehr zugespitzten Fragestellung bisher kaum zufriedenstellend zusammengeführt worden. Dies betrifft insbesondere die Entstehung des Genfer Psalmsingens, deren äußere Abläufe historisch zwar durchaus gut gesichert sind, während die theologischen, mentalitätsgeschichtlichen, soziologischen Einzelaspekte zu wenig berücksichtigt worden sind. Dies führt zum zweiten problematischen Punkt, nämlich dass einige Urteile und Einschätzungen, die sich unterdessen zweifellos als falsch herausgestellt haben, hartnäckig weiter verbreitet werden. So zum Beispiel wird Calvin immer noch unterstellt, dass er eine prinzipiell negative Vorstellung von der Musik gehabt habe und diese deshalb nur unter großen Vorsichtsmaßnahmen habe zulassen wollen. Fatal ist hierbei insbesondere der Vergleich mit Luthers überschwänglichem Musikverständnis. Falsch ist auch die Annahme, Calvin habe in Genf ursprünglich einen musiklosen Gottesdienst vorgesehen und erst sein Straßburger Aufenthalt[18] habe ihn mit dem Psalmsingen bekannt gemacht, das er darauf für Genf kopiert habe.

[16] Der Genfer Psalter und seine Rezeption in Deutschland, der Schweiz und in den Niederlanden, hg. von Eckhard Grunewald, Henning P. Jürgens und Jan R. Luth, Tübingen 2004 (Frühe Neuzeit: Studien und Dokumente zur deutschen Literatur und Kultur im europäischen Kontext 97) [zit. Der Genfer Psalter und seine Rezeption].

[17] Robert *Weeda*, Le Psautier de Calvin: L'histoire d'un livre populaire au XVIe siècle (1551–1598), Turnhout 2002.

[18] Programmatisch hierbei der Titel von Robert Weedas Publikation: L'influence bénéfique de Strasbourg sur la personnalité de Jean Calvin (Anm. 14).

Im Folgenden wird die Vorgeschichte des reformierten Psalmsingens in Genf unter Rückbindung an Calvin dargestellt. Das ist nicht bloß ein Tribut an den zu begehenden fünfhundertsten Geburtstag, sondern deshalb notwendig, weil sich die Fehlbeurteilung reformierten Psalmsingens im Allgemeinen gerade an der Person des Genfer Reformators festmacht. So wandte sich schon der Lutheraner Cornelius Becker mit seiner neuen deutschen Psalmübertragung von 1602 gegen jene, «denen der athem nach Caluinismo reucht»[19]. Und selbst die neueren, negativ gefärbten Urteile seitens lutheranischer Theologen und Hymnologen wie Christhard Mahrenholz und Oskar Söhngen widerspiegeln einen Rest konfessioneller Polemik.

Eine Rückbindung des Genfer Psalters an Calvin wird also zahlreiche Einzelaspekte in die Darstellung einbringen: allgemein- wie musikhistorische, frömmigkeits- und mentalitätsgeschichtliche, theologische, soziologische und biographische. Durch diese Vielfältigkeit soll es wiederum möglich werden, die Eigenart des Genfer Psalmsingens aus einer biographisch fixierten Eindimensionalität zu lösen und die Praxis in den Horizont des 16. Jahrhunderts einzubinden.

2. *Die Anfänge des Genfer Psalmsingens*

Als erstes müssen wir uns über die Situation im Klaren werden, die Calvin in Genf vorgefunden hat, als er sich dort im Juli 1536 auf Drängen Farels niederließ. Nur zwei Monate vor seiner Ankunft waren Messe, Chorgebet, Prozessionen und weitere Riten abgeschafft worden. Damit kamen alle musikalischen Übungen der Alten Kirche zum Stillstand: liturgischer Gesang und Rezitation, einstimmiger und mehrstimmiger Chorgesang, Orgelbegleitung, polyphone Votivmessen, Volksgesang (wie beispielsweise Leisen) und anderes mehr. Die neue gottesdienstliche Form der Genfer Kirche richtete sich – wie in Zürich, Basel oder Straßburg – nach dem mittelalterlichen Predigtgottesdienst. Deshalb wäre es nun für Genf genauso falsch wie für Zürich zu sagen, die Reformatoren hätten die Musik aus dem Gottesdienst verbannt, denn im Predigtgottesdienst war überhaupt kein Platz für Gesang vorgesehen. Es ist vielmehr das Augenmerk darauf zu richten, wie der Gesang in diese ursprünglich musiklose Gottesdienstform später Eingang gefunden hat.

Die frühe Form des Gottesdienstes in Genf wurde offensichtlich von Anfang an als unbefriedigend empfunden. Calvin selber sagte viele Jahre später,

[19] Cornelius *Becker*, Der Psalter Dauids Gesangweis / Auff die in Lutherischen Kirchen gewöhnlichen Melodeyen zugerichtet, Leipzig 1602 (Das Deutsche Kirchenlied, B. VIII: Bd. 1, Teil 1: Verzeichnis der Drucke, Kassel u.a. 1975 [zit. DKL], 1602²), Vorrede, fol. b VIr.

er habe, als er zum ersten Mal nach Genf kam, nichts vorgefunden: «Man predigte, und das war es dann.»[20] Tatsächlich hat damals der Pastor die Predigt gehalten und dazu einige vorgeschriebene bzw. freie Gebete gesprochen (Sündenbekenntnis, Lobgebete, Fürbitten), alles im Namen der schweigenden Gemeinde, die allenfalls mit Amen antwortete.

Von 1536 an unternahm Calvin eine Neugestaltung des Gottesdienstes, in dessen Zentrum Predigt, Abendmahl, Gebet und Almosen standen. Offensichtlich stand das Psalmsingen bereits zur Diskussion, denn mit Datum vom 16. Januar 1537 kennen wir eine Eingabe der Genfer Prädikanten an den Rat, worin die Einführung des Psalmengesangs gefordert wird. In diesem Text, der, wie Sprache und Argumentation verraten, mit hoher Wahrscheinlichkeit aus der Feder Calvins stammt (unter Mithilfe Farels),[21] sind bereits einige der wichtigsten Argumente versammelt, die später in den «Aulcuns pseaulmes» (1539), der überarbeiteten «Institutio» (1539) und in «La forme des prières et chantz ecclesiastiques» (1542) ausgebreitet werden. In dieser Eingabe heißt es:

> «Es wäre eine sehr fördernswerte Sache zur Erbauung der Kirche, wenn einige Psalmen in Form von öffentlichen Gebeten gesungen werden könnten, wodurch man zu Gott betet oder man ihm Lobgesänge darbringt, damit die Herzen aller bewegt und ermuntert werden, ebensolche Lob- und Dankgesängen mit derselben Zuneigung auszusprechen. [...] Da sind nun die Psalmen, die wir gerne in der Kirche gesungen hätten, wie uns das Beispiel der Alten Kirche zeigt und sogar das Zeugnis des heiligen Paulus, der sagt, dass es gut sei, in der Gemeinde mit dem Mund und dem Herzen zu singen. Wir können den Gewinn und die Erbauung, die daraus hervorgeht, nur abschätzen, wenn wir es ausprobiert haben. Gewiss, so wie wir es jetzt tun, sind die Gebete der Gläubigen so kalt, was uns zu großer Schande und Verwirrung gereicht. Die Psalmen können uns dazu anstacheln, unsere Herzen zu Gott zu erheben und in uns eine solche Glut zu entfachen, dass wir durch Lobgesänge die Herrlichkeit seines Namens anrufen und erhöhen. Darüber hinaus könnte man ermessen, welches Gut und welche Tröstung der Papst und die Seinen der Kirche vorenthalten haben, als sie verfügten, dass die Psalmen, die doch wahre geistliche Gesänge sein sollten, von ihnen ohne jeden Verstand gemurmelt werden sollen. Die richtige Art und Weise, wie man dies erreichen könnte, scheint uns die folgende zu sein: Wenn einige Kinder, denen man zuvor einen bescheidenen kirchlichen Gesang beigebracht hat, mit hoher und klarer Stimme singen, kann das Volk aufmerksam zuhören und mit ganzem Herzen dem folgen, was mit dem Mund gesungen wird, bis sich Schritt um Schritt ein jeder an das gemeinsame Singen gewöhnt hat. Doch um ein Durcheinander zu verhindern, wird es nötig

[20] «On preschoit et puis c'est tout.», «Discours d'adieux aux Ministres» vom 28. April 1564, Ioannis Calvini Opera quae supersunt omnia, hg. von Wilhelm Baum, Eduard Kunitz und Eduard Reuss, 59 Bde., Braunschweig 1863–1900 (Corpus Reformatorum 29–88) [zit. CO], Bd. 9, Sp. 891.

[21] Siehe dazu Pierre *Pidoux*, Introduction, in: Clément Marot et Théodore de Bèze, Les Psaumes en vers français avec leurs mélodies: Fac-similé de l'édition genevoise de Nichel Blanchier, 1562, Genf 1986, 9.

sein, dass Ihr nicht zulässt, dass einer in seiner Frechheit die heilige Gemeinde erzürnt und so die gesetzte Ordnung stört.»[22]

Dieses frühe Dokument wird von vielen Forschern als bloßes Postulat seitens der Prädikanten verstanden.[23] Doch lässt eine genaue Lektüre m.E. kaum Zweifel über die Existenz des Gemeindegesanges in Genf zu Beginn des Jahres 1537 zu, wenn er auch noch nicht allgemein verbreitet war.[24] In diesen «Articles» wird zwar durchaus die prinzipielle Frage diskutiert, ob Psalmengesang förderlich sei oder nicht. Aber der Fokus verlagert sich rasch auf das konkrete Problem, wie eine solche Einführung am besten zu realisieren wäre – nämlich mit der pädagogischen Maßnahme eines Vorsängerchors. Daraus muss man folgern, dass Calvin und die Prädikanten in der zweiten Hälfte des Jahres 1536 mit der Einführung von Psalmgesang bereits experimentiert haben, damit aber offensichtlich auf praktische Probleme gestoßen sind. Man kann sich gut vorstellen, wie kläglich der Gesang von ungeübten Gemeindemitgliedern geklungen haben mag. Anscheinend haben sich einige eifrige, aber unbegabte Sänger besonders unglücklich hervorgetan, so dass die versammelte Gemeinde mehr gestört («en irrision») als erbaut wurde. Diese Erfahrungen haben nun Calvin nicht dazu veranlasst, so wie in der Zürcher Kirche auf den Gemeindegesang ganz zu verzichten, sondern er ersinnt Gegenmaßnahmen und schlägt eine aus Kindern gebildete Vorsängergruppe vor.

Das Genfer Psalmsingen ist demnach nicht die Folge von Calvins Straßburger Aufenthalt, sondern gehört zu den ersten Maßnahmen, die der Reformator in Genf getroffen hat. Allerdings wirft das Dokument auch einige Fragen auf – zuallererst: welche Texte und Melodien denn gesungen wurden. Wie weiter unten dargestellt wird, hat Calvin die erste Sammlung mit französischen Psalmen erst später in Straßburg veröffentlicht («Aulcuns pseaulmes» von 1539). Nichts hindert uns allerdings anzunehmen, dass Calvin bereits bei seinem ersten Genfer Aufenthalt auf Psalmparaphrasen von Clément Marot zurückgegriffen hat, vielleicht hat er sogar selber schon erste Paraphrasen hergestellt. Calvin ist mit Marot 1536 in Ferrara bekannt geworden. Bedenkt man zudem, dass die «Aulcuns pseaulmes» nur kurze Zeit nach Calvins Ankunft in Straßburg im Druck erschienen sind, ist es sogar wahrscheinlich, dass Vorarbeiten in die Genfer Zeit zurückreichen.[25] Auf welche

22 «Articles baillés par les prescheurs», Archives d'État de Genève, Registres du Conseil, 30, Bl. 151 (1537); abgedruckt in *Pidoux*, Psautier huguenot, Bd. 2, 1.

23 Beispielsweise Robert M. *Kingdon*, Uses of the Psalter in Calvin's Geneva, in: Der Genfer Psalter und seine Rezeption, 21.

24 Der Ausdruck «chose bien expédiante», eine sehr förderliche Sache, suggeriert doch wohl eine Förderung von etwas, was bereits besteht.

25 Ähnlich äußerte sich auch Andreas *Marti*, Die Rezeption des Genfer Psalters in der deutschsprachigen Schweiz, in: Der Genfer Psalter und seine Rezeption, 361.

Melodien die Psalmen damals in Genf gesungen wurden, muss allerdings völlig offen bleiben.

Die «Articles» sagen auch nichts über die liturgische Einbindung der Psalmen in den Genfer Predigtgottesdienst während der Jahre 1536–1538. Die Formulierung, die Falschsinger würden die «saincte congregation» stören, lässt liturgischen Gesang vermuten, doch beschränkte sich dieser höchstwahrscheinlich auf einen einzigen Psalm zu Beginn des Gottesdienstes, vermutlich außerhalb der eigentlichen Liturgie, gewissermaßen als Einstimmung «à nous esmouvoyr à ung ardeur». Es konnte ja in dieser Frühzeit nicht darum gehen, die Psalmen an Stelle von Ordinariumsgesängen zu singen, wie dies Luther mit Psalmen und Cantica getan hatte, da der Genfer Predigtgottesdienst dafür noch keinen Raum vorgesehen hatte. Eine Zuordnung von Psalmen zu einzelnen Tagen erscheint für die Jahre 1536–1538 ebenfalls unwahrscheinlich. Das Problem der Zuweisung stellte sich Calvin zwar bereits von Anfang an, doch ist die Zahl der in dieser frühen Zeit vorhandenen Psalmen viel zu gering gewesen, als dass eine Art Proprium hätte zusammengestellt werden können.[26] In der Praxis wurde das Problem erstmals 1546 mit der Einführung von «tables» gelöst – Übersichtstafeln, die angeschlagen und später in den Psalmbüchern mitabgedruckt wurden.[27]

Bemerkenswert ist die Forderung nach der Einführung eines Vorsängerchores aus Kindern. Solches scheint im Januar 1537 tatsächlich noch ein Postulat gewesen zu sein. Die Realisierung war ja auch nicht allzu einfach, bedurfte es doch einer Struktur, um die Kinder zu unterrichten und eines geeigneten Lehrers, was mit der Anstellung von Guillaume Franc als erstem Kantor im Mai 1542 seinen Anfang nahm. Ein Collège war schon 1536 geplant, realisiert werden konnte es erst 1559. Wie war Calvin überhaupt auf die Idee eines Vorsängerchores gekommen und weshalb sollten Kinder diese Aufgabe übernehmen? Möglicherweise erinnerte er sich an seine Studienzeit am Pariser Collègue Montaigu (1523–1527), wo eine Schola jeden Morgen im Offizium sang. Aber ohne Zweifel hatte er Kenntnisse vom Modell der lutherischen Lateinschulen, in denen Knabenchöre in Musik unterrichtet wurden und dabei die volkssprachlichen Kirchengesänge, aber auch Figuralmusik erlernten. Und schließlich kannte er die Rolle der Kinder für den Gesang bei der Straßburger Reformation.

Man geht in der Regel davon aus, dass die «Articles» von 1537 bloßes Postulat geblieben seien und erst bei der Rückkehr Calvins 1542 realisiert werden konnten. Das mag für die Vorsängerchöre richtig sein, für das Psalmsin-

26 Explizit thematisiert Calvin das Problem in der französischen Ausgabe der «Institutio» von 1561, CO 4, 795 (siehe auch 793).

27 «Table pour cognoistre quel seaulme l'on doibt chanlter le dimenche et le mescredi.», in: *Pidoux*, Psautier huguenot, Bd. 2, 32.

gen selbst spricht ferner auch ein Brief, den Calvin und Farel zu Beginn des Monats Mai 1538 nach Zürich im Hinblick auf die dort stattfindende Synode geschrieben haben:

> «Da nun also noch zwei wichtige Zeremonien verbleiben, wovon bei einer bereits ein Unterschied besteht und bei der anderen es in Zukunft einen geben könnte, müssen wir die Berner darüber befragen und sie sich dazu äußeren lassen, ob sie darin mit uns übereinstimmen. Zum einen, ob sie den Brauch der häufigeren Abendmahlfeier wiederherstellen [...], zum anderen, ob sie als öffentliche Gebete den Psalmengesang zulassen.» [28]

Die Erwähnung der zwei Zeremonien und die nachfolgende Nennung von Abendmahlfeier und Psalmengesang sind chiastisch verschränkt. Da die Genfer wie die Berner das Abendmahl selten feiern,[29] würde ein eventueller Wechsel zu einer häufigeren Praxis eine unterschiedliche Haltung bedeuten. Im Bezug auf die Psalmen hingegen besteht der Unterschied bereits aktuell («jam discrimen est»). Das heißt: Die Berner singen zur Zeit nicht, die Genfer aber schon.

Wenn auch die Quellenbasis dünn ist, bleibt doch der folgende Schluss zu ziehen: Calvin hat von Beginn seiner Tätigkeit in Genf an mit der Einführung des Psalmengesangs experimentiert, und er konnte im Frühsommer 1538, kurz bevor er Genf verlassen musste, feststellen, dass sich die Genfer Praxis von der gesanglosen Berner unterscheidet. In den Jahren 1536–1538 wurden also bereits die wichtigsten Grundsteine für die spätere Genfer Praxis gelegt: der volkssprachliche Kirchengesang, die Wahl von Psalmen, die Einstimmigkeit und die Forderung eines aus Kindern bestehenden Vorsängerchors zur besseren Einführung. Wenn nicht Straßburg das Modell für diese Neuerungen war, welches waren denn die Quellen, aus denen Calvin seine Ideen speiste?

3. Das Basler Vorbild

Als Nächstes muss die wichtige Rolle Basels für den Genfer Gesang näher untersucht werden. Nachdem er Paris wegen seiner Stellungnahme für die Reformation verlassen musste, ist Calvin 1535 nach Basel gekommen. Dort war das reformierte Kirchenwesen erst seit 1529 offiziell festgeschrieben, die reformatorische Bewegung hatte jedoch bereits 1524 in der Stadt Ein-

28 «[...] Quum autem duo restant ceremoniarum capita, in quorum altero jam discrimen est, in altero futurum expectamus, rogandi sunt nobis et obtestandi Bernates ut in iis sese nobis accommodent. Prius ut frequentior coenae usus restituatur; [...] alterum, ut publicas orationes psalmorum cantus adhibeatur.», *Pidoux*, Psautier huguenot, Bd. 2, 1.

29 Die Berner führten die vierte Abendmahlfeier erst 1595 ein.

gang gefunden. Mehrere Jahre lang bestanden traditionelle Messfeier und Formen des Predigtgottesdienstes nebeneinander. Oekolampad setzte sich mit Eifer für die Einführung des Gemeindegesanges ein. In einer Predigt vom Sommer 1525 wandte er sich gegen den in Basel immer noch geübten Gesang der römischen Kirche, den er als Papageien- und Eselsgesang ohne Verstand denunzierte und stellte diesem «Missbrauch» das wahrhafte Singen «von Herzen» gegenüber.[30] Tatsächlich nahm das deutsche Psalmsingen in Basel bald beträchtliche Ausmaße an. Es wurde zu einer so mächtigen politischen Demonstration, dass der Magistrat sich zum Einschreiten genötigt fühlte. Die rasche Verbreitung dieses Singens war nur möglich, weil in Basel seit dem ausgehenden 15. Jahrhundert Volksgesang verbreitet war.[31] Andererseits geschah diese Neuerung in engem Austausch mit Straßburg, wo Psalmen und geistliche Lieder, lutherischer und straßburgischer Herkunft, bereits seit 1524 im Gottesdienst gebraucht wurden; dies zeigen die in Basel verwendeten Straßburger Psalmen. Oekolampad versuchte zunächst vergeblich, den Magistrat von einem Verbot dieses Psalmsingens abzubringen. Erst als der Druck von der Straße immer größer wurde, erlaubte der Magistrat das Singen deutscher Psalmen in einigen Kirchen sowie beim Abendmahl.[32]

In Bezug auf das Psalmsingen lautet die Frage also nicht, weshalb Basel, das die Reformation zwinglischer Prägung angenommen hatte, das Singen aufrechterhalten hat.[33] In Basel war das Psalmsingen einerseits ein vorreformatorischer Brauch und andererseits kam dem Singen ein entscheidendes Moment bei der Einführung der Reformation zu – und zwar von der Straße. Die Prädikanten wären schlecht beraten gewesen, hätten sie diesen Brauch unterbinden wollen, der gewissermaßen die politische Stoßkraft ihrer theologischen Bemühungen darstellte.[34] Dabei gab es in Basel durchaus Gegenstimmen, die wie Zwingli den Gemeindegesang als qualitativ minderwertig

[30] «Et sic in conventu fidelium psalmi et spirituales cantiones alto et sonoro gutture Deo occinenda sunt, sine omni superbiae spiritu, non more sacrificulorum nostrorum, qui vel lucri gratia, vel consuetudine, sine omni spiritu et intelligentia more psittaci cantilant, imo boant, et instar asinorum rugiunt, ea quae non intelligunt. Cantiones divinae ex corde fluant, quibus proximus excitandus ad laudem Dei.», Johannes *Oekolampad*, In Psalmos LXXIII/LXXIIII, etc. Conciones Ioannis Oecolampadii, Basel 1544, 139.

[31] Siehe dazu Kenneth H. *Marcus*, A Veritable Break with the Past: Sacred Music in Fifteenth-Century Basel, in: Medieval Germany: Associations and Delineations, hg. von Nancy van Deusen, Ottawa 2000, 163–172.

[32] Die Ereignisse sind ausführlich dargestellt bei Willem van 't *Spijker*, Der kirchengeschichtliche Kontext des Genfer Psalters, in: Der Genfer Psalter und seine Rezeption, 54–58.

[33] Diese Frage ist der Ausgangspunkt der Studie von Kenneth H. *Marcus*, Hymnody and Hymnals in Basel, 1526–1606, in: Sixteenth Century Journal 32/3 (2001), 723–741.

[34] Auf die zentrale Bedeutung des Psalmsingens für die Basler Reformation hat bereits Carl Rudolph *Hagenbach* hingewiesen: Kritische Geschichte der Entstehung und der Schicksale der ersten Basler Confession und der auf sie gegründeten Kirchenlehre, Basel 1827, 258.

und ungenügend bezeichneten: Das Volk singe nicht, es heule und schreie.[35] Die Frage lautet also vielmehr, weshalb man sich in Basel im Wesentlichen auf Psalmen beschränkte und nicht, wie in den lutherischen Kirchen, altkirchliche Hymnen, Übersetzungen liturgischer Stücke und vor allem freie Neudichtungen miteinschloss.[36]

Um diese Frage zu beantworten, müssen wir die theologischen Argumente von Oekolampad untersuchen – und zwar auch deshalb, weil Calvin diese, direkt und indirekt, aufnehmen wird. Wir beziehen uns im folgenden auf das Gesuch, das Oekolampad im August 1526 dem Rat einreichte, um den Brauch des Psalmsingens zu rechtfertigen und dessen definitive Einführung in den Basler Kirchen zu fordern.[37] Oekolampad, eigentlich Weltpriester, war nur kurze Zeit Mönch im Brigittenkloster Altomünster. In dieser klösterlichen Gemeinschaft, die nach der Augustinerregel lebte, hat er das kursorische Psalmsingen und die Verwendung der Psalmen in Messe und Offizium kennengelernt. Es erstaunt deshalb nicht, dass er das Singen gerade von Psalmen prinzipiell für die beste Art von Gotteslob hält: «Nun ist es offenbar und gewiss, und kein guter verständiger Christenmensch kann es leugnen, dass das Lob Gottes am aufrichtigsten, vollkommensten und gottseligsten gepriesen wird, wenn es von Herzen in Einhelligkeit und Freuden gesungen wird, wie es aus den Psalmen dargelegt werden könnte.» Neu im reformatorischen Sinne ist, dass dieses Psalmsingen nicht den Priestern und Mönchen vorbehalten werden darf, sondern ein Auftrag an alle Christen darstellt. Das Singen hat Oekolampads Meinung nach verschiedene Aufgaben. An erster Stelle steht natürlich das Gotteslob. Dann ist es eine Erquickung des von Arbeit und Sorgen belasteten Geistes. Drittens vermag der Gesang jene, die von den veralteten Zeremonien davon laufen würden (1525 wurde die altkirchliche Messe in Basel noch gefeiert), beim Gebet zu halten. Ferner bringt er auch ein pädagogisches Argument vor, welches die Anliegen des biblischen Humanismus und der *Devotio moderna* widerspiegelt: Das Psalmsingen erlaube, genauer auf das Wort Gottes zu achten und die Anmut der göttlichen Dinge besser zu erkennen. Und endlich schließt er mit einem moralischen Argument: Das Psalmsingen helfe Üppigkeit und Leichtfertigkeit zu vermeiden. Hierbei ist er besorgt, dass die geistlichen Gesänge nicht etwa bei Gelagen oder zur Unterhaltung gesungen würden und so Gott gelästert werde.

[35] Siehe *Spijker*, Der kirchengeschichtliche Kontext, 56.

[36] In diesem Zusammenhang sei darauf hingewiesen, dass die erste Neuschöpfung Luthers kein Psalmlied war, sondern ein freies Lied war, «Ein neues Lied wir heben an» von 1523, das in bewegter Sprache von der Hinrichtung der jungen Mönche in Brüssel erzählt.

[37] Die folgenden Zitate in: Aktensammlung zur Geschichte der Basler Reformation in den Jahren 1519 bis Anfang 1534, hg. von Emil Dürr und Paul Roth, Bd. 2: Juli 1525 bis Ende 1527, Basel 1933, 374–376.

Wir sind über die gottesdienstlichen Gesänge, die Calvin 1535 in Basel kennengelernt hat, im einzelnen nicht informiert. Erst 1540 übernahm die Stadt zeitweise das sogenannte Konstanzer Gesangbuch,[38] das wiederum 1573 durch die deutsche Psalmbereimung des Ambrosius Lobwasser ersetzt wurde. Im Basler Gottesdienst der Anfangszeit der Reformation gab es, neben der Predigt als zentralem Stück, das Apostolikum, ein Allgemeines Gebet, das Unservater, die Offene Beichte mit Absolution und Vermahnung der Sünder. Interessanterweise fehlen Gebete weitgehend, die Pfarrer haben diese im allgemeinen situationsbezogen selber formuliert. Im Gegensatz zu anderen Kirchen wurde der Gemeindegesang nicht von Kindern vorgesungen, sondern von der Gemeinde direkt praktiziert. Er war in den Predigtgottesdienst liturgisch eingebunden, wobei nicht bekannt ist, wo genau gesungen worden ist, möglicherweise am Anfang und am Schluss des Gottesdienstes und eventuell vor der Predigt. Wie weit um 1535 bereits weitere Gesänge als nur Psalmen in den Basler Kirchen gesungen worden sind, lässt sich nicht mehr feststellen – angesichts der fünf Jahre später erfolgten Einführung des Konstanzer Gesangbuches (das noch zahlreiche weitere Gesänge enthält) kann dies nicht ausgeschlossen werden.

Als Calvin während seines ersten Genfer Aufenthaltes die Grundsätze für das Singen in der Kirche festlegte, war er also mit der seit fast einem Jahrzehnt etablierten Praxis des Basler Psalmsingens vertraut. Er dürfte auch die oben dargestellten theologisch-pädagogischen Argumente Oekolampads gekannt haben. Von der lutherischen Singbewegung und dem Straßburger Psalmsingen hatte er zweifellos zu diesem Zeitpunkt ebenfalls Kenntnis. Calvins Grundsätze zur Musik im Gottesdienst sind in der ersten (Basel 1536) und zweiten Auflage (Straßburg 1539) der «Christianae religionis Institutio» festgehalten.

Die «Institutio» von 1536 handelt gottesdienstliche Musik im Rahmen des Gebetes ab. Calvin untersucht, inwiefern Wort und Gesang der Gebetssituation gerecht werden. Dies sei einzig der Fall, «wenn sie aus dem höchsten Affekt des Herzens kommen»[39]. Ansonsten fordern Wort und Gesang den Zorn des Allerhöchsten heraus – es wäre dies nichts anderes als eine Verhöhnung seiner Majestät. Calvin betont explizit, dass er den Gesang keinesfalls grundsätzlich verurteile. In strikter Anwendung des Schriftprinzips fordert er nun für die zu sprechenden und zu singenden öffentlichen Gebete der Gemeinde die Worte der Heiligen Schrift, «die von Gott speziell dazu geschaf-

[38] Nüw gsangbuechle von vil schoenen Psalmen und geistlichen liedern, Zürich 1540. Das Gesangbuch enthält sowohl Psalmen als auch freie Lieddichtungen von Luther und den Konstanzer Reformatoren Johannes Zwick und Ambrosius und Thomas Blaurer.

[39] «[...] ex alto cordis affectu», so in der lateinischen Originalausgabe von 1536 (§31, CO 1, 88), was in der französischen Übersetzung von 1541 zu «de l'affection et du profond du cœur» wird.

fen worden sind, das Lob Gottes zu erzählen und es zu verkünden»[40]. Ferner fordert er die ausschließliche Verwendung der Volkssprache, denn «aus einem unverständlichen Ton kann in keinem Fall ein Gewinn hervorgehen»[41].

In der Ausgabe von 1536 sind die Konturen gottesdienstlicher Musik für Calvin also noch verhältnismäßig unklar. Feststeht bereits, dass der Gesang innerhalb des Gottesdienstes seinen Platz im *Gebet* hat – und zwar offensichtlich gleichberechtigt mit dem bloßen Sprechen. Hinsichtlich der Texte ist ausschließlich das Bibelwort in der Volkssprache zugelassen, wobei nicht explizit vom Psalter die Rede ist – abgesehen von der Verwendung des Verbs *psallare*, das aber hier vermutlich nicht «den Psalter singen» meint, sondern auf das paulinische Bibelzitat Bezug nimmt.

In der Ausgabe der «Institutio» von 1539, die obige Ausführungen übernimmt, findet sich eine charakteristische Erweiterung zum liturgischen Singen, welche ohne Zweifel von Calvins Erfahrungen in Basel und Straßburg zeugt:

> «Und gewiss, wenn der Gesang zu einer solchen Gravität, wie es sich im Angesicht Gottes und der Engel ziemt, geeignet sein soll, dann muss er Würde und Anmut für die heiligen Handlungen haben, so hat er mehr Gewicht, um die Seelen zum wahrhaft eifrigen und feurigen Gebet anzustacheln. Hüten wir uns dennoch mit Umsicht, dass unsere Ohren nicht mehr auf die Musik achten, als die Seele auf den geistigen Inhalt der Worte. Wenn wir diese Mäßigung beachten, besteht allerdings kein Zweifel, dass es sich dabei um eine äußerst heilige und heilsame Einrichtung handelt. Genauso aber wie jene Gesänge, die nur zum Vergnügen der Ohren komponiert worden sind, der Majestät der Kirche nicht zuträglich sind und Gott in keiner Weise gefällig sind.»[42]

Im Vergleich mit der Erstausgabe von 1536 wird hier die Musik mit ungleich größerem Enthusiasmus abgehandelt. Calvin duldet den gottesdienstlichen Gesang nicht bloß, sondern bezeichnet ihn sogar, falls gewisse Vorsichtsmaßnahmen berücksichtigt sind, als *sanctissimum* und *saluberrimum*. Ferner sind 1539 mehrere Elemente neu hinzugekommen. Zum einen steht der Gesang nicht mehr neutral auf gleicher Höhe wie die bloße Rezitation: Ihm kommt

40 «[...] convenit praesertim linguam huic ministerio addictam esse ac devotam, tum canendo, tum loquendo: quae peculiariter ad enarrandam praedicandamque Dei laudem condita est.» (CO 1, 88) In der französischen Übersetzung von 1541 ist an dieser Stelle vom Singen nicht mehr die Rede.

41 «[...] ex sono non intellecto nullus penitus fructus redit.» (CO 1, 88).

42 In der französischen Ausgabe von 1545 ist im Abschnitt über den schlechten Gesang noch ein zusätzlicher Abschnitt eingefügt, der sich polemisch gegen die katholische (polyphone) Kirchenmusik wendet: «Genauso aber wie jene Gesänge, die nur zum Vergnügen der Ohren komponiert worden sind – so wie das Geklinge und Gesumme der Papisten und all das, was sie durchbrochene Musik [musique rompue] und perfekte Sache und Gesang zu vier Stimmen nennen –, der Majestät der Kirche nicht zuträglich sind und Gott in keiner Weise gefällig sind.»

eindeutig eine zusätzliche Kraft zu, nämlich die Seelen beim Gebet zu befeuern *(excitandum* bzw. *inciter* und *enflamber).* Zum zweiten muss sich der Gesang «im Angesicht Gottes und der Engel» («Dei et angelorum conspectum») durch einen besondern Stil auszeichnen. Und drittens bringt Calvin die wohlbekannte Ambivalenz gegenüber dem Gesang zum Ausdruck, die er von den Kirchenvätern, insbesondere aus Augustins Taufbericht[43] kennt: Die dem Gesang innenwohnende Macht soll nicht zum ästhetischen Selbstzweck werden und damit vom gesungenen Bibelwort ablenken. Er beendet seine Überlegungen zum rechten Gebet mit dem Verweis auf Paulus (1 Kor 14,15): Es sei durch den Geist und durch den Verstand zu beten, genauso sei durch den Geist und durch den Verstand zu singen.[44]

4. Klärungen und Präzisierungen in Straßburg

Nicht erst der Straßburger Aufenthalt hat Calvin also auf die Idee des Psalmsingens gebracht. Dieses war bereits in Deutschland, der deutschsprachigen Schweiz und selbst im Königreich Frankreich verbreitet. Wie wir gesehen haben, hatte Calvin davon und von den theologischen Argumenten für ein solches Singen ausreichend Kenntnis. Der Straßburger Aufenthalt hat allerdings im Hinblick auf das gottesdienstliche Singen einige Klärungen gebracht. Die erste betrifft den liturgischen Ort des Singens, der in Basel vermutlich noch wenig gefestigt war; die zweite die Bestärkung, dass gerade und ausschließlich der Psalter der rechte Gesang vor Gott sei. Und schließlich konnte Calvin in Straßburg aus nächster Nähe das Wirken eines Vorsängerchors unter der Leitung eines speziell ausgebildeten Kantors beobachten.

4.1 Der liturgische Ort des Psalmsingens

Calvin begann, nach einigem Zögern und auf Drängen Martin Bucers, im September 1538 in Straßburg seine Tätigkeit als Pastor der französischsprachigen Flüchtlingsgemeinde. Am 1. Februar 1539 wird er für ein Jahr zum Professor für Theologie am neu gegründeten Gymnasium des Johannes

43 Zum Beispiel «Confessiones» X,33,49–50, wo die Überlegungen mit der Schlussfolgerung enden: «Ita fluctuo inter periculum voluptatis et experimentum salubritatis magisque adducor non quidem inretractabilem sententiam proferens cantandi consuetudinem approbare in ecclesia, ut per oblectamenta aurium infirmior animus in affectum pietatis adsurgat.» Siehe auch Beat A. *Föllmi,* Das Weiterwirken der Musikanschauung Augustins im 16. Jahrhundert, Bern u.a. 1994 (Europäische Hochschulschriften XXXVI/116).

44 «[...] orabo spiritu, orabo et mente; psallam spiritu, psallam et mente» (CO 1, 922). In der französischen Übersetzung von 1541 heißt es hier abweichend: «Je prieray de voix, je prieray d'entendement. Je chanteray de voix, je chanteray d'intelligence.»

Sturm ernannt. Er schreibt sich am 30. Juli 1539 ins Straßburger Bürgerrecht bei der Schneiderzunft ein, und ein Jahr später, im August 1540, heiratet er Idelette de Bure, deren Mann kurz zuvor an der Pest gestorben war.

Französische Flüchtlinge lebten bereits seit 1530 in Straßburg, sie hatten aber zunächst nur eine Schule. Calvin erhielt 1538 als erster vom Magistrat die Erlaubnis, das Abendmahl selbstständig und in französischer Sprache zu feiern.[45] Die bis zu diesem Zeitpunkt geübte Gottesdienstform war wohl vollständig vom deutschen Gottesdienst abhängig gewesen. Wir werden deshalb zunächst die liturgischen Verhältnisse der deutschen Straßburger Kirche, insbesondere die Rolle des Singens in dieser Frühzeit darstellen.

In den frühen 1520er Jahren waren die reformatorischen Ideen nach Straßburg eingedrungen. Am 19. Februar 1524 wurde im Münster die erste deutsche Messe *sub utraque specie* gefeiert. Im Dezember desselben Jahres veröffentlichte Martin Bucer mit seiner Schrift «Grund und ursach» eine Darstellung der Prinzipien der vollzogenen Reformation. Darauf wurden die Klöster und Ordenshäuser umgestaltet bzw. die Ordensleute vertrieben. Erst am 20. Februar 1529 stimmten die Schöffen für die Abschaffung der Messe.[46]

Die neuen liturgischen Formen, welche die Straßburger Reformatoren einführten, beruhten nicht auf der römischen Liturgie, sondern waren eine grundlegende Neuerung. In «Grund und Ursach» zeigte Bucer, dass er den neuen Gottesdienst als Wiederherstellung jenes Kultes ansehe, den man der Heiligen Schrift entnehmen könne. Aber nicht nur die Intention der in der Schrift festgehaltenen kultischen Äußerungen sollte verwirklicht werden, sondern wenn möglich auch deren Form.[47] Bucer orientierte sich dabei an zwei Stellungnahmen Luthers zur Umgestaltung der Liturgie, die beide 1523 in Straßburg gedruckt worden waren: «Von der Ordnung Gottesdienst in der Gemeine» und «Formula Missae». In der Folge erscheint eine Fülle gedruckter Messordnungen, für das Jahr 1524 sind dies: «Teutschen Meß und Tauff» (bei Köpfel) und «Ordenung und inhalt Teutscher Meß» (ohne Druckerangabe). In einer weiteren Ausgabe letzterer Ordnung, die kein Datum trägt, aber wohl auch von 1524 stammt, wird zum ersten Mal ein Lied in der Messe vorgeschlagen, nämlich das Lutherlied «Gott sei gelobet und gebenedeiet».[48] Derselbe Druck enthält eine Vesperordnung mit sechs weiteren Liedern, alle ohne Noten. Dies deutet daraufhin, dass die Nebengottesdienste (wie die Vesper) der eigentliche Ort für das ausführliche Psalmsingen gewesen sind.

[45] Siehe dazu Alfred *Erichson*, Die calvinische und die altstrassburgische Gottesdienstordung: Ein Beitrag zur Geschichte der Liturgie in der evangelischen Kirche, Straßburg 1894, 6.

[46] Siehe dazu beispielsweise: René *Bornert*, La Réforme protestante du culte à Strasbourg au XVIe siècle (1523–1598): Approche sociologique et interprétation théologique, Leiden 1981 (Studies in Medieval and Reformation Thought 28) [Diss. Straßburg 1976, 3 Bde].

[47] Siehe dazu *Bornert*, Réforme protestante, 91–93.

[48] DKL Eb1.

Im «Teutsch Kirchenampt» – das in drei verschiedenen Ausgaben erschien, von denen nur eine ein Erscheinungsdatum, 1525, trägt – hat der Anteil der Lieder bereits stark zugenommen. Die erste Ausgabe enthält fast ausschließlich Gesänge mit Noten, die zweite Ausgabe bringt weitere vierzehn, die dritte weitere sieben Lieder (beide Ausgaben von 1525). In der «Ordnung des Herren Nachtmahl», ebenfalls 1525 in zwei Auflagen erschienen, finden sich vier Lieder, die während der Abendmahlsfeier gesungen werden sollen.

Das «Straßburger Kirchenampt» erschien erstmals im Mai 1525, doch ist diese erste Ausgabe leider verschollen. Sie hat allem Anschein nach 27 Lieder und Psalmen enthalten. Inhaltlich dürfte sie nicht weit von der im folgenden Jahr gedruckten liturgischen Ordnung entfernt gewesen sein: «Psalmen gebett vnd Kirchenůbung wie sie zů Straßburg gehalten werden.»[49] Darin wird die Art und die Häufigkeit der Gottesdienste genau festgeschrieben.[50] Auch die Rolle des Gesangs ist verzeichnet: Außer im Morgengebet und in der Frühpredigt soll die Gemeinde stets Psalmen singen. Der Ordnung sind die zu singenden Lieder beigegeben: 33 Lieder, davon 25 Psalmen – alle, außer sechs Stücke haben Noten. Spezielle Festlieder zu einzelnen Tagen des Kirchenjahres fehlen, da ja alle Festtage abgeschafft worden waren. 1527 erschien eine Ergänzung zum «Psalmengebet» mit weiteren fünf Liedern.[51] Das «Psalmengebet» ist, mit verschiedenen Ergänzungen und Korrekturen, in immer neuen Auflagen erschienen und hat sich bis in die Interimszeit behauptet.[52]

Die Zahl der Psalmlieder nahm bis ans Ende der 1530er Jahre stetig zu. Die Textdichter gehören den unterschiedlichsten Richtungen an, auch «Dissidenten» wie beispielsweise Thomas Müntzer und Hans Hut befinden sich darunter. In den Jahren 1534 bis 1536 konnte Katharina Zell, die Frau des Predigers Matthias Zell, sogar ein vierteiliges Gesangbuch mit 187 Gesängen der Böhmischen Brüder veröffentlichen. Die 1533 durchgeführte Synode versuchte diese Vielfalt zu beschränken,[53] doch erst zu Beginn der vierziger Jahre wurde die Auswahl der Lieder allmählich enger. Das Große Straßbur-

49 Wolfgang Köpfel, 1526, und in zweiter Auflage beim selben Verleger 1530.

50 Der Text ist abgedruckt bei Friedrich *Hubert*, Die Straßburger liturgischen Ordnungen im Zeitalter der Reformation, Göttingen 1900, 88f.; Louis *Büchsenschütz*, Histoire des liturgies en langue allemande dans l'église de Strasbourg au XVIe siècle, Diss. Paris 1900 / Cahors 1900, 93f.

51 Die zween Psalmen: In exitu Israel etc. und Domine probasti etc. verteütscht wo̊lche in den vorigen bu̒chlin nit begriffen seynd, zwei Ausgaben, 1527 bei Wolfgang Köpfel erschienen, in einer Ausgabe fehlte vermutlich ein Lied. Eine weitere Ausgabe erschien 1543 beim selben Drucker.

52 Siehe dazu Friedrich *Hubert*, Ordnungen, LXXIff.

53 Siehe dazu Marc *Lienhard*, Glaube und Skepsis im 16. Jahrhundert, in: Bauer, Reich und Reformation: Festschrift für Günther Franz zum 80. Geburtstag am 23. Mai 1982, hg. von Peter Blickle, Stuttgart 1982, 160–181.

ger Gesangbuch von 1541[54] enthält nur noch theologisch «unverdächtige» Lieder, neben Psalmen sind vor allem Luthertexte zahlreich vertreten.

Leider haben wir auf das französische Psalmsingen in Straßburg vor Calvins Ankunft keinerlei Hinweise – weder dafür noch dagegen.[55] Der früheste Beleg ist ein Brief des Konstanzer Johannes Zwick an Bullinger vom 9. November 1538: «Für die Franzosen gibt es in Straßburg eine Kirche, in der sie vier Mal die Woche Calvin predigen hören, aber auch das Abendmahl feiern und die Psalmen in ihrer Sprache singen.»[56]

Da die französische Gemeinde, die bereits seit 1530 in Straßburg bestand, ja erst in den Wochen vom Herbst 1538 zum ersten Mal einen selbstständigen Gottesdienst mit Abendmahl feiern durfte, können wir davon ausgehen, dass es überhaupt erst Calvin war, der die Gottesdienstordnung festlegte – und es wohl auch erst Calvin war, der die französischen Psalmen in Straßburg eingeführt hat. Dabei konnte er auf seine 1536 bis 1538 in Genf gemachten Erfahrungen zurückgreifen. Die erste liturgische Ordnung der französischen Gemeinde hat in der zweiten Auflage der «Aulcuns pseaulmes», die vermutlich 1539 oder 1540 erschienen ist, gestanden; die Ausgabe ist leider verschollen. So besitzen wir nur Agenden, die in der Zeit nach dem Weggang Calvins gedruckt worden sind, als erste: «La Manyere de faire prieres», die Calvins Nachfolger als Pastor in Straßburg, Pierre Brully, 1542 herausgab (auch *Editio Pseudoromana* genannt, wegen des fingierten Druckortes Rom und des falschen Zusatzes «par le commendement du pape»).

Es scheint sich allerdings auch bei der Erstausgabe der «Aulcuns pseaulmes et cantiques mys en chant»[57], die 1539 bei Johannes Knobloch dem Jüngeren erschien, nicht bloß um ein zufällig zusammengestelltes Gesangbuch zu handeln, sondern bereits um den Grundbestand einer liturgischen Ord-

54 Gesangbuch, darinn begriffen sind, die aller fu̇rnemisten vnd besten Psalmen / Geistliche Lieder / vnd Chorgeseng / aus dem Wittembergischen / Strasburgischen / vnd anderer Kirchen Gesangbu̇chlin zu̇samen bracht / vnd mit besonderem fleis corrigiert vnd gedrucket. Fu̇r Stett vnd Dorff Kirchen / Lateinische und Deudsche Schu̇len, Straßburg: Georg Messerschmidt, 1541 (DKL eb14). Siehe dazu Johannes *Ficker*, Das größte Prachtwerk des Straßburger Buchdrucks: Zur Geschichte und Gestaltung des großen Straßburger Gesangbuches 1541, in: Archiv für Reformationsgeschichte 38 (1941), 198–230.

55 Spätere Hinweise gibt es einige, so das Zeugnis des aus Lille stammenden flämischen Student «Wallon», der 1546 in die Heimat schreibt: «Il y a une eglise franchoise [...]. On chante quelque psaulme de David ou une autre oroison prinse du nouveau testament, laquelle psaulme ou oroison se chante touts ensemble, tant homme que femme avecq un tel accord, laquelle chose est bel a veoir.» Zitiert nach Alfred *Erichson*, L'Église française de Strasbourg au XVIe siècle – d'après des documents inédits, Straßburg 1886, 21f.

56 «Gallis Argentorati ecclesia data est in qua a Calvino quater in septimana conciones audiunt, sed et coenam agunt et psalmos sua lingua cantunt.» CO X/2, 288; auch in *Pidoux*, Psautier huguenot, Bd. 2, 2.

57 Einige Psalmen und geistliche Lieder mit Musik: Eine Faksimileausgabe mit Kommentar und Übertragung der Melodien von Richard R. Terry, Calvin's First Psalter [1539], London 1932.

nung. Die Publikation enthält 22 Gesangsnummern – 19 Psalmen, den Lobgesang des Simeon, den Dekalog und das Credo –, alle mit Noten versehen[58]. Davon stammen 13 Psalmen von Clément Marot, die verbleibenden sechs Psalmen und die drei weiteren Stücke sind höchst wahrscheinlich alle von Calvin gedichtet worden – wobei seine Autorschaft nur für Psalm 25 und 46 gesichert ist.[59]

Ein Blick auf die dort publizierten Stücke bestätigt die hier vorgebrachte These, dass Calvin den Brauch des Psalmsingens bereits vor seinem Straßburger Aufenthalt kennengelernt hat. Auffälligerweise wurden nämlich alle Psalmbereimungen aus Calvins Feder mit Straßburger Melodien versehen – außer dem Lobgesang des Simeon, der aber von der Melodie des Psalms 3 (von Marot) inspiriert ist. Bei den 13 Psalmbereimungen von Marot hingegen wurden nur in drei Fällen Straßburger Melodien verwendet (Ps 51, Ps 114 und als Dublette Ps 115).

Psalm/Stück	*Incipit*	*Text von*	*Melodie nach*
1	Qui au conseil des malings n'a esté	Marot	?
2	Pourquoy font bruit et s'assemblent les gens	Marot	?
3	O Seigneur que de gens	Marot	?
15	Qui est-ce qui habitera	Marot	Hymnus: «Ad regias Agni dapes»
19	Les cieux en chascun lieu	Marot	?
25	A toy Seigneur ie leueray	Calvin	Mathias Greiter, Psalm 125
32	O bienheureux cely dont les commises	Marot	
36	En moy le secret pensement	Calvin ?	Mathias Greiter, Psalm 119 II
46	Nostre Dieu nous est ferm' appuy	Calvin	Wolfgang Dachstein, Psalm 15
51	Misericorde au povre vicieux	Marot	Heinrich Vogtherr, Psalm 71
91	Qui en la garde du hault dieu	Calvin ?	Mathias Greiter, Psalm 51
103	Sus louez Dieu, mon ame en toute chose	Marot	?
113	Sus louez Dieu ses seruiteurs	Calvin ?	Wolfgang Dachstein, Psalm 130

58 Außer Psalm 115, der vermutlich mit der Melodie des vorangehenden Psalms 114 zu singen ist; so auch *Pidoux*, Psautier huguenot, Bd. 1, 106.

59 Vgl. den Brief von Calvin an Farel vom 19. Dezember 1539: «Ita psalmi duo, XLVI et XXV, prima sunt mea tirocinia. Alios postea attexui» (CO 6, XXI).

Psalm/Stück	*Incipit*	*Text von*	*Melodie nach*
114	Quand Israel hors d'Egypte sortit	Marot	Symphorianus Pollio, «Vater unser wir bitten dich»
115	Non point à nous, non point à nous, Seigneur	Marot	o. Noten, vermutlich wie Ps. 114 zu singen
130	Du fons de ma pensée	Marot	?
137	Estans assis aux rives aquatiques	Marot	?
138	Louang' et grâce ie te rendray	Calvin ?	Mathias Greiter, Psalm 114
143	Seigneur Dieu oys l'oraison mienne	Marot	?
Cant.Sim.	Maintenant Seigneur dieu	Calvin ?	eine Nähe besteht zu Ps. 3 (Marot)
Dekalog	Oyons la Loy que de sa voix	Calvin ?	«Dies sind die heilgen zehen gebott»
Credo	Je croy en Dieu le pere tout puysant	Calvin ?	Mathias Greiter, «Ich glaub in Gott»

Die einfachste und plausibelste Erklärung, weshalb Calvin im allgemeinen für seine eigenen Texte Straßburger Melodien verwendet hat, für jene Marots aber nicht, dürfte die Annahme sein, dass 1539, als er die «Aulcuns pseaulmes» vorbereitete, die meisten von Marots Psalmen bereits mit Melodien versehen und so gesungen worden sind. Hätte Calvin zu diesem Zeitpunkt auch Marots Psalmen neu mit Melodien versehen müssen, warum sollte er dafür nicht ebenfalls Straßburger Melodien verwenden und vor allem, wo hat er denn die neun unbekannten Melodien hergenommen? Wenn ihm die Straßburger Musiker Mathias Greiter und Wolfgang Dachstein neue Melodien geschrieben hätten, weshalb dann nur für Marots Psalmen? Gegen eine Neuschöpfung der Melodien unbekannter Herkunft spricht zudem Ps 15, der einzige von Marots Psalmen, für den sich eine melodische Vorlage nachweisen lässt: Es handelt sich um einen altkirchlichen Hymnus, der zudem offensichtlich auch als französisches Chanson kursierte.[60]

Bei den Straßburger Melodien handelt es sich allesamt um Psalmlieder bzw. liturgische Stücke, die Calvin neu textierte. Dabei hat er – abgesehen von den beiden liturgischen Stücken Dekalog und Credo, die im Deutschen denselben Stücken entsprechen – keine Melodie für denselben französischen Psalm verwendet, mit der sie im Deutschen gesungen wurde. Die Melodien entnahm er mit größter Wahrscheinlichkeit einer Ausgabe von «Psalmengebet und Kirchenübung» (1530 bzw. 1533), woraus er auch die liturgische Ordnung übernahm – vielleicht benützte er auch eine der 1537 und 1538 er-

[60] In der Handschrift Paris, Bibliothèque Nationale, Ms. fr. 2336, trägt dieser Psalm die Tonangabe: «L'aultre jour my cheminoye le loing d'une riviere».

schienenen Ausgabe von «Psalmen und geistliche Lieder». Diese Publikationen haben sämtliche von Calvin verwendeten Melodien mit Noten enthalten.[61]

Die «Aulcuns pseaulmes» sind ohne Zweifel zunächst für die Bedürfnisse der Straßburger Flüchtlingsgemeinde zusammengestellt worden[62] – man könnte die Publikation als das erste französischsprachige reformierte Gesangbuch bezeichnen. Doch über die Bedürfnisse in Straßburg hinaus verfolgte Calvin offensichtlich von Anfang an weitere Ziele. So wollte er im Oktober 1539 hundert Exemplare der Psalmen nach Neuenburg an Farel senden, damit man sie weiter nach Genf schicke und dort bekannt mache. Vereitelt wurde dieser Plan durch die Nachlässigkeit des Überbringers, eines gewissen «Michel».[63] Überhaupt scheint sich die Nachricht von der Publikation der «Aulcuns pseaulmes» rasch verbreitet zu haben, denn bereits Anfang des folgenden Jahres bittet Martin Peyer in Wittenberg Conrad Hubert brieflich um die Zusendung der französischen Psalmen.[64]

Die liturgische Bestimmung der in «Aulcuns pseaulmes» veröffentlichten Stücke ergibt sich nur schon daraus, dass Calvin das Psalmsingen bereits in der ersten Ausgabe der «Institutio» als das geeignete gottesdienstliche Singen (im Rahmen des Gebetes) bezeichnet hat. Welchen anderen Zweck hätten denn die Psalmlieder sonst haben können, zumal auch die deutschsprachigen Straßburger Kirchen Psalmen liturgisch verwendeten? Was die Auswahl der 22 Stücke betrifft, scheint es naheliegend zu sein, dass sie in Zusammenhang mit der damals geübten Liturgie gestanden hat und nicht zufällig getroffen wurde, wie dies Markus Jenny angenommen hat.[65]

Jan R. Luth, der die Ordnung der französischen Gemeinde um 1540 rekonstruiert hat,[66] stützt sich auf einen Vergleich der verschiedenen erhaltenen Ordnungen – von 1542, «La Manyere de faire prieres»[67] von Pierre Brully, bis 1551, *Liturgia Sacra* von Valérand Poullain – sowie auf die durchaus richtige Beobachtung, dass in Straßburg die französische Liturgie gerade in der Frühzeit stark von der deutschen abhängig gewesen sein muss. Der

61 Es handelt sich um: Psalmen gebett / vnd kirchen übung / wie sie zů Straßburg gehalten werden, Straßburg: Wolfgang Köpfel, 1530 (DKL eb8) sowie die verschollene Ausgabe von 1533 (DKL eb9); ferner: Psalmen und geystliche Lieder die man zu Straßburg, vnd auch die man inn anderen Kirchen pflegt zu singen, Straßburg: Johannes Prüss d.J. für Wolfgang Köpfel, 1537 (DKL eb11a und eb12 sowie die verschollene Ausgabe eb11b von 1538).

62 Bestritten wurde dieser liturgische Gebrauch beispielsweise von *Terry*, Calvin's First Psalter.

63 Briefe an Farel vom 27. Oktober 1539 und vom 19. Dezember 1539 (CO 6, XXI).

64 Brief von Martin Peyer an Conrad Hubert vom 4. Januar 1540 (CO 6, XXII).

65 Markus *Jenny*, Luther, Zwingli, Calvin in ihren Liedern, Zürich 1983, 221.

66 Jan R. *Luth*, ‹Aulcuns pseaulmes et cantiques mys en chant. A Strasbourg. 1539›, in: Der Genfer Psalter und seine Rezeption, 9–19.

67 Es handelt sich um die sogenannte *Editio Pseudoromana*, so genannt nach dem fingierten Druckort «à Rome par le commendement du pape».

deutsche Straßburger Predigtgottesdienst dürfte um 1538 etwa die folgende Form gehabt haben[68] (kursiv gedruckt sind die musikalischen Teile):

Psalmlied: Ach Gott, wie lang vergissest mein
Sündenbekenntnis
Absolution oder Trostspruch
Introitus: Miserere oder Psalm
Kyrie
Gloria in excelsis
Gebet (Kollekte)
Psalm
[evt. 10 Gebote]
Evangelienlesung
Predigt (mit Erklärung des Abendmahls bei anschließender Abendmahlsfeier bzw. der Taufe bei anschließender Tauffeier)
Glaubensbekenntnis (Credo oder Psalm)

Die meisten Stücke der «Aulcuns pseaulmes» lassen sich in die rekonstruierte französische Liturgie einfügen – einzig die Psalmen 91, 137 und 143 können nicht ohne weiteres zugeordnet werden. Die Zuordnung geschieht entweder aufgrund eindeutiger inhaltlicher Kriterien oder anhand der *arguments*, die Calvin jedem Psalm in der 1539er Ausgabe beigab:[69]

Sündenbekenntnis	15 32 51 115 130	Qui est-ce qui habitera O bienheureux cely dont les commises Misericorde au povre vicieux Non point à nous, non point à nous, Seigneur Du fons de ma pensée
Absolution		
anschließend:	25	A toy Seigneur ie leueray
Psalm		?
Gebet		
Epistellesung		
Dekalog, 1. Teil	Dekalog 1 19 114	Oyons la Loy que de sa voix Qui au conseil des malings n'a esté Les cieux en chascun lieu Quand Israel hors d'Egypte sortit
Evangelienlesung		

68 Die Darstellung beruht auf den folgenden Gottesdienstordnungen: «Psalmengebett und Kirchenübung» (4 Ausgaben: 1526; 1526; 1530, 1533); «Psalmen und geistliche Lieder» (5 Ausgaben: 1537; 1537; ca. 1538; 1541; 1543); «Form und Gebet» (ca. 1537–1539).

69 Die Diskussion findet sich im einzelnen – mit einigen kleineren Ungenauigkeiten – bei *Luth*, Aulcuns pseaulmes, 9–19.

Predigt		
Dekalog, 2. Teil	Dekalog 1 19 114	Oyons la Loy que de sa voix Qui au conseil des malings n'a esté Les cieux en chascun lieu Quand Israel hors d'Egypte sortit
Credo	Credo	Je croy en Dieu le pere tout puysant
Fürbitten		
Abendmahl		
anschließend:	25 36 46 103	A toy Seigneur ie leueray En moy le secret pensement Nostre Dieu nous est ferm' appuy Sus louez Dieu, mon ame en toute chose
Austeilung	138	Louang' et grâce ie te rendray
Dankgebet	Cant. Sim.	Maintenant Seigneur dieu
Segen		
Beschluss	2 ? 3 ? 25 36 46 103	Pourquoy font bruit et s'assemblent les gens O Seigneur que de gens A toy Seigneur ie leueray En moy le secret pensement Nostre Dieu nous est ferm' appuy Sus louez Dieu, mon ame en toute chose
Am Ende einer Eheeinsegnung	113	Sus louez Dieu ses seruiteurs

Während seines Straßburger Aufenthaltes hat Calvin also das ihm bereits bekannte Psalmsingen liturgisch präzisiert. Deshalb sind die «Aulcuns pseaulmes» keinesfalls eine zufällig angelegte Sammlung. In ihnen zeigt sich die doppelte Ausrichtung des reformierten Psalmsingens: Die fortlaufende Anordnung der Psalmen verweist auf das kursorische Singen, die Auswahl zeugt von der Verwendung innerhalb der Liturgie.

4.2 Psalmen als geeignetes Repertoire

Bucer hat in strenger Anwendung des Schriftprinzips für die neue Liturgie ausschließlich Gesänge und Gebete aus der Heiligen Schrift gefordert.[70] So bildete die Psalmparaphrase denn auch das Rückgrat des gottesdienstlichen

[70] «... so gebrauchen wir uns in der gemein gots keine gesangs noch gepets, das nit auss göttlicher schrifft gezogen sey.», «Grund und ursach» (1524), in: Martin Bucers Deutsche Schriften, hg. von Robert Stupperich, Gütersloh/Paris 1964, Bd. 1, 275.

Singens in Straßburg; hinzu kamen ergänzend liturgische Stücke, sowohl aus der Bibel (Dekalog, Unser Vater) als auch Außerbiblisches (Glaubensbekenntnis, deutsches «Te Deum»). Die Straßburger haben aber auch viele Lutherlieder in ihren Gesangbüchern abgedruckt, seien es auf altkirchlichen Hymnen beruhende Texte *(Christ ist erstanden)*, seien es freie Neudichtungen *(Vom Himmel hoch)*.

Calvin ist in dieser Frage ungleich viel strenger verfahren. Abgesehen vom Glaubensbekenntnis hat kein nicht-biblischer Text Eingang in die «Aulcuns pseaulmes» und die später erscheinenden Ausgaben des Genfer Psalters gefunden.[71] Dieser signifikante Unterschied zur Straßburger Praxis zeigt, dass Calvin nicht einfach Bucers Begründung des gottesdienstlichen Singens gefolgt ist, sondern darüber hinaus eigene Beweggründe gehabt haben muss, die Ausschließlichkeit des Psalters zu propagieren.

Gewiss gehört der Psalter von Anfang zur christlichen Praxis. Im monastischen Gebrauch bildete sich die kursorische Lektüre *(psalterium currens)* heraus, und in der römischen Liturgie wurden gewisse Psalmen für bestimmte Tage verwendet *(psalterium per hebdomadam)*. In der monastischen Tradition steht Luthers Diktum, der Psalter sei eine «Ringschule der Affekte» *(psalterium affectuum palaestra)*.[72] Dahinter steht die Vorstellung, dass der Psalter sämtliche Affekte menschlicher Existenz beinhalte, welche durch die Lektüre «aktiviert» werden – so wie man das Psalterium zum Klingen bringt, wenn man mit den Fingern über die Saiten fährt. Calvin hat sich in diesem Sinne geäußert, als er sagte: «... die Psalmen enthalten eine Art Anatomie aller Affekte der Seele.»[73] Er zählt denn auch im einzelnen auf, was uns die Psalmenlektüre lehren könne, und schließt mit der Bemerkung: «Wir brauchen den Psalter, wenn wir in Gottes Schule weiterkommen wollen.»[74]

Allerdings resultiert der starke persönliche Bezug Calvins zum Psalter nicht nur aus der Tradition des biblischen Humanismus und der Jahrhun-

[71] Es gibt nur wenige Ausnahmen von diesem Prinzip, die allerdings nicht in den Genfer Ausgaben erschienen sind: So zwei Tischgebete von Marot *(O Souverain pasteur et maistre, Pere eternel, qui nous ordonnes?)*, das *Te Deum* von Gueroult *(O Seigneur nous qui sommes)*, den Hymnus *Veni creator spiritus* eines anonymen Autoren *(Or viens toy Createur Saint Esperit)*, eine ebenfalls anonyme, Calvin zugeschriebene Anrufung Christi *(Je te salue mon certain Redempteur)* und die anonyme Übersetzung des Lutherliedes *Erhalt uns, Herr, bei deinem Wort (Empesche, Seigneur souverain)*.

[72] Martin *Luther*, Operationes in psalmos, Ps 1 (WA 5, 46). Vgl. dazu vor allem Günter *Bader*, Psalterium affectuum palaestra, Tübingen 1996 (Hermeneutische Untersuchungen zur Theologie 33).

[73] «[...] les Pseaumes contiennent comme une anatomie de toutes les affections de l'âme.», Vorwort zum Psalter von Louis Budé, 1551, abgedruckt in: Rodolphe *Peter*, Calvin et la traduction des Pseaumes de Louis Budé, in: Revue d'histoire et de philosophie religieuses 42 (1962), 186.

[74] «[...] nous devons avoir le Psautier, si nous desirons de profiter en l'eschole de Dieu.», *Peter*, Calvin et la traduction, 188.

derte alten Praxis, sondern auch aus Calvins persönlicher Erfahrung. Seine eigne Lebenssituation, seine Schwierigkeiten, seine Anfeindung – alles sieht er beim David der Psalmen ausgebildet: «Wenn ich mich nicht irre, werden die Leser doch merken, dass ich, wo ich die intimsten Gefühle von David und anderen auslege, eigentlich über die Dinge spreche, die ich selber erlebt habe.»[75]

Ganz besonders treffen die Psalmen aber seine Situation des Exils.[76] Seit seiner Flucht aus Paris 1535 war Calvin ein Heimatloser, ein Asylant. Das Gefühl des Heimwehs bezeichnete er verschiedentlich als sehr schmerzhaft.[77] In Genf hat er sich stets als Fremder gefühlt, ebenso in Straßburg (wo er zwar das Bürgerrecht angenommen hat). Zudem bestand seine Straßburger Gemeinde aus Flüchtlingen, aus Frankreich und anderen Ländern.[78] Gerade in dieser Hinsicht sah Calvin eine Parallele zu David, der aus Jerusalem vertrieben wird, durch die Drohung Sauls und später durch den Aufstand Absaloms. So verwundert es nicht, wenn Calvin in seinen Psalmkommentaren besonders häufig den Begriff *asylum* verwendet, sogar dort, wo die Vulgata von *refugium* spricht.

4.3 Kantorenamt und Vorsängerchor

In Straßburg hat Calvin eine Institution kennengelernt, die er später in Genf kopieren wird: das Kantorenamt. Am Straßburger Münster gab es, etwa von der Mitte der zwanziger Jahre an, ein evangelisches Kantorenamt. Es ist offensichtlich, dass der evangelische Münsterkantor nicht in der direkten Sukzession des Domkantors stand, erstens weil er nicht dem hochadeligen Domstift, das eine bischöfliche und keine städtische Organisation war, angehören konnte, und zweitens weil sein Amt von Anfang an kein Dignitätsamt gewesen ist, sondern ein echtes Musikeramt. Wenn man auch die Herkunft des evangelischen Kantorats im Münster nicht kennt, so ist doch der erste evangelische Kantor bekannt: Mathias Greiter (ca. 1495–1550/1551). Leider weiß man über seine Biografie vor Ausbruch der Reformation kaum etwas, nach eigenen Angaben wurde er vom Rat zum Amt des Sängers verpflichtet, als Gegenleistung für die Verleihung von Pfründen. Greiter hat sein musikalisches Talent offensichtlich von Anfang an in den Dienst der evangelischen

[75] Praefatio zum Psalmkommentar (CO 31, 307).

[76] Siehe dazu vor allem Herman J. *Selderhuis*, Singende Asylanten: Calvins Theologie der Psalmen, in: Der Genfer Psalter und seine Rezeption, 79–95.

[77] «[...] et scimus hoc est durius, ubi quis longe abstrahitur a patria.» (CO 38, 399; ähnlich in CO 39, 511).

[78] Vgl. dazu Christian *Wolff*, Strasbourg, cité du Réfuge, in: Strasbourg au cœur religieux du XVIe siècle. Hommage à Lucien Febrve, Straßburg 1977, 321–330.

Bewegung gestellt, denn schon in den ersten Publikationen mit evangelischen Liedern finden sich auch Gesänge von seiner Hand.[79]

Bei der Einrichtung eines Kantorenamtes konnten sich der Rat und die Prädikanten nicht auf eine bestehende Institution stützen, sondern sahen sich zunächst einmal nach einem fähigen Musiker um. Die Art der Bezahlung des Kantoren macht deshalb zunächst einen etwas improvisierten Eindruck: Bis 1540 war Greiter im Besitz der Einkünfte aus drei verschiedenen Pfründen, erst im Oktober 1540 erhielt er ein Summissariat an Alt-St. Peter, das mit dem Kantorenamt gekoppelt war. Die Loslösung aus dem Pfründensystem gelang erst bei Greiters Nachfolgern.

Das Straßburger Kantorenamt stellt also eine eigenartige Verschränkung von alten und neuen Elementen dar. Die Funktion des Amtes – die musikalische Leitung des Gottesdienstes und der Musikunterricht der Jugend – entspricht den Funktionen eines katholischen Stiftskantors. Institutionell jedoch steht das evangelische Kantorenamt nicht in der Kontinuität des Dignitätsamtes der Stifte, sondern ist eine Neuschöpfung des Rates, der dafür zunächst die nötigen Geldmittel auftreiben musste. Die Loslösung des Kantorenamtes aus dem mittelalterlichen Pfründensystem hatte zur Folge, dass nun ein Amt entstand, von dessen Inhaber in erster Linie musikalische Eignung verlangt war.

Die genauen Verpflichtungen des Kantors in der Frühzeit der Straßburger Reformation sind nicht bekannt. Als *vorsenger*[80] hat er den Gemeindegesang im Gottesdienst geleitet und ihn mit einer Gruppe von Kindern vorgängig einstudiert. Eine eigenständige Rolle innerhalb der Liturgie (im Sinne eines solistischen Gesangs) kam ihm nicht zu. Eine spätere Quelle – aus der Interimszeit – führt die Aufgaben des Kantors detailliert auf:[81]

Cantoris etiam officium ad disciplinam templi et Collegij honestatem pertinet, et à Collegij Consilio hoc datur numus [.] Jtáque eius sit aut praecinere [*Randglosse:* aut alium in suum locum substituere:] providere vt puerj cantando exerceantur hebdomadibus singulis: alternis etiam annis

Das Amt des Kantors besteht nun darin, dass in der Kirche und im Kollegium Ordnung herrsche, und vom Rat des Kollegiums wird dafür Geld bezahlt. Deshalb ist es seine Aufgabe vorzusingen [*Randglosse:* oder jemand anderen an seine Stelle zu setzen] und dafür zu sorgen, dass die Jünglinge

[79] Zu Mathias Greiter und dem evangelischen Kantorenamt siehe Hans-Christian *Müller*, Art. ‹Greiter, Matthias›, in: The New Grove Dictionary of Music and Musicians, hg. von Stanley Sadie, Bd. 7, London u.a. 1981, 700f.; Beat A. *Föllmi*, Art. ‹Greiter, Mathias›, in: Die Musik in Geschichte und Gegenwart, 2. neubearb. Ausgabe, hg. von Ludwig Finscher, Personenteil 7, Kassel u.a. 2002, Sp. 1575–1578.

[80] So in Les Collectanées de Daniel Specklin, chronique strasbourgeoise du seizième siècle, Fragments recueillis par Rodolphe *Reuss*, Straßburg 1890 (Fragments des Anciennes Chroniques d'Alsace 2), Nr. 2245.

per aestatem, vt puellae doceantur canere: et vt in templis nihil cantatur, quod Ecclesia ignoret: nihil etiam novi, quod non antea doceatur: átque Consilij consensu.

einmal wöchentlich das Singen üben, und jährlich abwechselnd im Sommer, dass die Mädchen im Singen unterrichtet werden. Es soll in den Kirchen nichts gesungen werden, was die Gemeinde nicht kennt, nichts Neues, was nicht zuvor eingeübt worden ist; gemäß des Beschlusses des Rates.

Um die Schüler mit den Kirchenliedern bekannt zu machen wurden Gesangbücher in Riesenformat gedruckt, wie das «Gesangbuch, darinn begriffen sind» von 1541 und «Das Gros Kirchen Gesangbuch» von 1560; diese Bücher dienten «Fůr Stett vnd Dorff Kirchen / Lateinische und Deudsche Schùlen».[82] Sie haben – wie bildliche Darstellungen zeigen – bei der Einstudierung der Kirchengesänge auf einem Pult aufgelegen. Bei den Kindern handelte es sich um die Schüler der Lateinschulen sowie um die mittellosen Stipendiaten des 1538 von Johannes Sturm gegründeten Gymnasiums, an dem auch Calvin unterrichtete. Die Teilnahme von Schülern an den Gottesdiensten ist spätestens seit 1535 belegt.[83]

Wie weiter oben gezeigt, hat Calvin solche aus Kindern bestehende Vorsängerchöre bereits im Januar 1537 vom Genfer Rat gefordert. Dafür, dass er in der französischsprachigen Kirche von Straßburg einen solchen Kinderchor eingesetzt hat, gibt es jedoch keinen Hinweis. Die Gemeinde dürfte auch zu klein gewesen sein, als dass genügend Kinder vorhanden gewesen wären.

5. Fazit

Zusammenfassend lässt sich die Vorgeschichte des Genfer Psalters also etwa so darstellen: Calvin lernte das Psalmsingen als selbstverständlicher Ausdruck der reformatorischen Bewegung kennen – vor allem 1535–1536 in Basel, wo das Singen auch politische Akzente gehabt hatte. Während seines ersten Genfer Aufenthaltes experimentierte er mit dem Psalmsingen, stieß aber auf praktische Schwierigkeiten. Erst in der Straßburger Flüchtlingsgemeinde

81 «Municipalstatutum E. E. Rathes de anno 1539», Munizipalstatut, fol. 24r (Archives de la Ville de Strasbourg, Archiv St. Thomas, Nr. 23).

82 So steht es auf dem Titelblatt des Gesangbuches von 1541.

83 Der Lehrer Johannes Schwebel erwähnt in seinem Schulprogramm ausdrücklich die Einstudierung der Psalmen durch seine Schüler und die Teilnahme am sonntäglichen Gottesdienst: «[...] psalmis sacrisque alijs cum reliqua ecclesia perfuncturi». Leges Gymnasii (Archives de la Ville de Strasbourg, Archiv St. Thomas, Nr. 319); auch abgedruckt bei: Carl *Engel*, Das Schulwesen in Straßburg vor der Gründung des protestantischen Gymnasiums 1538, Straßburg 1886, 66.

konnte er das Psalmsingen auf breiter Ebene praktizieren und dabei von der Praxis der deutschen Gemeinde profitieren. In Straßburg erkannte er die Wichtigkeit eines Vorsängerchores und vor allem des Kantors. Am Gymnasium des Sturm lernte er die enge Verbindung von Kirche und Schule für den kirchlichen Gesang kennen. Für seine Flüchtlingsgemeinde stellte er im Hinblick auf die liturgische Verwendbarkeit ein erstes Repertoire von Psalmen zusammen. Dies alles wird er ab 1541 in Genf rasch in die Praxis umsetzen können.

Neben dieser geschichtlichen Präzisierung hat die vorliegende Studie auch noch die wichtige Rolle des Singens in der reformierten Tradition aufgezeigt – was ohne Zweifel Calvin zuzuschreiben ist. Calvin ist nämlich nicht von einem katholischen Messgottesdienst mit kunstvollem Gesang im Stile der niederländischen Polyphonie, begleitet von Orgel und Instrumenten, ausgegangen, aus dem er alles Kunstvolle verbannt hätte, um zu einem einstimmigen, unbegleiteten und stilistisch eingeschränkten, strengen und nüchternen Gesang zu gelangen. Es verhält sich auch nicht so, dass Calvin – wie oft behauptet wurde – den Gesang bloß widerwillig eingeführt hätte, damit die Gebete nicht so kalt blieben. Das Psalmsingen war für ihn vielmehr ein echter und lebendiger Ausdruck der «saincte congregation». Dafür setzte er sich von Anfang an entschlossen ein und überwand Schritt für Schritt die verschiedenen praktischen Hindernisse. Singen in calvinistischer Tradition ist die höchste Form des Gebetes, deshalb widmete Calvin solche Sorgfalt der Auswahl der Texte und Melodien, der Form des Gesangs, der pädagogischen Umsetzung sowie der Ausführung selber.

Dr. Beat A. Föllmi, Université de Strasbourg

«The world always perishes, the church will last forever»

Church and eschatology in Bullinger's sermons on the book of Daniel (1565)

BY DANIEL TIMMERMAN

1. *Introduction*

Modern biblical scholarship has located the book of Daniel at the crossroads of the older prophetic tradition in Israel and the newer genre of apocalyptic literature. As prophetic literature it conveys the eschatological hope for the restoration of Israel and gives a description of the prophetic figure of Daniel. As apocalyptic literature it reveals by means of heavenly visions and the interpretation of an angelic intermediary the imminence of the final destruction of the wicked and the resurrection of the saints. Building upon older traditions, the book in its present form was composed to encourage and empower the Jewish community in the post-exilic period.[1]

After its integration into the Christian canon, the book of Daniel has found many new interpretations within the community of the church. The present essay aims to highlight the contribution of the sixteenth-century theologian Heinrich Bullinger to the interpretation of this book within the context of sixteenth-century Protestant Europe. This exercise will not only tell us something about the book of Daniel and sixteenth-century Protestantism, but will also contribute to a better understanding of the life and thought of Bullinger who, not unlike the prophetic figure of Daniel, understood himself to be an interpreter of God's will for his own community.[2]

Bullinger's interest in the book of Daniel dates back to at least 1530, when he wrote a commentary on Daniel 7.[3] This essay, however, will be devoted to the 66 sermons on the book of Daniel that Bullinger published in August 1565.[4] From his «Diarium» we know that he preached on the book of Daniel

1 E.g. Rolf *Rendtorff*, Theologie des Alten Testaments: Ein kanonischer Entwurf, vol. 1: Kanonische Grundlegung, Neukirchen 1999, 359–362.

2 Within weeks of accepting his position as *antistes* of the Zurich church, Bullinger defined the prophetic task of the Protestant preacher in his 1532 treatise «De prophetae officio» (cf. Heinrich Bullinger Bibliographie, Bd. 1: Beschreibendes Verzeichnis der gedruckten Werke von Heinrich Bullinger, ed. Joachim Staedtke, Zürich 1972 [Heinrich Bullinger Werke I/1] [cit. HBBibl 1], no 33).

3 De Hebdomadis, quae apud Danielem sunt, opusculum (cf. HBBibl 1, no 27).

4 Daniel sapientissimus dei propheta, qui a vetustis polyhistor, id est multiscius est dictus, expositus homiliis LXVI, quibus non tam sensus prophetae redditur, quam usus et fructus prophetiae ostenditur, adeoque omnibus in ecclesia docentibus commonstratur, quomodo per-

on Tuesdays, beginning May 18, 1563.[5] Bullinger hoped that the publication of these sermons would prove useful for the church in general, and for its ministers in particular.[6] This hope was severely tested in 1564 when the plague not only compelled him to lay down all of his activities, but even made him fear for his life. After his unexpected recovery, Bullinger was struck by a passage in Jerome, in which the church father reveals that he devoted himself to writing a commentary on the prophets after recovering from a serious illness. Bullinger followed Jerome's example and resumed his sermons on Isaiah and Daniel in January 1565.[7] In June of the same year, he completed his work on Daniel. In addition, the Zurich preacher reworked a twenty-year-old manuscript treatise on world and church history, his «Epitomen temporum et rerum ab orbe condito».[8] In August 1565, the two works were published in one volume by the Zurich publisher Christoph Froschauer Jr.

Several authors have discussed parts of Bullinger's «Daniel sapientissimus dei propheta» in detail.[9] In this article I will try to sketch the outlines of his concept of the church as the eschatological community of believers as it appears throughout the entire work.[10] After examining the historical situation of the church in Bullinger's own time (1), in its eschatological dimension (2),

spicue, iusto ordine et cum utilitate populo Dei, hic propheta praedicari possit (cf. HBBibl 1, no 428). For this paper, the 1576 edition has been used (cf. HBBibl 1, no 429).

5 Heinrich Bullingers Diarium (Annales vitae) der Jahre 1504–1574, ed. Emil Egli, Basel 1904 (Quellen zur Schweizerischen Reformationsgeschichte 2) (repr. Zürich 1985), 72.

6 Daniel sapientissimus dei propheta, aa1r [title]: «expositus homiliis LXVI, quibus [...] omnibus in ecclesia docentibus commonstratur, quomodo perspicue, iusto ordine et cum utilitate populo Dei, hic propheta praedicari possit.»

7 Daniel sapientissimus dei propheta, aa2v.; Diarium, 79–80. Starting in 1562, Bullinger preached a series on Isaiah on Sundays, cf. Daniel sapientissimus dei propheta, aa2r; Diarium, 71.

8 Cf. HBBibl 1, no 430.

9 Irena *Backus*, The Beast: Interpretations of Daniel 7.2–9 and Apocalypse 13.1–4, 11–12 in Lutheran, Zwinglian and Calvinist Circles in the Late Sixteenth Century, in: Reformation and Renaissance Review [2] (2000), 59–77; Emidio *Campi*, Über das Ende des Weltzeitalters: Aspekte der Rezeption des Danielbuches bei Heinrich Bullinger, in: Europa, Tausendjähriges Reich und Neue Welt: Zwei Jahrtausende Geschichte und Utopie in der Rezeption des Danielbuches, ed. Mariano Delgado et al., Freiburg/Stuttgart 2003 (Studien zur christlichen Religions- und Kulturgeschichte 1), 225–238; Aurelio A. *García Archilla*, The theology of history and apologetic historiography in Heinrich Bullinger: Truth in history, San Francisco 1992, 117–165; Anja-Silvia *Göing*, Schulausbildung im Kontext der Bibel: Heinrich Bullingers Auslegungen des Propheten Daniel (1565), in: Emidio *Campi*, Peter *Opitz* (eds), Heinrich Bullinger: Life – Thought – Influence 1, eds. Emidio Campi and Peter Opitz, Zürich 2007 (Zürcher Beiträge zur Reformationsgeschichte 24), 437–458; Thomas *Krüger*, Heinrich Bullinger als Ausleger des Alten Testaments am Beispiel seiner Predigten über Daniel 1 und 2, in: Zwingliana 31 (2004), 91–104; Christian *Moser*, «Papam esse Antichristum»: Grundzüge von Heinrich Bullingers Antichristkonzeption, in: Zwingliana 30 (2003), 65–101.

10 Cf. Peter *Opitz*, Heinrich Bullinger als Theologe: Eine Studie zu den «Dekaden», Zürich 2004, 432–436; Herman J. *Selderhuis*, Kirche am Kreuz: Die Ekklesiologie Heinrich Bullingers, in: *Campi/Opitz*, Heinrich Bullinger, 515–536.

I will consider his view on the nature of the church (3). This will lead into a discussion of the central message of consolation and admonition for the faithful (4) as well as of the function of prophetic revelation (5), followed by a short evaluation (6).

2. *The historical situation of the church*

For a correct understanding of an apocalyptic text, it is necessary to identify the historical situation of the community in which it was first created and transmitted (*Sitz im Leben*). Or at least, how the author evaluated the situation of his community. The same procedure applies to later interpretations and actualisations of this kind of literature. Thus, before turning to the central message of the book of Daniel, we must first attempt to gain an impression of the situation of the audience for which Bullinger held his sermons, or of the readership of the printed homilies.[11]

In their original setting, the prophecies of Daniel aimed to encourage the Jewish people, either in advance as a preparation for future distress, or in the face of present persecution and oppression. Bullinger decidedly rules out the possibility that the visions concerning Antiochus were a *vaticinium ex eventu*, which would have been a return to the old error of Porphyry.[12] Although he is determined to locate the origin of the book of Daniel in the context of the Jewish community in exile, his concept of Biblical theology in which the unity of God's covenant with his people under both the Old and New Testament is emphasized, allows him to relate prophecies and visions to the situation of the Christian church in general and to that of his own day in particular. Bullinger argues that the Church was just as much in danger as the Jewish people were during the period of captivity in Babylon, or during the period of the reign of Antiochus Epiphanes. This raises the question as to how he evaluated the situation of the community of Zurich, or the Protestant movement in general around 1565. Did Bullinger have any particular problems in mind while preparing his sermons on the book of Daniel?

Bullinger dedicated his «Conciones» to five English bishops who had stayed in Zurich for some time during the reign of Mary Tudor: Robert Horne (1513–1579, bishop of Winchester), John Jewel (1522–1571, bishop of Salisbury), Edwin Sandys (1519?–1588, bishop of Worcester), John Parkhurst (1511?–1575, bishop of Norwich), James Pilkington (1520–1576, bishop of Durham).[13] In the prefatory epistle, however, there is no reference to the past

[11] In the prefatory epistle Bullinger states that a preacher should accommodate his message to the situation of his audience (Daniel sapientissimus dei propheta, aa4r).

[12] Daniel sapientissimus dei propheta, 1v; cf. 129v.

[13] Daniel sapientissimus dei propheta, aa2r. In his prefatory epistle, Bullinger recalls the «collo-

persecution of English Protestants. Rather, Bullinger congratulates the former Marian exiles with their present fortune under queen Elisabeth.[14]

Around 1565 the situation in France was much more precarious than it was in England. Since the Edict of Tolerance (1562) had been enacted, the French Protestants were engaged in a civil war with their Catholic opponents. It is likely that Bullinger was very well informed about the situation in France, because France was both a traditional ally of the Swiss confederation against aggression by the Habsburgs and a possible stronghold for Protestantism in continental Europe.[15] In sermon 27 he refers to the war in France: «It is now already the third year that we see the sky is burning. We see that France is engaged in an internal conflict with much bloodshed and burnings, mainly for religious reasons».[16] On one occasion Bullinger explicitly refers to the problems of the *Hugonothi* who were being accused of both despising any form of traditional authority and of rejecting the legitimacy of the papacy.[17] Although Bullinger seems to be well aware of the situation in France, he does not often refer to the situation of the French Protestants.

More frequently does Bullinger refer to the problematic state of Christianity in general, without reference to a particular situation or place. Oppression and persecution appear to be the general state in which the church finds herself. The visions in the second part of the book of Daniel «describe the situation *(status)* of the church, or the people of God, and what the saints should always expect to occur – wars and persecutions – and how they are to conduct themselves in this situation.»[18] Oppression and persecution are constant factors throughout the history of the church.[19]

quiorum dulcium quae inter nos mutuo conserebamus, dum ante annos aliquot Anglia exules religionis ergo, in Helvetia Tiguri apud nos plus minus triennio viveretis» (aa5a). Towards the end of the epistle, he sends his regards to another thirteen former exiles with whom he was acquainted (aa5v). For background information on these «Marian exiles», cf. Carrie *Euler*, Couriers of the Gospel: England and Zurich, 1531–1558, Zürich 2006 (Zürcher Beiträge zur Reformationsgeschichte 25), esp. 102–103. It is sometimes assumed that the future bishop of Ely, Richard Cox, visited Zurich as well. However, in the light of Euler's remark that there is «no solid evidence» that Cox was ever in Zurich, it is quite remarkable that Bullinger does not mention his name in either the dedication or the prefatory epistle (cf. *Euler*, Couriers, 103, note 216).

14 Daniel sapientissimus dei propheta, aa5a: «Gratulabamur quidem vobis, ut par erat, de felici vestro in patriam reditu, et in primis de felicissimis regni auspiciis Serenissimae reginae Elisabethae.»

15 In a 1569 «Fürtrag» – an address from the city's preachers to the Zurich city council – Bullinger shows himself to be well aware of the situation in France and pleads for financial support for French refugees in Geneva, cf. Schriften zum Tage, ed. Hans Ulrich Bächtold et al., Zug 2006 (Studien und Texten zur Bullingerzeit 3), 283–86.

16 Daniel sapientissimus dei propheta, 56r.

17 Daniel sapientissimus dei propheta, 67v.

18 Daniel sapientissimus dei propheta, 73r–v: «Adeoque describitur status ecclesiae vel populi Dei a Daniele, quid expectant perpetuo sancti, bella et persequutiones, denique quomodo se

Therefore, Bullinger regularly refers to the vicissitude of the fate of the church.[20] In Israel a pious king was often succeeded by an ungodly ruler. Nebuchadnezzar first acknowledged the true God, but afterwards persecuted his servants.[21] After a period of blessing and growth, a period of persecution or temptation follows. Bullinger draws a parallel between the persecution of the church under the Roman empire and the situation of Christianity in his own time. From Nero to Constantine the Great there were 256 years of cruel persecution and unrest turmoil for the church. Afterwards the church flourished under Christian rulers. For Bullinger, this historical fact contains a message of consolation for the faithful. History shows that worldly enemies will perish, but the hope of the saints will not be destroyed.[22] At the same time, believers should not be amazed if the enemies of the gospel rise up again, and if the church and the preaching of the gospel appear to be eradicated, even if at this moment the gospel appears to triumph.[23]

Theologically, the vicissitude of the church is rooted in God's providence. God wants to test and purify his church, to strengthen true believers and to punish the hypocrites and the wicked.[24] We are in God's hand and his providence will guide and save us. But he can also cast us away into the hands of our executioners.[25] Nothing in this world happens by chance, but God governs everything in a most wise and righteous manner.[26] For Bullinger the

in his gerant, sperent utique in Deum, perseverent in vera religione, invocent Deum, cui omnes res suas credant, a quo vicissim nunquam sint deserendi.»

19 Cf. Bullinger's «De calamitatibus miseriisque variis patienter perferendis. Item de spe et multiiuga fidelium consolatione», in: Heinrich *Bullinger*, Sermonum Decades quinque de potissimis Christianae religionis capitibus (1552), ed. Peter Opitz, Zürich 2008 (Heinrich Bullinger Werke III/3.1–2), 286–312. This relatively long sermon is incorporated in a discussion of the Ten Commandments, indirectly following the explanation of the eighth commandment («You shall not steal»). For Bullinger, necessity and hardship are the natural condition of man.

20 E.g. Daniel sapientissimus dei propheta, 112r–v: «admiranda ecclesiae Dei vicissitudo.»

21 Daniel sapientissimus dei propheta, 25r.

22 Daniel sapientissimus dei propheta, 78r: «Proinde dum hodie quoque cernimus confligere inter se mundum, et affligi fideles, illud maxime consoletur nos, quod mundus perit, spes autem sanctorum non interit.»

23 Daniel sapientissimus dei propheta, 25r: «Quid ergo mirum tibi videatur, si hodie quoque nunc videatur evangelium triumphaturum et triumphare [...], mox tamen reviviscentibus iterum evangelii hostibus, videantur hi omnes ecclesias cum ipsa praedicatione evangelii radicitus evulsuri? [...] Ergo qualis qualis sit sors et species ecclesiae, semper respicientes ad verbum Dei, per patientiam et fidem perseverant in vera religione.»

24 Daniel sapientissimus dei propheta, 129r. Cf. 65v, where he mentions the «Nicodemitae, Georgiani ac Davidiani [followers of the Dutch spiritualist leader David Joris] cum Libertinis».

25 Daniel sapientissimus dei propheta, 2v.

26 Daniel sapientissimus dei propheta, 99v.

doctrine of God's providence is part of the central meaning of the book of Daniel: the consolation of believers.[27]

Although persecution and oppression are the result of God's providential guidance, it is clear for Bullinger that the errors of the Roman papacy are the cause of all misery. The head of the Roman Catholic church has in fact become the enemy of the true church. It appears that the cruelty exercised by the papacy is just another manifestation of the perpetual oppression of the saints. Commenting on Daniel 3 (*De vera et falsa religione*) and the attempt on the lives of Daniel's friends after their refusal to commit idolatry, Bullinger raises the following question: «Do we hear anything else today? Horrible, cruel and vaporous decrees are enacted for the sake of the papists, in order to burn and torture without clemency all who dare to stand up against the church of Rome.»[28] In sermon 14 Bullinger sees a close parallel between the sceptical attitude of rulers like Nebuchadnezzar and Sennacherib towards Jewish religion, and the Roman Catholic persecution of heretics like John Wycliffe. The papists confront their evangelical prisoners, who are condemned to death either by imperial or ecclesiastical law, with the necessity of obedience to the church: «What hope is left for you, since there is no salvation outside the church? But you have apostasized from the church and are like branches that have been cut off from the vine.»[29] Speaking in the past tense, Bullinger reminds his audience in sermon 59 of the cruelties of their enemy: history tells of, and our own sad and wavering experience testifies to, the miserable and cruel fate of many teachers of the church and their disciples in Italy, Germany, France, Spain and England. «There is no kingdom in the Christian world in which the persecution by the Antichrist has not raged, and has still not stopped after so much innocent blood has been shed.»[30] For Bullinger these past and present outbursts of antichristian aggression resemble many signs of the eschaton.

[27] E.g. Daniel sapientissimus dei propheta, 10r: «Pertinet autem haec doctrina de Deo gubernante omnia et Christo eiusque regno aeterno vitaque et salute fidelium: principio quidem ad confirmationem promissionis divinae, qua orbi Christus est promissus servator, denique ad consolationem afflictissimi populi Iudaici iam in Babylone captivi.»

[28] Daniel sapientissimus dei propheta, 26r-v: «An vero alia hodie audiuntur? Eduntur edicta horrida truculenta et fumantia pro papismo, comburendum nempe et trucidandum esse absque misericordia omnem, qui se Romanae rebellem obiecerit ecclesiae.»

[29] Daniel sapientissimus dei propheta, 28r: «Quid spei vobis est reliquum, cum extra Ecclesiam non sit salus, vos autem defeceritis ab Ecclesia, et sitis veluti palmites a vite resecti?»

[30] Daniel sapientissimus dei propheta, 128v: «Sanguine martyrum inundavit Italia. Carceres diu per Germaniam fidelium suspiriis et gemitibus eiulatibusque intonuerunt. Quot vero pali erecti, quot rogi extructi, horrendique passim ignes incensi sunt in Gallia, Hispania, Anglia? Nulla est regio in orbe Christiano, in qua non saevierit Antichristiana persequutio, et ne nunc quidem post tantum cruorem innoxium fusum saevire desinit.»

3. The eschatological dimension of the church

Bullinger's concentration on God's providence and the vicissitude of the church's fate throughout all ages leaves hardly any room for a pronounced or even apocalyptic concept of eschatology. As Emidio Campi has rightly observed: «Wie fast nicht anders zu erwarten, fehlt bei Bullinger jeder fakultative und apokalyptische Zug. Der Einbruch des Reiches soll nicht vergessen lassen, dass durch die Verkündigung des Wortes die gläubige Existenz schon dem Eschaton ihrer Vollendung in Gott zu entsprechen beginnt.»[31] However true this characterization of Bullinger as a prototype of an existentialist interpretation of the eschaton may be, there is yet another, more historical line in his eschatology.

For Bullinger the prophetic book of Daniel is largely an account of world history. Following Jerome[32], he addresses the ancient prophet in the first sermon – *De vita et opera Danielis* – as a «polyhistor», or universal scholar. Bullinger uses this title because the prophet «mentions many events, in such a remarkable way that he gives a coherent exposition of the χρονικά, or the main points of world history, starting from the Babylonian reign, and recounting events up to the end of the world».[33]

This explains why he publishes his chronological work, the «Epitomen temporum et rerum ab orbe condito», in one volume with the collected sermons. In addition, Bullinger adds an excursus on the chronology of the 70 year-weeks after his sermons on Daniel 9,25–26a.[34] He admits that chronological details have interested him since he was a boy.[35] The historical conceptuality of Bullinger's thought[36] gives his eschatological portrait of the church a distinct flavor.

According to Bullinger's concept of history, something went seriously

31 *Campi*, Über das Ende des Weltzeitalters, 235.

32 Cf. Sancti Eusebii Hieronymi Epistulae, ed. Isidorus Hilberg, 2nd. rev. ed., Vienna 1996 (Corpus scriptorum ecclesiasticorum Latinorum 54), 461: «temporum conscius et totius mundi φιλοΐστωρ»

33 Daniel sapientissimus dei propheta, 1v: «nuncupatur et recte quidem ab Hieronymo πολυΐσ[τ]ωρ , ut qui multiscius est et multa commemorat, adeoque χρονικά, vel epitome mundi mirifice contexit, incipiens a regno Babylonico et deducens res usque ad finem mundi'. Cf. *Bullinger*, Sermonum Decades quinque, 38: «Ac Daniel recte a vetustis appellatus est polyhistor. Nam quae a suo saeculo ad tempora usque Christi, imo ad extremum usque iudicii diem fiant ac facta sunt in omnibus fere regnis mundi, in populoque dei, tam significanter ille praedixit, ut videri possit historiam contexuisse rerum praeteritarum.»

34 «Exactior copiosorque supputatio LXX hebdomadum Daniels, et de Interpretationum varietate, Auctarium», in: Daniel sapientissimus dei propheta, 103v–107r.

35 Daniel sapientissimus dei propheta, 104r.

36 Cf. Edward A. *Dowey*, Heinrich Bullinger as Theologian: Thematic, Comprehensive, Schematic, in: Architect of Reformation: An Introduction to Heinrich Bullinger, 1504–1575, eds. Bruce Gordon and Emidio Campi, Grand Rapids 2004 (Text and Studies in Reformation and Post-Reformation Thought), 36.

wrong in the Christian world after pope Gregory the Great (ob. 604).[37] The most peaceful cooperation of church and state after emperor Constantine was disturbed by the papacy. Quite like many of his contemporary Protestant colleagues, Bullinger is convinced that the papacy is in fact the eschatological Antichrist.[38] Although this does not lead to any apocalyptic fever, Bullinger is convinced that his own century is under greater eschatological tension than before. «For the last 30 years and even longer, we have seen that the blood of the martyrs that was shed under the reign of the Antichrist, as if the Lord's acre has been enriched with compost».[39] In sermon 52, commenting on Daniel 10, 14 where an angelic messenger says that Daniel's vision relates to «the last days», Bullinger states: «The vision concerns the end of times. Therefore it pertains to us and our own days, and we see that the last part of this vision has been written for our sake.»[40] The outburst of opposition from the Antichrist is a clear indication for Bullinger that the end of times are near.

Leaving open the possibility that it is the Turks who are the Antichrist[41], he gives a dual identification of the final enemy in the second half of Daniel. Historically it referred to Antiochus Epiphanes, but in Bullinger's own time it is the papacy. This dual identification leads to a historical parallelization of Antiochus and the pope, rather than an apocalyptical apotheosis. Just like Antiochus once occupied the promised land, the Antichrist lays his hands on all that is good and righteous:

> «He has ruined the truth in this country as well, founded very infectious schools, condemned the study of sacred literature and the interpretation of the Holy Scriptures, burned pious books, ruined brilliant teachers of the church and men who were well known for their perseverance in faith, and did not stop persecuting the people who confessed the doctrine of the gospel.»[42]

37 Cf. Daniel sapientissimus dei propheta, 78v; De origine erroris (1539, cf. HBBibl 1, no 12), 76v–77r.

38 For Bullinger's view on the Antichrist in general, cf. *Moser*, «Papam esse Antichristum».

39 Daniel sapientissimus dei propheta, 59r: «Postremo vidimus nos iam ab annis 30. et amplius sanguine martyrum, qui sub Antichristo est effusus, ceu laetamine impinguatum esse agrum dominicum.»

40 Daniel sapientissimus dei propheta, 115r: «Pertinget enim ad finem usque saeculi. Unde et ad nos et nostra tempora pertinebit, videmusque et postremam huius visionis partem propter nos esse scriptam.»

41 Cf. *Bullinger*, Comm. 2 Thes 2, 3–5: In omnes apostolicas epistolas commentarii (ed. 1582, cf. HBBibl 1, no 89), 404–411; Comm. 1 John 2, 18b: In omnes apostolicas epistolas commentarii, 627. According to *Moser*, «Papam esse Antichristum», 74, Bullinger's twofold exegesis of the Antichrist as both Islam and the papacy was inspired by Oecolampadius.

42 Daniel sapientissimus dei propheta, 93r: «Caeterum veritatem adfligit et hic in terram, scholas instituit corruptissimas, linguas sacras et interpretationes sacrorum librorum doctrinamque synceram damnat, libros pios comburit, stellas denique, illustres in ecclesia doctores et viros claros in fide conculcatos perdit, et populum confitentem doctrinam evangelicam persequi non desinit».

This parallelism is most fully developed in the discussion of Daniel 11. The «contemptible person» (verse 21) is either Antiochus or the papacy. However, in line with Jerome[43], Bullinger reads the end of Daniel 11 (from verse 36 onwards) as an exclusive reference to the eschatological Antichrist. A discussion of twelve *notae antichristi* serves to support his conclusion that the prophecy of Daniel is being fulfilled in the Roman papacy. The bishop of Rome has removed the doctrine of the sufficiency of Christ's sacrifice by a doctrine of a real and expiatory sacrifice in the mass. The inquisition burns books, and tortures those who are found to be in possession of a New Testament.[44]

Although this identification of the papacy with the Antichrist could easily lead to the expectation of the imminent consummation of the world in an apocalyptic judgment, Bullinger's historical approach rather seems to suggest that the fulfillment of Daniel's prophecies is taking place in a process lasting centuries. At the same time, he is convinced that the development of the papacy as the Antichrist marks a definitive point in history.[45] This makes his eschatology both highly imminent as well as rather timeless. Even the highly actual reference to the eschatological Antichrist is embedded in a general characterization of the state of Christianity over the last centuries up until Bullinger's own days. Yet history has a final destination: the moment that God will sit in judgment over the world. When God has completed the number of the elect, he will bring the persecution of the church to an end. Believers should resist curious questions and wait patiently for the completion of history.[46]

4. The nature of the church

Bullinger's most explicit description of the nature of the church can be found in his sermons on Daniel 2 – Nebuchadnezzar's dream. The key for his interpretation of this chapter is his fundamental distinction between earthly kings and rulers, and the reign of Christ. Although all kingdoms are ordered and

[43] Cf. *Jerome*, Comm. Dn 11,36–39: Commentariorum in Danielem libri III ‹IV›, ed. Franciscus Glorie, Turnhout 1964 (Corpus Christianum Series Latina 75a), 925–928.

[44] Daniel sapientissimus dei propheta, 127v.

[45] Daniel sapientissimus dei propheta, 129v: «Ita minime agnoscitur hodie antichristus, tametsi constet prophetias de illo omnes esse adimpletas, et adimpleri quotidie, constet denique si alius venturus sit antichristus, hoc tamen praesente turpiorem esse non posse.»

[46] Daniel sapientissimus dei propheta, 137r–v: «Videtur autem haec admonitio omnes fideles hortari ad patientiam, ut relictis quaestionibus curiosis omnibus in fide et patientia perseverantes, cogitent non de tempore et articulis temporum, sed de cruce fortiter ferenda, et mundo atque antichristo vincendo tantisper dum liberator et redemptor e coelis veniat»; cf. 58r; 133v.

governed by God, only the kingdom of Christ is eternal.[47] Sermon 11 is a discussion of the «rock cut out of a mountain, but not by human hands» (Daniel 2,45). For Bullinger it is clear that this rock must be a reference to Christ, in line with the interpretation of the stone in Isaiah 28,16 in the New Testament (e.g. Matthew 16,18 and 1 Peter 2,6). That the rock was cut out of a mountain refers to both the two natures of Christ – the mountain symbolizing both heaven and the people of God – and to the reign of Christ. This mountain «became huge and filled the whole earth» (verse 35), since Christ has established a large kingdom throughout the entire world. Referring to Zion as the place where, according to Isaiah 2,2–3, all nations will gather, he identifies the kingdom of Christ with the church which is «being expanded throughout the entire world, so that she is not fixed or confined to any particular place».[48] After identifying the reign of Christ with the church he makes an important distinction:

> «Although it is one and the same, yet the kingdom of Christ is called the kingdom of grace on earth, and the kingdom of glory in heaven. The kingdom of Christ is present in this age, as that church of Christ that relies on God's grace and is being preserved through the practice of humility and piety, for as long as she lives in this age. Christ reigns in them [sc. true believers] by his Spirit and Word.»[49]

The kingdom of glory is, of course, the eternal heavenly bliss of the faithful. Both kingdoms, on earth and in heaven, are established by God for the elect believers and cannot be destroyed by human power. Even the church militant, afflicted as she may be, can never be ruined. The Lord will preserve a pure church for himself amidst the furies and blasphemies of this world, just like it was in the days of Elijah (cf. 1 Kings 19).[50]

The church as we see her is a church at war, but for Bullinger this militant character of the church is not accidental. Since God governs the earth and guides the faithful, hardships and internal strife are part and parcel of his providential preparation of the church for the final battle. «The end of all things will not come, before the army – that is, the church of the faithful – is prepared for battle against Satan, the world and the Antichrist, and is first rightly and harshly broken, harassed and humbled.»[51] The history of the re-

[47] Daniel sapientissimus dei propheta, 10r; 17r–v.

[48] Daniel sapientissimus dei propheta, 21r: «Caeterum ecclesia regnum est Christi: ecclesia illa per universum terrarum orbem expanditur, nec ulli est affixa aut conclusa loco.»

[49] Daniel sapientissimus dei propheta, 21r: «Recte enim dicitur Regnum Christi, etsi unum et idem sit, dici tamen et Gratiae in terris et Gloriae in coelo. Gratiae est in praesenti saeculo, ipsa Christi ecclesia, gratia Dei subnixa et conservata, donec vivit in hoc seculo, in humilitate et pietatis exercitio. Regnat in his Christus per spiritum et verbum.»

[50] Daniel sapientissimus dei propheta, 21r.

[51] Daniel sapientissimus dei propheta, 137r: «Non venturum finem rerum omnium, nisi exercitus, id est ecclesia fidelium, instructa ad pugnam contra sathanam mundum atque antichris-

building of the temple in the days of Nehemiah offers Bullinger a good example of the continuous struggle of the church. He calls it «an example *(typus)* of the church of Christ, that cannot be built up in this age without a thousand hazards and incessant harshness and labor.» Therefore, «if the storm of suffering arises, we should consider that this is the normal situation for God and the church, and persist in the unity and the truth of the church and never fall back from the Christian truth into the impious world because of these tribulations.»[52] Although the world sometimes rightfully seems to claim the victory, «the world always perishes, the church will last forever».[53]

Within Bullinger's image of the people of God there is no room for contemporary Judaism.[54] Quite remarkably in the light of his well-known concept of covenantal unity[55], in sermon 50 he expresses the view that God has abolished the old covenant and established a new one, confirmed by the blood of his Son. The Jews should not hope for a religious or political restoration, because their desolation is eternal. His discussion of Judaism urges him to warn his audience not to follow the example of the Jews.[56]

5. The central message of consolation and admonition

In the first sermon, Bullinger rejects the opinion of those who argue that there is no room for preaching the prophetic books of the Old Testament in the church of Christ. In contrast, the Zurich church leader finds it very useful to explain the prophecies of Daniel for the Christian community. In the first place, because it illuminates the reign of Christ, and shows that the kingdoms of the world are vain and vulnerable. In the second place, the book of

tum, probe et saevissimis prius modis fuerit afflicta lacerata et contrita, adeoque nisi ecclesia prius fuerit in plurimas dissecta factiones, haereticorum utique, Iudaeorum, Gentium, Mahumetanorum, et Romanistarum.»

52 Daniel sapientissimus dei propheta, 102r–v: «Praetulerunt haec typum ecclesiae Christi, quae non nisi per mille discrimina, et per labores durissimos perpetuosque in hoc saeculo extruitur. [...] Utile est autem horum meminisse frequenter, ut dum tempestas afflictionum oboritur in ecclesia, cogitemus hunc esse Dei et ecclesiae morem, ideoque in omnibus calamitatibus perseveremus in unitate et veritate ecclesiae, et nuspiam propter tribulationes deficiamus a veritate Christiana ad impium mundum.»

53 Daniel sapientissimus dei propheta, 75r: «adeoque semper perit mundus, permanet ecclesia».

54 Cf. Achim *Detmers*, «Sie nennen unseren Retter Christus einen Hurensohn und die göttliche Jungfrau eine Dirne»: Heinrich Bullingers Gutachten zur Duldung von Juden 1572, in: Die Zürcher Reformation: Ausstrahlungen und Rückwirkungen, eds. Alfred Schindler and Hans Stickelberger, Bern 2001 (Zürcher Beiträge zur Reformationsgeschichte 18), 229–259.

55 E.g. De testamento seu foedere Dei unico et aeterno (cf. HBBibl 1, no 54), 28r–34v.

56 Daniel sapientissimus dei propheta, 108r–111r.

Daniel should be explained for the ‹people of God›, because true believers «will be comforted in their miseries and misfortunes, and the depressed souls of the pious will be encouraged» by it.[57] Although this is not a formal description of the *argumentum* of the book of Daniel, the other 65 sermons confirm that for Bullinger, the consolation and admonition of the church is the main *scopus* of these Old Testament prophecies.

In a direct address to his audience, Bullinger remarks that the Holy Spirit does not merely inform the church about events in the time of Antiochus the Great. We could learn this from Livy or any other historian as well. The Spirit's true purpose is that God's afflicted people will be instructed amidst all turmoil and will receive consolation from the fact that God clearly guides all things and shows special care for his church. Bullinger concludes: «We should observe this as the sole scope of this prophecy or vision, like I have often summoned you to do.»[58] The fact that God guides history should comfort the church when she is suffering from oppression or persecution. If God wants to build and comfort his oppressed church, he will not be destitute of the wisdom and power to do so.[59] Bullinger finds a message of consolation in almost every element of the visions of Daniel. The deepest consolation is Christ himself, «who has always been a refuge, and still is a refuge for all who are afflicted. In him one finds the greatest comfort. Without him nothing is safe, and there is no true consolation».[60]

When the church is flourishing and does not have to fear opposition from the Antichrist, the visions of Daniel are an admonition to be prepared and not to marvel when persecution does arise. For example, in Daniel 7,8 we find a description of a terrifying, frightening and very powerful animal, with a small horn on its head that speaks boastfully – according to Bullinger a clear reference to the Antichrist that is the papacy. He remarks:

> «The prophets tells us all these things – which we must constantly repeat like the single scope of everything [in these prophecies] – so that we may be forewarned by God and are not captured by astonishment because of the power and fortune of this kingdom. We should not lose our faith in Christ and his holy gospel, discour-

[57] Daniel sapientissimus dei propheta, 1v: «Atqui Daniel Christi regnum praedicat et ornat, regna vero mundi vana atque caduca esse ostendit. Rursus praedicanda sunt populo Dei, quae fidem veram fovent, consolantur in casibus tristibus, et erigunt animos piorum depressos.»

[58] Daniel sapientissimus dei propheta, 121r: «Unde vult colligi Deum etiam sua auxilia in perturbatissimis illis temporibus non negaturum afflictis. Sed de hoc huius vaticinii aut visionis scopo unice observando, iam saepe admonuimus.»

[59] Daniel sapientissimus dei propheta, 23r.

[60] Daniel sapientissimus dei propheta, 99v: «Et Christus a seculo fuit asylum, sicut et hodie est asylum omnium afflictorum. In eo invenitur plenissima consolatio. Extra hunc nihil est tutum, nulla consolatio firma.»

> aged by persecutions, miseries and the incessant cross, but rather we should call upon God, the ruler of all kingdoms, and invincibly persist in the confession of the truth of the gospel, bravely resist the Antichrist and his reign, and expect the day of redemption and the restoration of all things.»[61]

This implicit formulation of the *scopus* of Daniel's prophecies in sermon 37 betrays one of Bullinger's main concerns: the consolidation of Protestantism, perhaps in the face of resurgent Catholicism in the aftermath of the first session of the Council of Trent. He is writing for an audience that has accepted the message of Protestantism, but may be in danger of losing faith *(deficiamus)*. Therefore, the book of Daniel is not only a consolation for believers under persecution, but also an admonition to persist and resist *(perstemus, pugnemus)*.[62] They should prepare themselves for the imminent temptations, hardships and persecutions.[63]

6. *The function of prophetic revelation*

In his study of the «Decades», Peter Opitz has argued that Bullinger's ecclesiology was built around the central principle of *solus Christus audiendus*, «so dass die Kirche dem von sich aus redenden Christus gegenübersteht als ihm gegenüber verantwortliche Hörgemeinschaft.»[64] In the eschatological situation of persecution and temptation, the church needs the consolation and exhortation of God's word. This leads to the fifth aspect of Bullinger's image of the church in the sermons on Daniel: the function of prophetic revelation.

In the title of the sermons Daniel is introduced as a most wise prophet *(Daniel sapientissimus dei propheta)*, as if Bullinger follows the opinion of modern scholarship that the first chapters of Daniel contain elements from the tradition of wisdom literature. In his first homily on Daniel 2 he develops

[61] Daniel sapientissimus dei propheta, 78v: «Et haec quidem omnia recitantur nobis a propheta (qui sane velut unicus scopus omnium subinde est repetendus) ut praemoniti a Deo, non capiamur admiratione potentiae felicitatisque huius regni, fractique persequutionibus miseriis et cruce assidua, deficiamus a Christo, et sancto eius evangelio, sed invocantes Deum omnium regnorum gubernatorem, invicti perstemus in confessione veritatis evangelicae, fortiterque pugnemus contra Antichristum et regnum eius, expectantes diem illam redemptionis et restitutionis omnium.»

[62] Cf. Daniel sapientissimus dei propheta, 30v: «constanter perstare in confessione syncerae veritatis»; 49v: «constanter perseverare in vera religione».

[63] Daniel sapientissimus dei propheta, 138r: «ut omnes pii, qui inciderint in illa tempora, animos suos praeparent ad futuros tentationes, offensiones et persequutiones vel vitandas vel superandas»; cf. 49r; 61r.

[64] *Opitz*, Bullinger als Theologe, 425.

the antithesis of true and false wisdom as a major hermeneutical principle. The false wisdom of the Babylonian *magi* is paralleled by the human philosophy of the doctors and masters of the papacy. They lack true wisdom because they do not partake in divine illumination. In the second sermon on Daniel 2 that true wisdom comes from God and is not the result of human efforts but can be received through prayer. Although Bullinger does not deny the relevance of dreams and the revelation of hidden secrets, it is most important that believers should ask for «faith and true knowledge of God and his Christ». From the other sermons on Daniel 2 we learn that God has revealed the mystery of salvation in the gospel for the sake of the church.[65] The church lives by the word of God, as it is mediated by the prophet. In Bullinger's days, the authority of the prophet has been taken over by the Scriptures.[66] Therefore, in an implicit refutation of Tridentine theology, Bullinger clearly denies that the authority of Scripture is dubious without approbation by the church.[67]

The content of this divine wisdom can be summarized with the dual terminology of prophetic promise and historical fulfilment. The visions in chapters 10–12 are in their entirety «a prophetic forecast and a summary of historical events» from which believers can learn in retrospect the trustworthiness of the Scriptures.[68] Bullinger never gets tired of pointing to the certainty and reliability of God's promises.[69] Anticipating a doctrine of verbal inspiration, Bullinger states that the prophets could never predict future events with such great evidence, if the Holy Spirit had not driven both their minds and their pens.[70] The certainty of the divine promises appears clearly from their fulfilment in the course of history, for which he finds ample evidence in the work of secular historians.[71] As a historian Bullinger is eager to point to the fulfilment of Daniel's prophecies in the era of Antiochus, Jesus, or in his own days.

Yet it is not only the historian's duty to testify to God's work in history. Nebuchadnezzar's acknowledgement of Daniel's divine inspiration brings

65 Daniel sapientissimus dei propheta, 17r: «Ergo propter Ecclesiam revelatur veritas, et quidem a solo Deo, non ab ulla carne».

66 Daniel sapientissimus dei propheta, 74r.

67 Daniel sapientissimus dei propheta, 136r: «Videant ergo quid cornicentur, qui disputant scripturas citra ecclesiae approbationem esse dubias aut authoritatis dubiae.»

68 Daniel sapientissimus dei propheta, 111v: «Est haec prognosticon propheticum et compendium historicum earum rerum, quas operae precium erat scire ecclesiam.»

69 E.g. Daniel sapientissimus dei propheta, 19v; 87v; 92r; 94r; 122v; 136r.

70 Daniel sapientissimus dei propheta, 19v: «Nisi enim spiritus Dei impulisset et animum et stilum prophetarum, nunquam potuissent tanta evidentia, praedicare futura.»

71 Daniel sapientissimus dei propheta, 87v, referring to the histories of Orosius: «Quae quidem modis omnibus congruens cum vaticinio simplex et syncera expositio, confirmat nobis oraculorum vel verbi Dei veritatem atque certitudinem»; cf. 117v.

Bullinger to the remark that many kings, like David, Salomon and several Christian emperors, were «preachers of God's works and God's word». He even calls Nebuchadnezzar a *doctor ecclesiae*. If these kings were in fact preachers, why would the church's prelates feel ashamed to do what they did – to preach?[72] Although Bullinger might have hoped to inspire the government of Zurich with these biblical and historical examples, there is no doubt that his main interest is to promote the preaching office of the Reformed ministers.

The appearance of angels in the book of Daniel occasions Bullinger to discuss the ministry of angels or men in the process of salvation and revelation. God uses the ministry of creatures more often than not.[73] Although angels, judges, apostles and teachers of the church are sometimes called ‹saviours›, it is in fact God who saves trough the ministry of his servants.[74] For Bullinger the importance of the ministry of men – rather than angels – is clear. His own century faced the cruel and horrible rage of the Antichrist, but God sent many faithful and excellent teachers (*doctores*) to his church. «I will not give a list of their names, it is obvious for anyone who reads the histories of the past seventy or eighty years».[75]

Bullinger clearly holds the preaching office, or at least certain contemporary preachers, in high esteem. Preachers of the word imitate the angels in their own, limited measure.[76] The ministry of God's word is an essential function for Christianity. Commenting on Daniel's interpretation of Nebuchadnezzar's dream, he remarks that God did not only give the Scripture to the world, but also «at all times suitable interpreters, who could adapt the Scripture for the salvation of their audience, with consideration of person, place, time and content.»[77] Just like Daniel himself, who needed an angel to interpret the vision of the four great beasts (cf. Daniel 7,16), the church in Bullinger's age needs interpreters to understand the meaning of the «divine oracles». In fact, she needs a twofold interpretation through the inner illumination of God's Spirit and the outer explanation of the Word by faithful teachers. «Let us therefore be aware lest we by our corrupted disposition

[72] Daniel sapientissimus dei propheta, 38r.

[73] Daniel sapientissimus dei propheta, 34r; 39v; 98r.

[74] Daniel sapientissimus dei propheta, 33v–34r.

[75] Daniel sapientissimus dei propheta, 128v: «Porro universo illo tempore quo saeviit truculenter et horribiliter in ecclesia Antichristus, non desiit bonitas Dei excitare ac mittere ecclesiae suae fideles atque praeclaros doctores. Horum catalogum hic non contexam, obuius est legentibus historias, iam inde a septingentis et octingentis annis.»

[76] Daniel sapientissimus dei propheta, 113r.

[77] Daniel sapientissimus dei propheta, 41r: «Ita vero universo terrarum orbi Deus benignus pater scripturam dedit sanctam. Ei etiam adiungit omnibus aetatibus idoneos interpretes, qui pro ratione personarum, locorum, temporum, et rerum illam applicent ad salutem auditorum.»

may block the road for sound doctors and faithful interpreters who have been sent to us by God»[78].

Finally, the church in the eschaton needs the study of the sacred Scriptures. In sermon 65 Bullinger remarks that the study of holy writ contains the promise of an abundant knowledge of things concerning the end times.[79] At this point the visionary and apocalyptic revelation in the book of Daniel is subjected to a remarkable metamorphosis. For Bullinger the proper heir of the prophetic figure of Daniel is the student of the sacred languages, Hebrew, Greek and Latin, and theology. As Anja-Silvia Göing has shown in her analysis of the sermons on Daniel 1, the didactic-pedagogical interpretation of prophetic wisdom is a distinct feature of Bullinger's exegesis.[80] He relates the interpretation of apocalyptic visions by Daniel, the *sapientissimus Dei propheta*, to the needs and demands of the Reformed church in his own time. This is where eschatology meets ecclesiology.

6. *Evaluation*

Bullinger's ecclesiology is fraught with eschatological tension. The church is part of the heavenly reign of Christ, and yet subjected to oppression and temptations in this age. She boldly denounces the Antichrist, the papacy, but yet feels the need to prepare herself against possible persecution and oppression. She is solely dependent on the Word of God, and yet being actively built up by the ministry of men. Yet this tension very much resembles the situation of the faith community in which the book of Daniel was first handed over and written down.

According to Bullinger, the central message of Daniel was to comfort and exhort the people of God, the church of all ages. For Bullinger the effectiveness of this message depended on the evidence for the fulfillment of God's promises in the past, which gives his interpretation a distinct historical flavor. At the same time, his sermons are firmly rooted in the contemporary setting of the sixteenth-century faith community as a community of hearers – of both his audience in Zurich and of the larger readership of the printed

[78] Daniel sapientissimus dei propheta, 84r: «Caveamus ergo ne corruptis affectionibus nostris, praecludamus viam venientibus ad nos sanis doctoribus fidelibus interpretibus, a Deo ad nos missis.»

[79] Daniel sapientissimus dei propheta, 138v: «Promittunt haec studiosis sacrarum literarum et suae salutis non negligentibus, cognitionem harum rerum, scitu videlicet necessariarum, de rebus ultimi saeculi abundantem, adeoque ostenditur pios ultimi saeculi futuros sacrarum literarum studiosissimos, diligentesque in propaganda scientia sana syncerae religionis, et quae sunt de fine saeculi».

[80] *Göing*, Schulausbildung, 457.

homilies – because he is able to translate and expand the meaning of Daniel's visions in such a way that they become highly relevant for those who are facing the fire of persecution or – as might have been the case for many among Bullinger's audience – for those who are in danger of extinguishing the fires of their enthusiasm for the gospel.

Daniel Timmerman, Theologische Universiteit Apeldoorn

Dinner with Raphael

The prolegomena of Peter Martyr Vermigli's Eucharistic Intellections

BY GARY JENKINS

«When it is said that Raphael did not eat, it must not be understood as though he did not eat at all, but that he did not eat in a human manner [...] when the angel answered that he uses spiritual meat and drink, that spiritual food was nothing else than an *open and manifest knowledge of the true God [...] The same also is our meat,* though not exactly the same. For angels see God manifestly, we through a mirror, and in a riddle [...] those who believe in Christ [...] I say that they both eat the flesh of Christ and drink his blood, to which use the symbols or signs, since they stir up the senses, are very profitable. Not that the flesh and blood of Christ are poured into the bread and wine, or are by any means included in those elements, but because those things are by the believers received with a true faith. For these are invisible nourishment, and received only in the mind.»[1]

This essay began as a footnote to a larger study, one looking at Peter Martyr Vermigli's epistemology as it relates to both his Eucharistic theology and his belief that faith is an act of the intellect, and how both are understood within the constraints of his Aristotelianism.[2] In treating this other matters invari-

[1] Peter Martyr *Vermigli*, In librum Iudicum commentarii, Zurich: Christoph Froschauer, 1561, 152v: «Quare cum in altero textu dicitur, Raphaelem non comedisse, non ita est intelligendum, quasi prorsus non comederit, sed quod human more non comederit. Illud aut imprimis animadvertendum ibi est, cum angelus respondet, se invisibili cibo ac potu vesci, eam alimoniam spiritualem nihil aliud fuisse, quam apertam et perspicuam notitiam veri dei [...] Idem etiam noster cibus est, quamvis non eiusdem modi; illi enim aperte deum vident; nos autem per speculum, et *in aenigmate*. Quibus addas etiam eos qui credunt Christo, et certo sibi persuadent, eum sua causa esse mortuum, et comedere carnem Christi, et eius bibere sanguinem, ad quem usum symbola dum sensum excitant, plurimum conferunt; non quod caro Christi et sanguis in panem et vinum infundantur, aut elementis illis aliquo modo concludantur, sed quod res illae vera fide a credentibus percipiantur. Sunt enim invisibilis alimonia, quae *mente* solum capitur.» – Martyr then adds, «ut Augustinus fideliter monuit: Quid, inquiens, paras dentem et ventrem? Crede et manducasti.» Emphasis in the translated text added, and these two terms shall be touched on again in the conclusion.

[2] Beyond an examination of how faith is an intellectual act, the intended essay examines how Martyr's epistemology could circumvent the problems comprehended in Aristotle's agent intellect, and what these problems might entail for Martyr's Eucharistic doctrine: namely that what the soul intellects is formally the same as the pragmata of intellection. If Martyr extricates himself from the formal link, how can he then avoid not merely a Nestorian sacramentology, but more especially a Docetic Eucharistic faith, the tacit and otherwise contention of his protagonists. The most pressing matters, however, entail Martyr's use of causality and its link to epistemology (and how these are affected by the scholastic reconfiguration of the intellect), how he employs Aristotle's teaching that forms exist in concrete realities, and how

ably intruded that generated this paper in regard to Martyr's use of Christology in the definition of his Eucharistic thought, viz., the dissonant use (as will be argued) of an enigmatic theologian, the fifth-century father, Blessed Theodoret of Cyrus. Not to slight any angels by looking at «the blessed», Raphael will return in the essay's conclusion; the Stagerite, however, will have to wait.

Peter Martyr Vermigli, formally and materially, at least by Roman Catholic lights, was a heretic. The reasons annexed for this judgment only indirectly touch the matter of this essay. The chief concern here, rather, is Martyr's appropriation of certain avenues of argument and his use of theological analogies and syllogisms as they appear in Theodoret of Cyr (393–457/66). The opacity of Theodoret of Cyr's thought arose from the debates that concern the Council of Chalcedon (AD 451), both the runup and the sequel, and how the council interpreted the theology of St. Cyril of Alexandria. Theodoret himself had written in the 430s and 440s against Cyril's theology, and expressly against his twelve Anathemas of Nestorius, and had been a defender of the several theologians who dueled with Cyril, including Theodore of Mopsuestia. Theodoret faced censure and deposition, but was eventually reinstated following a rather flattering letter to pope Leo I. Different historians and theologians have lined up defending or indicting Theodoret: both observant Catholics and Orthodox, as well as the odd Anglo-catholic have defended him, and those of the same confessions have slighted his orthodoxy. The most recent sortie into this field is Paul B. Clayton's «The Christology of Theodoret of Cyrus».[3] Assessing Theodoret's theology faces several obstacles. One material cause of this ambiguity, is the decree of the fifth ecumenical council, the second of Constantinople, in 553. Animated by the political hopes of the theologically astute emperor, Justinian I, the Council condemned Theodoret's expressly anti-Cyrillian writings. The council was not discriminating of Theodoret's works in what it placed in the condemned «Three Chapters»; it simply stated that those which spoke against Cyril were indicted.[4] Though Leo I the Great had rehabilitated Theodoret (condemned

both of these are handled by Martyr in his making faith an intellectual act. To answer properly the questions involved entails treating how exactly Martyr, in whatever way an Aristotelian, employed and applied the teachings of the Philosopher to his theology.

3 Paul B. *Clayton*, The Christology of Theodoret of Cyrus, Oxford 2007.

4 The three chapters were the entire corpus of Theodore of Mopsuestia, the anti-Cyrillian writings of Ibas of Edessa, and the offending works of Theodoret «in which [he] had attacked the anathematisms of Cyril of Alexandria and the Council of Ephesus (431), and in which he specifically rejected any form of theopaschism.» The first condemnation came from Justinian in 544. Cf. Jean *Meyendorff*, Christ in Eastern Christian Thought, Crestwood 1975, 80–81. For a full discussion of Justinian, his thought along with supporting documents, and the controversy over the Three Chapters, see On the Person of Christ: The Christology of Emperor Justinian, trans. Kenneth P Wesche, Crestwood 1991.

in the Latrocinium council of Ephesus in 449), and though then admitted to sit at the Council of Chalcedon, having subscribed to the Twelve Chapters and condemned Nestorius, as Patrick Gray has noted, Theodoret never transcended the suspicions of the Cyrillians of the council (one mention of him in the *Acta* identified him as a «disguised Nestorian»).[5] He lived till 457 or 466, continuing his writing, and died in the communion of the Church. Thus, there was no question in 553 of condemning him per se. But the condemnation met resistance, both from Rome and in the East, as a number of Chalcedonians had used Theodoret, especially in the latter half of the fifth century, against the Monophysites. Indeed Rome did not want to accept the condemnation, for it had been Leo I the Great who had exonerated Theodoret,[6] but Pope Vigilius eventually agreed to the action.

Those writings of Theodoret that were overtly opposed to the Alexandrian theology comprised only a portion of his corpus.[7] Thus the question is, should all of the remainder then be viewed as ample food for the soul of the faithful? Here more problems emerge: while some strict Orthodox refer to Theodoret as «blessed Theodoret»,[8] as Fr. Jean Meyendorff, Patrick Gray, and Paul Clayton have pointed out, Theodoret accepted, but only with a Nestorian gloss, the faith professed at Chalcedon, Cyril of Alexandria's assertions about the One Christ as expressed in the Formula of Union of 433, Leo's Tome and the Council's decree. His reputation's revival rested on many seeing Chalcedon as a corrective to Cyril, exemplified in modern scholars seeing a Neo-Chalcedonian party. This interpretation, identified with such historians of doctrine as J. N. D. Kelly and Jaroslav Pelikan (at least in his earlier works), *inter alios*, is now questioned. One place the revisionists point to is Theodoret's comments on the words of St. Luke at the end of the second chapter of his Gospel, that Christ grew in wisdom and stature, and in favor with God and man: Theodoret applied these only to Christ's human nature, not to the Word, and while he nowhere ever identifies the prosopon of Christ with the prosopon of the Word, he does take pains to distinguish them. His letter to John of Aegae, written subsequent to Chalcedon, gives the measure of Theodoret's ambivalence toward the Council. The Chalcedonian formula,

5 Patrick T. R. *Gray*, The Defense of Chalcedon in the East. 451–553, Leiden 1979, 8–16.

6 Ibid. This rehabilitation was based upon, as Gray puts it, the evidence of one very flattering letter to the Pontiff and the emperor. Gray goes on to show that Theodoret's place in the council was minimal, due to his fellow bishops open hostility to him.

7 Most notably his «Apology for Diodorus and Theodore», and his condemnation of Cyril's 12 Anathemas and defense of Nestorius. Much of Theodoret's work is lost, but his extant works fill four volumes of Migne, plus several other pieces collected since. A good bit of this is commentary on the Scriptures.

8 See, for example, the discussion of Theodoret's work in Georges *Florovsky*, The Byzantine Fathers Of the Sixth to Eighth Century, Vol. IX of Collected Works (Belmont, 1987).

according to the letter, could only make for two readings: that the one hypostasis was that of a composite *physis* (a deformed Monophysitism, or more aptly, Eutycheanism), or else that it was a prosopon of union, i.e., Nestorianism.[9] Chalcedon assumed a minor footnote to his theology, or at best as some corrective or revision of Cyril. While having condemned his old friend, Nestorius, at Chalcedon, he never would admit to the theology that saw the one prosopon of the Incarnate Christ as identical with the hypostasis of the Divine Logos. As Clayton puts it, «after his participation in Chalcedon, his only way to justify the expression one *hypostasis* in two *physeis* is to make it mean a union in *prosopon* – that is, *kata prosopon.*»[10] Because defenders of Chalcedon employed Theodoret, he became a stone of stumbling for the Monophysites. For many, both after the Council of Chalcedon and even today, Theodoret's most famous theological treatise, the «Eranistes», is read simply as an anti-Monophysite tract (though written against Eutyches, whom the Monophysites also condemned), failing to see its essential Nestorian and anti-Cyrillian character.[11] The implications of this for Peter Martyr must now be examined.

Martyr linked analogically his Eucharistic theology and his Christology proper. To this end, he employed Theodoret in two distinct settings, though both of them in regard to his Eucharistic polemic. First Theodoret served as a foil of Roman Catholics with regard to transubstantiation during the Oxford Disputation of 1549, and then similarly in the subsequent «Tractatio» on the Eucharist. He used this anti-transubstantiation tactic as well with his «Defensio» of Cranmer against Gardiner. His other use of Theodoret pertained to his arguments with the Lutherans, and Johannes Brenz in particular, in the «Dialogus de utraque in Christo natura».[12] Martyr put Theodoret into service to assail the Lutheran doctrine of the omnipresent nature of Christ's divinized human nature, and thus, consequently, a presence in, with, and under the Eucharistic elements, a doctrine dubbed ubiquitarianism.

With respect to the Catholics the polemical use of Theodoret is readily apparent: here, a notable Church Father, one who though at one time a heretic, namely a Nestorian, but who had been as well rehabilitated by no one less

[9] *Clayton*, Theodoret, 275–277.

[10] Ibid, 51.

[11] Clayton spends considerable effort in detailing the «Eranistes'» Nestorian nature. This view is also maintained by Francis *Sullivan*, The Christology of Theodore of Mopsuestia, Rome 1956; and Edward *Kilmartin*, The Eucharist in the West: History and Theology, ed., Robert J. Daly, Collegeville, MN 1998; and Patrick Gray.

[12] Zurich: Christoph Froschauer, 1561. English translation: Peter Martyr *Vermigli*, Dialogue on the Two Natures in Christ, ed. John Patrick Donnelly, Kirksville, MO 1995 (Sixteenth Century Essay and Studies 31). All quotations from the «Dialogus» are taken from Donnelly's translation.

than Pope St. Leo the Great, had set out in his three-part dialogue, «Eranistes» [13], a definition of the Eucharist hardly commensurate with the Catholic doctrine of transubstantiation. Written about 448 prior to his rehabilitation, Theodoret, addressing the main questions of Christology, makes several analogies, drawn on Eucharistic considerations, about the nature of the union of the two natures in Christ. Martyr adopts Theodoret's Eucharistic analogies, wherein the fifth-century father – at times defending Theodore of Mopsuestia against Cyril of Alexandria, and at other times aiming at Eutyches – asserts a Eucharistic theology opposing the Eutychian and putative Monophysite notion that the Eucharistic elements undergo a substantial change analogous to the change of Christ's flesh at the ascension. [14] Martyr's anti-Catholic polemic rests on Theodoret's legacy as a Nestorian prodigal returned home. He notes at the 1549 Oxford disputation that Theodoret was «held to be most learned and eloquent [...] a learned man and saintly member of Christ's church.» [15] Martyr, further, casts him as a defender of the faith against the Eutycheans (and implicitly the Lutherans): «He stands against those who denied that Christ had a true body, saying that at the time of the ascension his body was completely changed into the divine nature.» In the «Defensio contra Gardineram» Martyr uses Theodoret's Eucharistic analogy, that as the bread remains within the Eucharist unconverted, so too does Christ remain in his human nature, unconverted, in heaven. For Martyr, of course, the analogy is simply reversed. [16]

This all is fairly stable ground with respect to formal Christological matters, but Martyr's use of Theodoret in the «Dialogus» presents a number of difficulties. The «Dialogus», formally a Christological dialogue, materially and in intent is a treatise on the Eucharist. Since the early 1520s, and given fulsome amplification at Marburg in 1529, Luther and his colleagues had argued that the humanity of Christ was animated and defined, since the resurrection and ascension, by the infinite power of God entailed in the notion of «God's right hand». [17] Thus the humanity of Christ was present

[13] Jacques Paul Migne, Patrologia cursus completus, Series Graecae [MPG], vol 83.

[14] *Kilmartin*, Eucharist in the West, 37–41.

[15] Peter Martyr *Vermigli*, The Oxford Treatise and Disputation on the Eucharist, trans and ed. Joseph C. McLelland, Kirksville, MO 2000 (Sixteenth Century Essay and Studies 56), 55.

[16] Defensio doctrinae veteris et Apostolici de sacrosancto eucharistiae sacramento adversus Stephanam Gardinerem, Zurich: Christoph Froschauer, 1559. Martyr's use of Theodoret's analogy p. 385ff, 575ff. Cf. Joseph *McLelland*, The Visible Words of God: A study in the theology of Peter Martyr, 1500–1562, Edinburgh 1957, 104–110.

[17] Luther's doctrine of the real presence slighted transubstantiation, and he had come to this conclusion before his debates about the issue with Karlstadt in 1523, and certainly well before the disputes with Zwingli and Oecolampadius beginning in 1526. He had garnered his doctrine at least some ten years prior to the famous confrontation at the Marburg Colloquy from Pierre d'Ailly, who had maintained the real presence without holding to transubstantiation.

throughout all creation, not «chained» to the right hand of God as if in some location. To the Lutherans, this was a natural consequence of the doctrine of the hypostatic union and the *communicatio idiomatum*. Pantachus, Martyr's appellation for Brenz in the «Dialogus», asserts, and here citing Pope Gelasius (d. 496), that «the whole man continues to be what God is, as the whole God continues to be whatever a man is.»[18] For Brenz, the hypostatic union renders the human nature of Christ coextensive or coterminus with the divine nature, and in this way presents us with a new reading of not only Gelasius, but also Cyril of Alexandria. Martyr correctly saw this Lutheran idiom as an overstatement of the case. His retort, aside from tacitly accusing Brenz of Monophysitism, focused on the distinction of natures made emphatically dogmatic by the 433 formula of union, and explicit by Chalcedon. Martyr minces no words that he holds without reservation «the three creeds, namely the Apostles', Nicene, and Athanasian creeds, as well as the first six Councils, in what they defined regarding the most blessed Trinity, the person of the Son of God and his two natures [...]»[19] Martyr had already declared that, «Christ is one person, but he has two natures conjoined in the same hypostasis but both retain their properties intact and whole.»[20] Within this confession, Martyr's Christology is nothing other than Orthodox and Catholic, inviolate in form and creed (leaving aside the question of the Athanasian formula). But this statement says more than what Martyr wished. His employment of Theodoret, *inter alia*, puts Martyr opposite the last two councils which he here declares he embraces.

Martyr's reading of Theodoret betrays an equivocation in his use of terms: namely, Word, Son, nature, and Christ – equivocations made all the more problematic given, as herein argued, Theodoret's veiled Nestorianism. First, Martyr pressed the identity of the Word with the divine nature almost to an equation of the two. Care must be taken, but it is evident that he tries to stretch what the Word's divinity entails beyond what Cyril did. Martyr maintains that «the divine nature of the Word is incapable of death and really can't be said to have died.» He then cites Theodoret from part III of the «Eranistes», [*Impatibilis*]:

Luther admits as early as 1520 in his «The Babylonian Captivity of the Church» to having read d'Ailly, whose teaching on this was expressed in his «Quaestiones super libros Sententiarum». The central place of ubiquitarianism in Luther's teaching is set out in Hermann *Sasse*, This is My Body: Luther's contention for the Real Presence in the Sacrament of the Altar, Minneapolis 1959. Davis questions Sasse's contention about ubiquity's centrality, asserting that ubiquity for Luther was little more than a guarantor of the Word effecting God's promises. See Thomas *Davis*, This is My Body: The Presence of Christ in Reformation Thought, Grand Rapids 2008, 41–63.

18 *Vermigli*, Dialogue on the Two Natures in Christ, 28.

19 *Vermigli*, Dialogue on the Two Natures in Christ, 23.

20 Ibid.

> «But those who hear of the passion of God's Son don't do even this [distinguishing between body and soul]; rather they give no thought to the body, to which the suffering pertains; and then the passion would prove, by the language it uses, that the divine nature, which is impassible and immutable and immortal, is mortal and able to suffer. And when they know this, the assumption of the body would have been superfluous, if the nature of God the Word could suffer.»[21]

Martyr cites Theodoret further: «If he, who before the incarnation could not suffer, after the incarnation suffered, he suffered by undergoing a change. And if he, who before becoming a man was immortal, tasted death after becoming a man [...] he was radically changed, from immortal to mortal.» In introducing this section, Martyr noted that «the divine nature of God the Word is incapable of death and really can't be said to have died.»[22] Martyr's imprecision, here and elsewhere, can be attributed to what he believed Brenz was teaching, that the Lutheran use of the *communicatio idiomatum* was nothing other than a confusion of the two natures in Christ. But his argument here goes beyond this: the identification of the Word with the divine nature precludes the Word from assuming the foibles of human nature. Martyr, by rightly noting the impassibility of the divine nature, then identifies this as a limiting term to the hypostasis of the Word.

What this does is then leave Martyr open to the charge of Nestorianism, not merely by the confusion, but what this then would lead him to assert about the Word's relation to the humanity. The really damning, or as might be said, anathematizing, quote, or better put, commentary on a quote, comes next:

> «In his third dialogue [Theodoret] adds, ‹Saint Peter in his catholic epistle says that Christ suffered in the flesh. But he who hears *Christ* understands not the incorporeal God the Word, but the incarnate Word. The name of Christ signifies both natures. That the Word was subjected to suffering in the flesh signifies that one nature, not both, suffered. He who hears that Christ suffered in the flesh again recognizes him as the impassible God, but attributes the suffering to the flesh alone.›»[23]

This assertion obliterates the union that the Word has with human nature, for at best it makes it little more than a fiction, and effectively creates, as had Nestorius, two Words. A few folios on, Martyr cites Theodoret's citation of Eustathius, and observes that, «These words also show which properties are so much a part of human nature that they cannot be communicated to the

[21] Ibid, 63.
[22] Ibid, 62.
[23] Ibid, 63–64. Donnelly's translation has an opening quote at the beginning of the quotation from Theodoret, but no closing quote. He also attributes the quotation to 1 Peter 3,18 (which reads «He was put to death for us in the flesh»), but it is 1 Peter 4,1. The citation of Theodoret is from MPG 83, 263A.

Word.»[24] One must ask, is anything created communicable then to the Word? Can anything be assumed? What might Gregory of Nazianzenus think of this theology?

Martyr then quotes Cyril of Alexandria from his letter to John of Antioch:

> «‹Besides, we all confess that the Word of God is impassible even though in distributing wisely this mystery the Word *seems* to have attributed to itself the suffering that happened uniquely to the flesh. That wise man Peter says as much, 'Christ suffered in the flesh' for us; he did not say, 'in the nature of his ineffable divinity'.› […] From this passage it is already taken for granted that the sufferings of Christ belong to his flesh, but it speaks about the Word insofar as the Word attributes them to itself. And so they belong to the Word in the judgment and statement of Scripture, not because the Word Itself really suffered and died.»[25]

The telling point is that Martyr gives this passage a sense that stands Cyril on his head.[26] Cyril now professes that the Word should not be attributed with the sufferings of the human nature, but only that He «seems» to suffer. From this Martyr then commits a grave error, when he fails to read the distinction that Cyril so clearly maintained, that the Word truly suffered, but not in His divine, but in his human nature. Martyr, commensurate with what was already cited, makes the *communicatio idiomatum* a seeming fiction, appropriated by Christ only in appearance. He then proceeds to muddle that about which Cyril was so explicit:

> «When Cyril said that the Word suffered in the flesh, he gave offence to many people. To absolve himself he wrote in his twelfth Anathema ‹But because we say that it was exclusively his own body that he received from the holy Virgin, we are on very solid ground in saying that the sufferings of the flesh belonged to him according to the distribution of properties, taking into consideration everywhere his impassible nature. For God comes from God. Therefore when he is said to suffer in the flesh, he is not to be understood as suffering in his own proper nature, for his body that is united to him was created, as I said earlier›, and so forth. Therefore he himself asserts that the Word did not suffer in its own nature.»

It can be argued that Martyr here teaches that the Word does not suffer in the divine nature, and with this Cyril would certainly agree. But this is not what Martyr is saying, and indeed he has confused Cyril's use of Word and nature,

[24] Ibid, p. 66.

[25] Ibid, p. 67. The letter is often referred to by its Latin title «Laetentur coeli». Emphasis added.

[26] Martyr translated ὁρῷτο (the middle and passive present optative forms of ὁράω) as *seems* instead of *is seen*. I am working off the text in MPG 77,180. In Martyr's original text (Dialogus, 39v), he translated ὁρῷτο, as *videatur*. It could be translated into English as *is seen*, yet this would then go against Martyr's argument, and I agree fully with Donnelly's translation of *seems*. My thanks to John Patrick Donnelly for his aid on this text.

making them univocal terms. He then goes on to quote again from Theodoret, and here Martyr's argument falls short of ecumenical Christology:

> «‹Whatever divine names the Scripture leaves free from suffering, you too should allow to be free without attributing his suffering to them. God never joined suffering to this terminology›, and so forth. He [Martyr writing of Theodoret] adds, ‹He does not permit this expression, 'the Word suffered in the flesh'. He says, 'This speaks about the manner of his suffering, not his inability to suffer'. Nobody has said this about the human soul. Would anybody say, unless completely senseless, that the soul of Paul died in the flesh? This would not even be said about the most depraved and criminal of men. Even the wicked have immortal souls. But we say, for example, that the murderer is killed, but no one would say that his soul was killed in the flesh›, and so forth.» [27]

Martyr then adds, «But this author admits that Christ suffered in the flesh, as did Peter, but he by no means allows the expression that the Word suffered in the flesh.» Here Martyr has fallen short of Cyril, Ephesus, and indeed Leo and Chalcedon: he has distinguished, as had Nestorius, Christ from the Word. In order more emphatically to reinforce the case concerning the distinctions of the human nature from the Person of the Word, Martyr adduces Gregory of Nazianzenus from his oft cited letter to Cledonius. He calls on Gregory to assert that the union of the Word with human nature is only verbal, and that we should be careful always to preserve the Word's impassibility.

> «If anybody says that the Lord's flesh came down from heaven and does not have its origin with us here [NB Martyr omits ‹nor of us though above us›], let him be anathema. For ‹the second man is from heaven›, and ‹as is the man from heaven, so are those who are of heaven›. And, ‹no one has ascended into heaven but he who descended from heaven, the Son of Man [NB: Martyr omits ‹which is in heaven›]› [...] [28] [and in] other similar passages [as those just quoted], we must understand that those expressions are the result of the union with man, for instance, that ‹all things were made› through Christ and ‹that Christ may dwell in our hearts›. It is not as God that he appears but as he is understood, with the terms applied as are also the natures.»

But Martyr omits the last clause from the last sentence: «flowing into one another according to the law of their intimate union.» [29] Earlier in the letter, Gregory had already written

> «God and man are two natures, as also soul and body are, but not two sons or two gods. For neither in this life are there two manhoods, even though Paul speaks using such language as of the inner and outer man. And, if I may speak directly, the

[27] Ibid, p. 67

[28] Ibid, p. 68. The citation from Gregory is in MPG 37,181. The letter runs cols 175A-193B.

[29] καὶ περιχωρουσῶν εἰς ἀλλήλας τῷ λόγῳ τῆς συμφυΐας. MPG 37,181C.

> Savior is composed of that which is distinct from each other, for the invisible is not the same as the visible, nor the eternal with what is time-bound, yet he is not divided. Let this never be said! For both natures are one by the union, the deity made man (ἐνανθρωπήσαντος), and the human deified (θεωθέντος).» [30]

Martyr, Aristotelian though he was, had fallen into an undesirable syllogism.

Francis A. Sullivan S. J., in his «Christology of Theodore of Mopsuestia» finds the theological distinctions between Antioch (prior to John of Antioch's reconciliation with Cyril in 433) and Alexandria arising from how Theodore on the one hand and Athanasius on the other responded to the essential Arian Syllogism: The word is the subject even of the human operations and sufferings of Christ (major premise); but whatever is predicated of the Word, must be predicated of him κατά φύσιν (minor premise); ergo, the nature of the Word is limited and affected by the human operations and sufferings of Christ. [31] The Antiochians denied the major premise, the Alexandrians the minor. [32] This is evident in Peter Martyr, but for him the reaction is not one predicated upon defending the Word's divinity, but instead arises from having found ammunition to defend his doctrines both of the Eucharist and of justification, ready-made in Theodoret, the blessed.

This brings us back to Raphael. Though Peter Martyr did not form his Eucharistic theology solely within the context of his polemic, which seems more to have been the character of Luther's efforts, he nonetheless did construct it in conjunction with his soteriology. While there is a material union of God and man in the Incarnation, this does not effect an individual's salvation; it gives no hope to the damned. Obtaining the benefits of Christ demanded more than what the immediate reality of the Incarnation proffered. For Martyr, the benefits of union with Christ are not mediated to the Christian through bread and wine, but mediated to the soul by faith, the bread and the wine being instruments by which the Incarnation's benefits come to the Christian. This is what true eating and drinking were, just as they were for Raphael. Thus, the flesh of Christ, verbally (and seemingly not really and fully) the flesh of the Word, nonetheless profits nothing in regard to union with God, except by way of analogy: in the bread Christians see the body of Christ, but they must look beyond this with faith, and look beyond the material to the eternal. Martyr's making the suffering of Christ only in the flesh

30 Ibid, 180A.

31 *Sullivan*, Christology of Theodore, 162. Sullivan elaborates on this insight for some pages, but draws the Alexandrian recognition of it, and its response to it, from St. Athanasius' «Against the Arians», the second book, pp. 162–65. Paul Clayton picks up on this insight as well: Christology of Theodoret, 283, et cetera.

32 The rejection of the minor premise for Athanasius et al., rests on the fact that it saw but one nature in Christ. While things predicated are predicated according to nature, Christ has two natures, temporal and eternal.

abstracted from the Word, rings consonant with aspects of his soteriology: while faith could use material instruments, which the Eucharist was, what the sacraments promised was only realized in the world to come. Salvadore Corda has pointed out that the benefits the Romanists attached to the Eucharist (physical union with Christ) Martyr reserved for the world to come.[33] In this world the Christian had no salvific union with Christ apart from that effected by faith, one which made us move beyond the visual, beyond mirrors and enigmas, to the union of Christ with the believer in the mind, that is *en mentem*. Faith, an intellection, was the vehicle to obtain Christ, and not the flesh, which profits nothing, at least as far as this life is concerned.

Martyr's acceptance of the first six councils did not impede his Eucharistic appropriation of Theodoret. Many Monophysites had balked at accepting Chalcedon because it had not condemned Theodore of Mopsuestia. This oversight, it may be said, was rectified by the fifth council, which not only posthumously condemned Theodore, but which also maintained that One of the Holy Trinity suffered, adopting the term, which Martyr took such pains to deny, Theopaschism. This is not to valorize the Lutheran doctrine, but that Martyr in an attempt to answer the error he perceived in the Lutherans, had, and seemingly athwart his own admissions, fallen into another.

Prof. Dr. Gary Jenkins, Eastern University, St. Davids, PA

[33] Salvatore *Corda*, Veritas Sacramenti: A study in Vermigli's doctrine of the Lord's Supper, Zurich 1975 (Zürcher Beiträge zur Reformationsgeschichte 6), 170–178.

Musculus, Gwalther, Luther, Erasmus

Primus Truber as the First Slovenian Translator of Scriptural Texts

BY KOZMA AHAČIČ

The method employed by Slovenian Protestant writers in translating biblical texts[1] (that is, texts which were not adapted but translated in the modern sense of the term) has been the subject of many studies. The numerous researches, however, have provided no reliable key to these writers' basic procedures in translating biblical texts into Slovenian. Some scholars based their discussions of the source texts on the claims of the Protestant writers themselves, rather than on analysis, while those who did conduct analyses focused on details rather than on the overall concept, or else lacked access to all the texts required for such analyses.

Our analysis of the Bible translations by Slovenian Protestant writers,[2] the results of which are outlined in the present article, has therefore encompassed passages from all such translations, comparing them to all potential source texts. The findings include a fascinating discovery: in translating the Psalms, the first Slovenian translator of the Bible, Primus Truber [Primož Trubar] (1508–1586),[3] relied not only on Luther's translation but, above all, on the annotated Latin translation by Wolfgang Musculus and the German translation by Rudolph Gwalther. This in turn indicates the wide influence exerted by the last two authors in the Slovenian-speaking areas of the 16th century.

1. A Survey of the Major Studies to Date

Truber's translation work has been studied by many researchers to date. A detailed discussion of Truber's translation of the Gospels has been provided

1 Biblical texts are the only group of texts where Slovenian Protestant writers never allowed themselves occasional interpretative departures from their sources. The Postils, on the other hand, translated from German sources, reveal occasional divergences, which are only to be expected.

2 Kozma *Ahačič*, Zgodovina misli o jeziku in književnosti: protestantizem, Ljubljana 2007, 257–282.

3 Truber published his Scripture translations in the following works: TE 1555, TT 1557, TT 1560, TL 1561, TPs 1566, TL 1567, TT 1577, TT 1581–82. They are most readily accessible in the edition: Biblia Slavica 4/3, Paderborn 2006.

by *Ivan Grafenauer.*[4] Having collected the key statements of Truber himself on his translation procedures and sources, he conducted a comparative analysis of Matthew 2,13–18 in the Greek original, the Vulgate, and the translations by Truber and Luther. While Grafenauer brilliantly comments on Truber's claims about his knowledge of particular languages, he unfortunately seems to have lacked access to Erasmus' translation, as well as to certain other – correctly identified – sources. Thus it is a further misfortune that he should have chosen to analyse precisely TE 1555, where the oscillation between Luther's and Erasmus' influence is strongest. It was for this reason that Grafenauer – as will be shown later – partly drew the wrong conclusions:

> «Truber based his translation on Luther's. In certain places, however, where he found Luther's translation too free, he drew closer to the Vulgate, basing some passages partly on Luther and partly on the Vulgate. In addition, there remains a handful of passages where Truber may have adhered to other sources, which will require a closer examination [...]»

Anton Breznik,[5] in his article on the literary tradition in «Evangeliji in listi», concludes that Truber's translations of the Psalms mainly follow the Vulgate.

A Czech scholar, *Václav Burian*, published in 1928 a much-cited work on the traces of Czech literature in older Slovenian texts,[6] which also addresses the influence of the Czech literature and language on Truber's translation solutions and language. Since his conclusions are most often presented as proven facts, it should be noted that we find many of his claims inaccurate and mistaken.

In his preface to the Glagolitic first part of the New Testament from 1562,[7] Truber reports that the (Croatian) New Testament was being translated via more than one Latin, German, Italian, and – on account of certain older words – even Czech translation of the Bible, although the translators chiefly followed the versions by Erasmus and Luther. From this statement, Burian concludes that Truber must have drawn on words from the 1540 utraquist Czech Bible (Česká biblí) in his Slovenian New Testament translations as well. To prove his claim, he adduces parallel passages from the 1540 Czech Bible, Truber's translation, Luther's translation, and the Vulgate. According to Burian, Truber would have resorted to Czech in employing such

[4] Ivan *Grafenauer,* O Trubarjevem prevodu evangelijev, in: Dom in svet 27, 1914, 297–303.

[5] Anton *Breznik*, Literarna tradicija v 'Evangelijih in listih' [1. del], in: Dom in svet 30 (1917), 170–174.

[6] Václav *Burian*, Po stopách češství ačeské knihy v starším slovinském písemnictví, in: Slavia 8 (1928), 14–46.

[7] Cf. Mirko *Rupel*, Slovenski protestantski pisci, Ljubljana 1966, 131.

words as *mošnja, služabnik, anež, vodec, bogastvo* (‹bog›), *milost*, etc. These words, however, already occur in works written or published before Truber's earliest translations of the Scripture![8] Moreover, Burian's suggestion that words such as *mirnik, zmirnik, možica, pomilosrdje, poročenje, obraz, nedomiseln*, etc. might have been transferred by Truber to Slovenian with the aid of Reschelius' [Rešl's] *Dictionarium latino-bohemicum* (1560) or *Dictionarium Bohemico-latinum* (1562) is highly questionable, for most of the words listed there may be traced in Truber's writings at least since 1557.

France Kidrič[9] cites the conclusions reached by Breznik and Grafenauer. As a similar approach is adopted by all subsequent surveys, I do not present them in detail.

According to *Jože Pogačnik*,[10] Truber's translation of TE 1555 was based on Luther and the Vulgate, and verified against the Greek original by Vergerius.

The analysis of *France Rozman*[11] argues that Truber's translation followed Luther rather than the Greek original, displaying „considerable autonomy" at times. The parallel passages cited and analysed mostly stem from Matthew's Gospel, but also from elsewhere. Unfortunately, Rozman, too, failed to consult Erasmus' translation, or many passages might have been interpreted differently.

Jože Rajhman's article on the translation methodology of Slovenian Protestants[12] presents the then European view on translation, placing in its context some of Truber's statements on translating.

Expounding on the thoughts voiced by Truber in his introduction to TE 1555, *Janko Moder*[13] allows the possibility that Truber might have acquired some Greek and Hebrew on his own, or given the final form to passages interpreted by his helpers and collaborators from the originals. He compares Truber's and Dalmatin's translations of two biblical passages (Luke 7,41–47 and Luke 16,11–17), as well as their Greek originals and Luther's translations, noting Truber's «independence» of Luther in rendering certain

8 E.g. *mošnja* (TC 1550, TC 1555), *služabnik* (TC 1550, TC 1555), *vodec* (TC 1555), *bogastvo* (bog) (TC 1550, TC 1555), *milost* (since TC 1550), etc.

9 France *Kidrič*, Zgodovina slovenskega slovstva od začetkov do Zoisove smrti, Ljubljana 1929–1938, 69.

10 Jože *Pogačnik*, Zgodovina slovenskega slovstva 1: Srednji vek, reformacija in protireformacija, manirizem in barok, Maribor 1968, 149.

11 France *Rozman*, Kako je Trubar prevajal Sveto pismo Nove zaveze?, in: Bogoslovni vestnik 46/3 (1986), 227–245.

12 Jože *Rajhman*, Metodologija prevajanja slovenskih protestantov, in: Štiristo let prevajanja na Slovenskem, Ljubljana 1985 (Zbornik Društva slovenskih književnih prevajalcev 10), 27–32.

13 Janko *Moder*, Ob Trubarjevih «treh rečeh», in: Štiristo let prevajanja na Slovenskem, Ljubljana 1985 (Zbornik Društva slovenskih književnih prevajalcev 10), 33–66.

places. By his own admission, Moder did not consult Erasmus' translation, relying instead on the research conducted so far.

Kajetan Gantar[14] addresses the translations of individual words in Truber's and Dalmatin's versions of Paul's speech before the Areopagus. While he finds the notion of Truber and Dalmatin slavishly clinging to Luther's translation exaggerated, he does not attempt to identify their source texts.

In her article on the problems of Truber's style, *Martina Orožen*[15] opines that calques of syntactic patterns occur in Truber's translations more frequently than in Dalmatin's, although both translated the Bible via Luther (her authority for this is Rozman's paper). What is important, she points out that the questions of authentic versus calqued syntactic patterns may be solved by comparing the syntactic encodings in Truber, Krelj, and Dalmatin against parallel German and Latin texts. The above conclusion thus appears premature, even in the light of her own words.

Klaus Detlef Olof[16] compares Luther's and Truber's understanding of translation activity.

Comparing Truber's and Dalmatin's translations of David's Psalter in relation to the Hebrew original, the Latin Vulgate, and Luther's German version, *Francka Premk*[17] believes that Truber's translation of the Psalms takes into account – directly or indirectly – the Hebrew text as well. Her book «Korenine slovenskih psalmov»[18] portrays through an extensive, but methodologically inconsistent analysis the relations obtaining between the Hebrew original of the scriptural Psalter, some of its translations into Latin, German, and Modern Slovenian, and Truber's and Dalmatin's translations. Her study is entirely subordinated to proving that Truber, when translating the Psalms, considered the original Hebrew text as well. While she does acknowledge that Truber's expansions of meaning often mirror Gwalther's translation, her presentation of these findings, too, is methodologically inadequate. As for

14 Kajetan *Gantar*, Konfrontacija med antiko in krščanstvom: Nekaj opažanj ob Trubarjevem in Dalmatinovem prevodu Pavlovega govora na Areopagu, in: Štiristo let prevajanja na Slovenskem, Ljubljana 1985 (Zbornik Društva slovenskih književnih prevajalcev 10), 83–87.

15 Martina *Orožen*, Gramatična in leksikalna preobrazba Dalmatinovega knjižnega jezika ob Japljevem prevodu biblije (1584 – 1784 – 1802), in: Protestantismus bei den Slowenen – Protestantizem pri Slovencih, Wien 1984 (Wiener slawistischer Almanach, Sonderband 13), 153–179.

16 Klaus *Detlef Olof*, Mittelalterliches und neuzeitliches Sprachverständnis am Beispiel der Übersetzer Luther und Trubar, in: 16. stoletje v slovenskem jeziku, književnosti in kulturi, Ljubljana 1986 (Obdobja 6), 517–527.

17 Francka *Premk*, Primerjava med Trubarjevim in Dalmatinovim prevodom Davidovega psaltra v razmerju do hebrejskega izvirnika, latinske Vulgate in nemške Luthrove predloge, in: 16. stoletje v slovenskem jeziku, književnosti in kulturi, Ljubljana 1986 (Obdobja 6), 529–543.

18 Francka *Premk*, Korenine slovenskih psalmov, Ljubljana 1992.

Musculus' translation, no comparison is carried out at all despite references to Musculus' «commentaries» on the Psalter, these, however, are said to have served Truber merely as «auxiliary suggestions» (alongside Gwalther's text). Nor does Premk engage in any comparative research to substantiate her thesis that Musculus' detailed glosses on particular words merely clarified for Truber the original Hebrew text. Indeed, Musculus' work appears to have been included in her research only when the text of the study was already completed. Methodologically, the most pressing omission is the failure to synthesise Truber's general method in translating the Psalms (which may have, of course, undergone some changes in the eleven years of his engagement with the Psalter).

Matej Rode[19] lists the terms by which the Slovenian Protestant writers refer to ‹translating›, describing their subsequent development. Moreover, in an article on translation in the Protestant period,[20] he cites and discusses the Slovenian Protestants' key statements on translating, lists the ten terms for translation, and questions whether translating sacred texts, even the Bible, as practised at the time was ‹translation› in the modern sense at all. This last reservation is rejected in the same volume by Majda Stanovnik[21] and Kajetan Gantar.[22]

A number of papers by *Igor Grdina*, later assembled in a book,[23] contain important remarks on Truber's knowledge of languages. Of particular importance to understanding Truber's translation work is the observation that, in Truber's view, the southwestern and southeastern varieties of spoken German were not identical.[24]

Majda Stanovnik's articles on translation during the Protestant period have been collected and supplemented in a monograph, «Slovenski literarni prevod 1550–2000». It is owing to the well-conceived chapter «Trubarjev prevod konstituira slovensko slovstvo»[25] («Truber's Translation Constitutes

19 Matej *Rode*, Od preobračanja do prevajanja: Prispevek k preučevanju prevajalskega izrazja, in: Štiristo let prevajanja na Slovenskem, Ljubljana 1985 (Zbornik Društva slovenskih književnih prevajalcev 10), 103–105.

20 Matej *Rode*, Slovenski protestantizem in prevajanje, in: 16. stoletje v slovenskem jeziku, književnosti in kulturi, Ljubljana 1986 (Obdobja 6), 555–561.

21 Majda *Stanovnik*, Razprava o prevajanju, in: 16. stoletje v slovenskem jeziku, književnosti in kulturi, Ljubljana 1986 (Obdobja 6), 563–564.

22 Kajetan *Gantar*, Nekaj misli o slovenskem protestantizmu in prevajanju, in: 16. stoletje v slovenskem jeziku, književnosti in kulturi, Ljubljana 1986 (Obdobja 6), 565–567.

23 Igor *Grdina*, Od Brižinskih spomenikov do razsvetljenstva, Maribor 1999, 121, 176–177, 195.

24 In fact, the difference between the colloquial German familiar to Truber and, on the other hand, Luther's literary language was considerable even by native speakers' standards. According to *Grafenauer*, O Trubarjevem prevodu evangelijev, 298, South German printers would originally furnish their reprints of Luther's Bible translation with glossaries, explaining the words unfamiliar to the South Germans.

25 Majda *Stanovnik*, Slovenski literarni prevod 1550–2000, Ljubljana 2005, 13–42.

the Slovenian Literature») that the present discussion does not comment at length on Truber's statements on translation (although they are quoted for transparency's sake). Stanovnik's chapter compares Truber's and Luther's views on translation and their reasons and motives for translating, focusing on such issues as the (im)possibility of translation, its legitimacy, cause and aim, the relation between the original and translation, and between the translation and its reader. In addition, she addresses the questions of the translator's tasks and qualities. Here she draws a demarcation line between Truber's views on translating the Bible, where strict adherence to the source text is required, and translating an auxiliary, non-biblical text, which is expanded and clarified by the translator as it unfolds. Although this procedure seems to blur the line between translation and interpretation, Stanovnik demonstrates that Truber did distinguish between the two. She believes that Greek was not as inaccessible to him as he claimed, but that he was aware of the clear-cut hierarchy of his language knowledge: it is enough to «understand» the language of the original (for his own part, he claims to understand Latin, German, and Italian) but necessary to «know» the language of the translation (as he knows Slovenian). Moreover, Truber was aware that the demands of individual texts vary; his own translations are classified in Stanovnik's analysis as «literary».

The chapter on the literariness of the Bible and of its translation[26] analyses and compares several translations of two biblical passages for their literary quality (Matthew 14, 1–12 and Matthew 25, 1–13): the original text of the first passage is thus compared to the Vulgate, Erasmus, Luther, Truber (1555), Dalmatin (1584), and Kastelec (1680), while the analysis of the second is extended to still additional parallels – Anonymous after Stapleton (ca. 1600), Hren-Čandek (1613), and Schönleben (1672). Having limited her analysis to the translation of Matthew's Gospel, and further narrowed it down to the «literary» aspect rather than the source vs. translation relation, Stanovnik still claims in her introduction that Truber relied primarily on the Vulgate and the German Bible, and partly on Erasmus' expositions, although most of the examples analysed actually reveal the influence of Erasmus' New Testament translation.

Majda Merše has analysed in detail several individual characteristics of translations, particularly of those with German source texts. Thus she compares the translation solutions involving the types of verbal action as used by 16th century Slovenian Protestant writers in the light of their German sources (Luther, Spangenberg),[27] aspect and tense in Truber's and Dalmatin's Bible

[26] *Stanovnik*, Slovenski literarni prevod 1550–2000, 129–166.

[27] Majda *Merše*, Vrste glagolskega dejanja v delih slovenskih protestantskih piscev 16. stoletja in tuje prevodne predloge, in: Slavistična revija 46/1–2 (1998), 55–71.

translations,[28] and the lexical characteristics of the Postils – again, in further comparison with the source texts.[29]

Finally, the topic recurs in a number of works which merely repeat or quote the above conclusions.

2. *Primus Truber's Own Account of His Sources for Bible Translations*

Primus Truber repeatedly describes his approach to translating scriptural texts. True, his references to his sources are partly aimed at underlining the theological appropriateness and correctness of his translation, but his statements nevertheless provide us with an appropriate framework for further discussion, and are therefore worth quoting.

- For TE 1555, he (or rather, both he and Petrus Paulus Vergerius, as indicated by the plural) allegedly used the Greek original, complementing it with translations from the Greek into Latin, German, and Italian, but chiefly with Erasmus' translation of the New Testament; of great help were also Erasmus' «Annotationes».[30]
- In the report sent to Duke Christoph of Württemberg on 9 February 1555, Vergerius records his attempts to persuade Truber to translate the New Testament into Slovenian: Truber would follow Luther's translation, and then other translations would be consulted for comparison as well.[31]
- Truber, in a letter to Heinrich Bullinger dated 13 September 1555, claims to know neither Greek nor Hebrew.[32]
- In the same letter to Bullinger (13 Sept 1555), he tells of Vergerius' at-

[28] Majda *Merše*, Vid in čas v Trubarjevih in Dalmatinovih biblijskih prevodih, in: 36. seminar slovenskega jezika, literature in kulture, Ljubljana 2000, 21–34.

[29] Majda *Merše*, Prepoznavnost in značilnosti besedja slovenskih protestantskih postil 16. stoletja, Slavistična revija 55/1–2 (2007), 65–84.

[30] «Mi uletim nashim preurazhenu ſmo ueden imeili pred ſebo, ta praui ſtudeniz tiga Nouiga Teſtamenta, kir ie Gershki piſſan, rauen tiga ſmo mi tudi gledali na tu preurazhene tih nouih inu ſtarih vuzhenikou, kateri ſo ta nou Teſtament is tiga Gerskiga Ieſika vta Latinski, Nemshki inu vlashki preobernili, Ner vezh pag na Eraſmou Roterdamou nou Teſtament, htimu ſo nom nega annotationes ſylnu pomagale.»

[31] «[...] monebam illum ipsum ministrum [sc. Truberum], quo pacto procedere deberet in negotio versionis in linguam Sclavicam, ut scilicet Martini Lutheri versionem sequeretur, donec conferremus cum aliis versionibus [...]» (*Grafenauer*, O Trubarjevem prevodu evangelijev, 298).

[32] «Der herr Vergerius [...], der hat dits jar mit mir vill gehandelt, damit mich vnterstuende aus latein vnd teutsch das neu testament in die windisch sprach zuuerdolmetschen, welches jme, nachdem mich vntüglich, dieweil griechisch noch hebraisch nicht kann, erkhen, abgeschlagen, bis mir von der ganzen khirchen meines vatterlands ist aufgeregt» (Jože *Rajhman*, Pisma Primoža Trubarja, Ljubljana 1986, 24).

tempts to persuade him to translate the New Testament into Slovenian via Latin and German.[33]

- In TT 1557 he says (when explaining how time-consuming the work is!) that he keeps on his desk two Latin, two German, and one Italian New Testament translation, as well as a Croatian missal and Erasmus' «Annotationes» and other commentaries.[34]
- In TT 1557 he claims not to know an iota of Hebrew, nor to read Greek[35] very well.[36]
- In a letter to Bullinger dated 13 March 1557, he expresses his approval of an Italian Bible translation received from Zürich (most likely Brucioli's translation; cf. Grafenauer 298).[37]
- In a letter to Hans Ungnad dated 4 November 1561, he suggests that Stephan Consul should translate as he has done himself: after Luther and others.[38]
- In a letter to Bullinger dated 1 February 1559, he reports that the works of Gwalther and Musculus have proved most helpful in his translation of the Psalter into Slovenian,[39] adding that he has already translated and annotated 33 Psalms.
- In his 1562 preface to the Glagolitic first part of the New Testament, Truber reports that the Croatian New Testament translation has required

33 See previous footnote.

34 «Vnd nachdem mein dolmetschen gehet langsam von stat / von wegen meines schwären Predigamptes / dem ich zu fordest außwarten muß / Vnd das ich im dolmetschen alweg zwey Lateinisch / zwey Teutsch / vnd ein Wälsch new Testament / Jtem / ein Crobatisch Meßbuch / wölches newlich zu Venedig mit Latinischen Buchstaben gedruckt worden / vor mir muß haben / vnd ehe ich ein jedlichs wort / insorderheit einer jeder Translation / auch die Annotationes Erasmi / vnd andere Commentaria darüber besihe vnd erwege / wölcher Translation ich volgen soll / mit dem gehet vil zeit hin» (TT 1557: b 4b).

35 For a good explanation of the two passages on his unfamiliarity with Greek, see *Grdina*, Od Brižinskih spomenikov do razsvetljenstva, 188–189.

36 «Ich kenne kein Hebreischen buchstaben / Griechisch kan nicht wol lesen / wölche zwo Sprachen einem jeden / der die Bibel verdolmetschen wil / zu forderst von nötten seind / das er sie wol vnd grundtlich verstehe. Vnd wiewol (Gott lob) die Bibel / vnd sonderlich bey disen vnseren zeiten / von jren etlichen / auß dem Hebreischen vnd Griechischen / in die Lateinische / Teutsche vnd Wälsche sprach / gut vnd verstendig ist verdolmetscht / wie alle Gelerten dauon zeugen» (TT 1557: a 4a–a 4b).

37 «Porro rogo tuam pietatem, vt me fideliter commendes tuis symmistis, collegis et fratribus, precipue tum domino Bernhardo de Senis et dicas ei, quod illa translatio Jtalica, que nuper a quodam Jtalo Geneue facta, mihi apprime placet et me multum iuuat in versione Schlauica» (*Rajhman*, Pisma Primoža Trubarja, 27).

38 «Sprach jch, er soll dollmetschen, wie jchs dem Luthero vnnd anndern nach recht verdollmetscht hab» (*Rajhman*, Pisma Primoža Trubarja, 97).

39 «Gruest die herren ewr chorbrueder, furnemblich den herrn Gualtherum jn meinen namen; sein arbeit vnd des Musculi jn psalterium dient mir gantz wol zu meinem windischen psalter. Jch hab schon 33 psalm vertirt, hab auch die argumenta vor vnd annotationes jn margine vnd expositiones in fine wie der herr Walther gesetzt» (*Rajhman*, Pisma Primoža Trubarja, 36).

more than one Latin, German, and Italian – and, because of certain words, even Czech – Bible translation, but that the translators are chiefly following the versions by Erasmus and Luther.[40]

- In his preface to TPs 1566, Truber states that he has translated the Psalms in eleven years, mainly on the basis of Latin translations but also of German ones. The statement is probably intended to forestall those who might reproach him for not following Luther's version.[41] Such reproaches indeed arose, as is evident from a letter written by Matthias Klombner to Gallus: Klombner taxes Truber with having translated the Psalter via Zwingli rather than Luther,[42] which is not supported by our analysis.

3. An Analysis of the Sources for Truber's Bible Translations and of His Basic Translation Procedures

For a well-grounded discussion of Musculus' and Gwalther's influence on Truber's translation of the Psalter – the only Old Testament text translated by Truber – we should first examine Truber's approach to the New Testament books, which form the bulk of his translation oeuvre, since his translation of the Psalter would not have departed significantly from his established procedures. To this end we have analysed five passages from various New Testament books, followed by five Psalms from various parts of the Psalter. To facilitate comparison, we have further analysed the relevant translations by Georg Dalmatin, the first translator of the complete Bible into Slovenian, who – as established beyond doubt – followed Martin Luther's version.[43]

40 «Vnnd auff das E. Kün. May. vnnd andere / auch ein wissen haben / auß wölchen Buchern / vnnd was für ein sachen wir verdolmetschen / vnd ob wir mit vnserm Dolmetschen / Trucken / Geschrifften vnnd Buchstaben / vngedadelt / vnuerspott pleiben / vnd vor Gelerten der heiligen Schrifft / vnd der Crobatischen Sprache Erfarnen / bestehn werden oder nicht. So will ich hiemit / dauon auch ein kurtzen bericht thun. Wie wir haben vnnd gebrauchen gleichwol / mehr dann ein / Lateinische / Teutsche / vnnd Wällische (vnnd / von wegen ettlicher alten / Windischen Wörter / ein Behömische) Dolmetschungen der Bibel / Aber wir halten vns / vnnd volgen am Maisten / des Eraßmi vnnd Lutheri Translation. Vnd seind des vorhabens / wenn wir das new Testament haben vollendet / als dann so wöllen wir durch Brieff vnnd zuschreiben / bey den Hochgelerten Theologen der Hebreyschen sprach vnd Geschrifften erfarnen / vnd Vniversiteten Rath suchen / wölcher Dollmetschung / es sey im Latein / Teutsch oder Wällisch / wir doch fürnämlich vnnd am maisten volgen sollen» (Oskar *Sakrausky*, Primus Truber: Deutsche Vorreden zum slowenischen und kroatischen Reformationswerk, Wien/Ljubljana 1989 [Studien und Texte zur Kirchengeschichte und Geschichte 5/1], 218).

41 «Ieſt ſem lete Buque ainaiſt leit po zhaſu inu resmishlaie tomazhil, Inu ſdai Shtyri Meſce poredu drukal. Aku ſe sledna beſſeda ſteim Nemshkim Tolmazhenem neſgliha, Satu ſe ne ſmotite, Ieſt ſem vezh is Latinskih koker Nemshkih Tolmazherieu tomazhil.»

42 «Fragt, warum er den psalter nach dem Zwingl vertirt vnd nit Luthern gevolgt hat» (Mirko *Rupel*, Povabilo in odpoved Gašperju Melissandru, in: Slavistična revija 8/3–4 (1955), 220).

43 The passages analysed include Matthew 26,17–25, Luke 1,26–38, Romans 3,21–31, 1 Corin-

3.1 *Truber's Translation of New Testament Texts*

We have compared the translations of the selected passages to all accessible works which might have been followed by Truber and Dalmatin:

1. Luther's German translation of the complete Bible, after the 1545 edition (LB)
2. Erasmus' Latin translation of the New Testament, after the 1542 edition (EB)
3. The Latin Vulgate (Vu)
4. The «Zwingli» Bible in German, after the 1531 edition (ZB)
5. Brucioli's Italian translation of the New Testament (BB)
6. Bernardin's lectionary (Be 1885)
7. The original Greek text of the New Testament (GB)

As revealed by our analysis, Truber based his New Testament translation on Erasmus' version, occasionally revising it with Luther's. Dalmatin, by contrast, strictly followed Luther, adhering to Truber's text wherever it did not depart from Luther's.

Before examining the relations between Truber's translation on the one hand and Erasmus' and Luther's on the other, we must, however, first outline and explain the role of the other examined translations as it emerges from the analysed passages.

3.1.1 The Vulgate

The differences between Erasmus' translation and the Vulgate, although numerous, are for the most part such as to be easily obliterated in translation. Nevertheless, there have remained enough evident discrepancies for a well-nigh unanimous agreement between researchers that Truber followed Luther, rather than the Vulgate, «with certain departures».

An examination of those departures reveals that, wherever the difference between the Vulgate and Erasmus is capable of being reflected in the Slovenian translation, the source followed by Truber is Erasmus. Listed below are the most conspicuous examples where Truber follows Erasmus while departing from both the Vulgate and Luther.

thians 2,1–5, 2 Thessalonians 2,1–4, and Psalms 1, 2,1–5, 30, 147, 150, in all of Truber's and Dalmatin's translations (the works are listed in the Bibliography section). Dalmatin's texts are taken from DB 1584, with due attention to potential major variations in the earlier editions. Truber's texts are taken from TE 1555 (Matthew 26,17–25), TT 1557 (Luke 1,26–38), TT 1560 (Romans 3,21–31), TL 1561 (1 Corinthians 2,1–5), TL 1567 (2 Thessalonians 2,1–4), and the Psalms from Ps 1566. We have also checked TT 1581–82 for variations, drawing attention to them if necessary.

Passage	*Truber*	*Erasmus*	*Vulgate*
Luke 1,28	periatliua	gratiosa	gratia plena
Romans 3,22	htim vſem, inu zhes vſe te, kir Veruio	in omnes et super omnes eos qui credunt	super omnes qui credunt
Romans 3,24	ampag	autem	/
Romans 3,26	vletim	in hoc	/
Mark 16,2	viutro sgudo tiga peruiga dne tih Sobot	summo diluculo diei primi sabbatorum	valde mane una sabbatorum
1 Corinthians 2,1	pryzhouane Boshye	testimonium Dei	testimonium Christi

These major differences between Erasmus and the Vulgate could be identified even on the presupposition that Truber translated the other passages via Luther. As it transpires, however, that Truber followed Erasmus, the number of such passages is naturally much higher.

What, then, was the role of the Vulgate in Truber's translating? While Truber did not adopt it as a constant source text, he may well have followed it *in places*. The passages analysed yield a single example of this kind:

Passage	*Truber*	*Erasmus*	*Vulgate*
1 Corinthians 2,3	vti shibkoti	per infirmitatem	in infirmitate

Luther translates the phrase as «mit schwacheit». Truber, while not at variance with Erasmus, adopts the same solution as the Vulgate.

3.1.2 The «Zwingli» German Bible (ZB)

The observation concerning the Vulgate may be extended to all texts under comparison. With respect to the differences that could affect translation, the ZB text is identical to the LB text. In the few places displaying perceptible differences, Truber follows Luther. While ZB thus certainly never served Truber as a source text, it was an occasional aid in translating individual words. In the passages under discussion, Truber may have followed ZB in the following cases:

Passage	*Truber*	*Zwingli*	*Luther / Erasmus*
Matthew 26,24	Ta syn tiga zhloueka gre kiakai	Deß Menschen sun gadt dahin	Des menschen Son gehet zwar da hin / Filius quidem hominis vadit
Matthew 26,25	Moiſter	meyster	rabbi / Rabbi
1 Corinthians 2,4	vlepih vkunshtnih beſſedah	in hüpschen worten	in vernüfftigen Reden / in persuasoriis

Passage	*Truber*	*Zwingli*	*Luther / Erasmus*
2 Thessalonians 2,4	vſe tu, kir ſe praui Bug, oli kar ſe moli	alles das Gott genennet oder geeret wirt	alles das Gott oder Gottesdienst heisset / omnem, qui dicitur Deus aut numen

In the first example, ZB may have influenced the omission of the particle. Similarly, the translation of the term *rabbi* (which is used by Truber as well, but as a translation of Erasmus' *magister*) as *mojster* is most plausibly attributed to ZB. Rendering the term *numen/Gottesdienst* as *vſe tu, kar ſe moli* – that is, *alles das geeret wirt* – likewise suggests Zwingli's model. The most interesting case, however, is the rendering of the Latin word *persuasoria*, translated by Luther in the sense of *kunštne/razumne besede* [«prudent speech»] and by Zwingli as *lepe besede* [«pretty words»], while the meaning of the Latin term lies somewhere in between. Here, Truber may have combined Luther's and Zwingli's interpretations.

3.1.3 Brucioli, Bernardin's Lectionary, and the Greek New Testament

No noticeable parallels have been discovered with Brucioli's text (1552), Bernardin's lectionary (Be 1885), or the Greek New Testament text,[44] especially Matthew's Gospel, for which the Greek text is listed as one of the sources.

As BB 1552 follows Erasmus' translation quite faithfully, Truber may have used it as a kind of Latin-Italian dictionary and a syntactically simplified version of his source, Erasmus. Wherever Brucioli and Erasmus disagree (on average once or twice per page), Truber regularly follows Erasmus. In the rare cases where he does give precedence to Brucioli's version, a solution identical to Brucioli's is invariably found in Luther (who is the more likely source).[45]

The texts from Bernardin's lectionary diverge from Truber's solutions (also) with respect to the lexicon, which suggests that Truber consulted them rarely, if at all. The passages Luke 1,26–38, Matthew 21,1–9, and Mark 16,1–8 have revealed no parallels. Even if Truber actually did consult Bernardin's lectionary, it has left no discernible traces in the Slovenian texts. A more accurate assessment of its role would thus require nothing short of an overall comparison between Bernardin's and Truber's lexicons, but it is ques-

44 This is additionally supported by *Rozman*, Kako je Trubar prevajal Sveto pismo Nove zaveze?, 227–240.

45 E.g. Romans 3,25: TT: *skuſi to Vero vnega kry*; LB: *durch den glauben in seinem Blut*; BB: *per la fede nel sangue di esso*; or 2 Thessalonians 2,4: TL: *koker Bug*; LB: *als ein Gott*; BB: *come Iddio.*

tionable whether this time-consuming comparison would yield any tangible results.

3.1.4 *Truber vs. Erasmus*

Although Truber wrote as early as TE 1555 that he had chiefly relied on Erasmus' New Testament translation, the scholarship to date has – as demonstrated above – considered as his basic source Luther's translation, while the role of an important aid was attributed, above all, to Erasmus' «Annotationes». The analysis of selected passages, however, has identified as Truber's basic source Erasmus' Latin translation of the New Testament.[46] This, of course, is not to say that Truber did not follow Luther as well: rather, he primarily followed Erasmus, and Luther only occasionally. The tendency is best illustrated by a comparison of Truber's and Dalmatin's translations of Luke 1,26–38 with those by Erasmus and Luther.

Truber in this passage consistently follows Erasmus, while Dalmatin follows Luther. Below are some examples:

Truber	*Erasmus*	*Luther*	*Dalmatin*
potle	autem	vnd	inu
Galileisku	Galilaeae	in Galilea	v'Galilei
timu	cui	mit namen	s'imenom
ſakai ti ſi neshla miloſt	nacta es enim gratiam	du hast gnade … funden	ti ſi … gnado naſhla
nega Ozheta	patris eius	seines vaters	njegoviga Ozheta
jeſt mosha ne snam	virum non cognosco	von keinem Manne weis	od obeniga Mosha nevem
inu ni … ie leta shesti meſſiz	et hic mensis est sexus illi	vnd gehet itzt im sechsten mond	inu gre sdaj v'ſheſti Meſsez
po tui beſſedi	secundum verbum tuum	wie du gesagt hast	kakor ſi ti govuril
bode … prauizhno ſturil	iustificabit	machet	dela
od te miſli	a mente	von ewrem sinn	od vaſhe miſli

[46] It may not be amiss to point out here an article by Štefan Barbarič, or Primož Simoniti's conclusion to his monograph on humanism in the Slovenian countries. On the pages given below, they suggest that it would be worthwhile to re-examine Erasmus' influence on Truber's work, both original and translated: Štefan *Barbarič*, Stik Primoža Trubarja z mislijo Erazma Rotterdamskega, in: Zbornik za slavistiku 3, Novi Sad 1972, 87–98; Primož *Simoniti*, Humanizem na Slovenskem in slovenski humanisti do srede XVI. stoletja, Ljubljana 1979, 233–234.

Passages of great theological significance are less suitable for identifying the source text,[47] but even here Truber often surprises us with his «Erasmian» solutions. A case in point is a passage from the Epistle to the Romans (Romans 3,28), on which Luther discourses at length in his open letter on translation.[48] The issue at stake is the word *allein*, which Luther adds to the original «in the spirit of the German language», producing the following translation: «So halten wir es nu / Das der Mensch gerecht werde / on des Gesetzes werck / *alleine durch den Glauben.*» Erasmus, of course, has no equivalent of *only*: «Arbitramur igitur *fide* iustificari hominem absque operibus legis.» In this, Truber follows Erasmus in both editions, TT 1560 and TT 1581–82, although he revised for TT 1581–82 the text of this very passage, merely two lines further down, in accordance with Luther's. Truber's translation runs: «Satu mi terdno dershimo, De ta zhlouik bode Prauizhin ſturien *skuſi to Vero*, pres tih del te Poſtaue.» Dalmatin, by contrast, follows Luther, although his translation is clearly based on Truber's: «satu my térdnu dèrshimo, de Zhlovik pravizhen poſtane, pres del te Poſtave, *le ſkusi vero.*» We find it highly significant that Truber purposely chose not to follow Luther in such a key passage.[49]

3.1.5 Truber vs. Luther

For all that, the role of Luther's text in Truber's translations (as evident from Section 4) is far from negligible. Sometimes Truber complements Erasmus' text with Luther's «additions» (e.g. Romans 2,22: «Ieſt pag gouorim od lete» vs. «Jch sage aber von solcher»), although not regularly (e.g. Romans 3,25: Truber does not insert the addition «die fur jm gilt»). Certain phrases – especially those demanding a (longer) descriptive paraphrase in Slovenian – and words are often closely modelled on Luther. Listed below are some typical examples from the analysed texts:

Passage	*Truber*	*Luther*	*Erasmus*
Romans 3.25	pod teim Boshym poterplenem	vnter göttlicher gedult	quae Deus toleravit

47 For such passages, the translator will naturally collate several texts and commentaries.

48 Truber's acquaintance with this work is suggested by a passage from TC (1575: 191–192) and, as noted by Rajhman, by the preface to TE 1555 (*Rajhman*, Metodologija prevajanja, 29).

49 Luther, it is true, justifies his translation by appealing to the nature of the German language as opposed to Latin: «Ob's gleich die lateinische oder griechische Sprache in diesen Redeweisen allen nicht tut, so tut's doch die deutsche und ist's ihre Art, daß sie das Wort ‹allein› hinzusetzt, auf daß das Wort ‹nicht› oder ‹kein› um so völliger und deutlicher sei [...], denn man muss nicht die Buchstaben in der lateinischen Sprache fragen, wie man soll Deutsch reden, wie diese Esel tun» (Martin *Luther*, Sendbrief vom Dolmetschen, 1530). However, the nature of the Slovenian language might have «required» *le (only)* just as well if Truber had so wanted.

Passage	*Truber*	*Luther*	*Erasmus*
Matthew 26.17	Velikunozhnu Iagne	Osterlamb	pascha
Matthew 26.18	puſti tebi poueidati	lesst dir sagen	dicit
Matthew 26.24	Bulshe bi nemu billu	Es were jm besser	bonum erat ei
Matthew 21.9	kir ſo naprei shli inu ſad hodili	das vorgieng vnd nach-folget	quae praecedebant, et quae sequabantur
Mark 16.5	ſanem dolgim belim guantom	ein lang weis Kleid	stola candida
Mark 16.6	Iеſuſa Nazarenuſa tiga Cryshaniga	Jhesum von Nazareth den gecreutzigten	Iesum Nazarenum, qui fuit crucifixus

3.1.6 Truber – Independently

Finally, two of Truber's translation solutions in the passages discussed defy direct identification with any parallel source. These appear to be his original solutions, formed in the spirit of the Slovenian language or under the influence of biblical commentaries. Both are cited below:

Passage	*Truber*	*Erasmus*	*Luther*
Romans 3,23	eden mumu drugiga ne vela	non ... est distinctio	es ist ... kein vnterschied
Mark 16,1	shlahtne diſezhe ko-rene inu shalbe	aromata	specerey

3.2 Psalms

Having outlined Truber's basic approach to translating New Testament texts, we may now address more competently his approach to Old Testament Psalms – the only Old Testament text at which he ever tried his hand. We have compared Truber's version of the Psalms with the following works:

1. Musculus' 1556 Latin translation of the Psalter, extensively annotated (MPs)
2. Gwalther's translation of the Psalter in the 1831 edition[50] (WPs)
3. Luther's 1545 German translation of the complete Bible (LB)
4. the Latin Vulgate *(iuxta LXX and iuxta Hebraeos)* (Vu)
5. the German «Zwingli» Bible, after the 1531 edition (ZB)

[50] The text of this edition is confirmed by *Premk*, Korenine, 702 to be a transcript of the original 1558 edition, which we have been, for all our efforts, unable to access.

6. the Hebrew Bible with a comprehensive lexical analysis, explanation of the Hebrew words, and Greek and English translations
7. the Greek text of the Old Testament (the Septuagint)

The Psalter, being Truber's only Old Testament translation, was the only one where he could not resort to Erasmus. The Psalms analysed and compared in our study suggest that his translation procedures were basically the same as with the New Testament books. As his basic source texts he adopted Musculus' Latin translation of the Psalter, extensively annotated, and Gwalther's German translation, occasionally consulting Luther's version as well. No passage, however, points to a direct translation from the original Hebrew text.

3.2.1 Musculus

Musculus' abundantly annotated translation of the Psalms from Hebrew into Latin (MPs 1556) represents, by the standards of the time, a more than exemplary work. Each Psalm is cited and annotated in the framework of the following sections:

1. *argumentum psalmi* (the content of the Psalm):
   - *usus huius psalmi* (its use and purpose)
   - *dispositio psalmi* (its structure)
2. the text in the Latin translation (given by lines, by sections, or as a whole)
3. *lectio* (a text-critical commentary on the text cited)
4. occasionally: *divisio* (the division of the Psalm)
5. *explanatio* (an explanation of individual lines, sections, or the whole)
6. *observatio* (additional theological and content-related observations on the meaning of individual lines, sections, or the whole)

Where necessary, the title of the Psalm *(titulus)* is explained at the beginning as well.

This work provided Truber with an excellent overview of most of the extant translations, as well as of the original. All passages where the translations significantly diverge from each other are furnished in Musculus' *lectio* section with an extensive apparatus, which includes both the original Hebrew text *(Ebraeus)* and a number of translations:

- Ancient Greek (the Septuagint or *Graecus*),[51]
- both Ancient Latin translations: *iuxta LXX (Vulgata Latina)* and *iuxta Hebraeos (Hieronimus)*,

[51] In all probability he used the printed edition of the Septuagint published by Aldus Manutius in Venice, 1518.

- the label «Chaldean translation» *(Chaldaeus)* presumably refers to the Aramaic Targum of Psalms; it is almost certainly taken from Justinianus' 1516 Psalter edition, which includes a column headed *Periphrasis chaldea*,
- an Arabic translation *(Arabs)*, almost certainly based on the Arabic text as found in Justinianus (Ju 1516),
- the following New Latin translations:
  - an interlinear Old Testament translation brought closer to the Hebrew (Latin – Hebrew), prepared at the beginning of the 16th century by Santes Pagninus *(Pagninus)*,
  - a translation of the Psalms from the Hebrew, furnished in Venice, 1515, by Felix Pratensis *(Felix)*,
  - Justinianus' multilingual Psalter edition, published in 1516 in Paris and Geneva *(Iustinianus)*,
  - a work titled «Psalmorum omnium paraphrastica interpretatio», published in 1536 by Joannes Campensis at Roskild (*Campensis*),
  - a Psalter published by Martin Bucer in 1539 under the pseudonym of Aretius Felinus *(Felinus)*,
  - a Latin translation of the Old Testament, «Biblia Tigurina» (the Psalms were translated by Leo Juda and Theodore Bibliander), published in 1543 in Zürich *(Tigurina)*.

Since, moreover, Musculus' *explanatio* section discourses on particular characteristics of the Hebrew words, Truber was occasionally able to approach the Hebrew text even without understanding it. Musculus addresses in detail certain language-specific characteristics, such as the use of tenses in various languages, as well as the theological meanings of some polysemantic terms.

3.2.2 Truber's Approach to Psalm Translation

In translating the Psalter, Truber adopted essentially the same approach as in the case of the New Testament books. It can be proved that he combined – as he claims himself – the translations by Musculus, Gwalther, and Luther. An analysis of texts taken from the beginning, middle and end of the Psalter (Psalms 1, 2,1–5, 30, 147, and 150) yields the following figures:

Psalm	*Following Musculus alone*	*Following Gwalther alone*	*Following Luther alone*	*Following Musculus or Luther*	*Following Gwalther or Luther*	*Total*
Psalm 1	9	1	0	3	1	14
Psalm 2.1–5	2	0	3	0	0	5
Psalm 30	8	7	2	2	6	25

Psalm	*Following Musculus alone*	*Following Gwalther alone*	*Following Luther alone*	*Following Musculus or Luther*	*Following Gwalther or Luther*	*Total*
Psalm 147	8	6	5	4	10	33
Psalm 150	0	1	1	0	3	5
Total	*27*	*15*	*11*	*9*	*20*	*82*

Of the 82 passages where the translations examined diverge, Musculus may be credited with 32 to 43 per cent of the solutions, Gwalther with 18 to 42, and Luther with 13 to 48 (there are a number of passages where Luther and Gwalther agree with each other). Parallel readings of most other Psalms (3–29, 90–100, 120–146, 148–149) yield a similar picture, while passages clearly suggesting a fourth source, such as the Hebrew text, have not been found.

Two-word translations, such as *častiti in hvaliti* (worship and praise) for *celebro*, *hvalo peti/hvaležno peti* (to sing praise/sing gratefully) for *psallo*, or *veselje in volja* (joy and will) for *voluntas*, are, as a rule, motivated by Musculus' commentary.[52] Let us examine the last example. Truber uses the expressions *veſſelie inu vola*, «joy and will» (Psalm 1,2) to render the Hebrew חפץ which is translated by Gwalther and Luther as *lust*, and by the Latin versions as *voluntas*. The scholarship to date has failed to solve the question why Truber should have employed two words in his translation. The answer, however, emerges readily enough after a consultation of Musculus' commentary (MPs 1556: 4), which states: «But the Hebrew term is broader than the translation *voluntas* (will), for the meaning of the former term involves a certain joy *(delectatio)* and delight *(voluptas)* or good mood *(iucunditas)*.» This meaning, then, was added by Truber to the direct translation of the Latin word.[53]

In addition to the examples charted above, there remain five passages where Truber diverges from all three, Musculus, Gwalther, and Luther.[54] Interestingly, none of them is directly motivated by Hebrew.[55] The facts out-

52 By contrast, a translation of this type is explained in *Premk*, Korenine, 63, as follows: «The amplification with the lexical addition *inu vola* is a result of Truber's own creativity.»

53 A two-word translation, but a different one, is found in ZB as well: *lust und fröud*.

54 This group represents 5.8 per cent of the total of 86 passages where the translations diverge.

55 Three of the passages are modelled on Jerome (Trubar translates משיחו (Psalm 2,2) not as «his anointed one», which would match his major sources, but as *Criſtuſ*, a solution only found in Jerome's translation – *Christum*); Psalm 147,4 (Truber adds the phrase *shnih*; Vu has *nomine suo*); and Psalm 147,11 (Truber adds the conjunction *inu* in imitation of *et*). One passage matches ZB (Psalm 30,11: the word *mene* is added for the sake of transparency), while one probably represents Truber's original reshaping of the text (Psalm 147,5: the translation is not literal: *ſe ne more preshteti* «cannot be counted» instead of *nima števila* «has no number»).

lined above should, of course, not mislead us into believing that Truber was unaware of the meanings of the Hebrew text – even if he (had) lacked all knowledge of Hebrew, he had commentaries at his disposal. What we contend is merely that he did not translate directly from the Hebrew.

Primus Truber's approach to translating biblical texts, as well as his choice of the source texts, suggest that he preferred to rely on the authoritative translations of his time, rather than interpret the original texts on his own or translate from the original languages. This is not to say, of course, that he was not interested in approaching the original texts – mastered by translators in varying degrees – or that he did not keep them at hand during the translation process (another question is how much Greek and Hebrew he actually knew). Above all he sought to avoid the risk that his interpretation might be inappropriate, infelicitous or even wrong.[56] In this light, Truber's approach to the New Testament texts is – from a theological perspective as well – highly interesting for his simultaneous reliance on Erasmus and Luther, while his approach to the Old Testament Psalms is especially fascinating for his use of Musculus and Gwalther alongside Luther. Musculus' influence in particular was very strong (partly due to the added commentaries), so that future evaluations of Musculus' work should not overlook his contribution to the final form of the Slovenian Psalms.

4. Summary

The paper examines the procedures of translating scriptural texts employed by the Slovenian Protestant writer Primus Truber (Primož Trubar) (1508–1586). Truber translated into Slovenian the entire New Testament, as well as the Old Testament Psalms. For a clearer view of Truber's procedures in translating the Psalms, the paper begins by citing his own statements on translating the New Testament texts, and continues by analysing these procedures in detail through the first half of the discussion. What transpires is that Truber translated the New Testament texts by combining two models: the Latin translation of the New Testament by Desiderius Erasmus and the German translation by Martin Luther. The paper continues by citing Truber's statements on translating the Psalms, summarising a comparative analysis of his potential models (Musculus, Gwalther, Luther, the Vulgate, the «Zwingli» Bible based on the edition of 1531, the Hebrew Bible, the Greek translation of the Old Testament – the Septuagint). In translating the Psalms, Truber appears to have pursued essentially the same method as with the New Testament: he combined three models, Musculus, Gwalther, and

[56] In Truber's day, a translator's mistake was prone to be regarded as heresy.

Luther, sometimes drawing on Musculus' notes as well, which is highlighted in the discussion (with an accompanying description of the structure of these notes). Of the 82 passages where the translations examined diverge, Musculus may be credited with 32 to 43 per cent of the solutions, Gwalther with 18 to 42, and Luther with 13 to 48 (there are a number of passages where two of the authors, Luther and Gwalther or Musculus and Luther, agree with each other). The results indicate the strong influence exerted by Musculus' and Gwalther's work in the Slovenian-speaking areas.

5. Main Sources

TC 1550	Primus *Truber*, Catechismus, Tübingen 1550.
TA 1550	Primus *Truber*, Abecedarium vnd der klein Catechismus, Tübingen 1550.
TC 1555	Primus *Truber*, CATECHISMVS, Tübingen 1555.
TE 1555	Primus *Truber*, TA EVANGELI SVETIGA MATEVSHA, Tübingen 1555.
TT 1557	Primus *Truber*, TA PERVI DEIL TIGA NOVIGA TESTAMENTA, Tübingen 1557.
TT 1560	Primus *Truber*, TA DRVGI DEIL TIGA NOVIGA TESTAMENTA, Tübingen 1560.
TL 1561	Primus *Truber*, SVETIGA PAVLA TA DVA LISTY, Tübingen 1561.
TPs 1566	Primus *Truber*, Ta Celi Pſalter Dauidou, Tübingen 1566.
TL 1567	Primus *Truber*, SVETIGA PAVLA LYSTVVI, Tübingen 1567.
TPs 1567	Primus *Truber*, ENI PSALMI, TA CELI CATEhiſmus, Tübingen 1567.
TC 1575	Primus *Truber*, CATEHISMVS SDVEIMA ISLAGAMA, Tübingen 1575.
TT 1577	Primus *Truber*, NOVIGA TESTAMENTA PVSLEDNI DEIL, Tübingen 1577.
TT 1581–82	Primus *Truber*, TA CELI NOVI TESTAMENT, Tübingen 1581–1582.
DB 1584	Georg *Dalmatin*, BIBLIA, Wittenberg 1584.
BB	Antonio *Brucioli* (transl.), Nuovo testamento di Giesu Christo salvatore nostro, Lyon 1552.
Be 1885	*Bernardin* Spljećanin, Lekcionarij Bernardina Spljećanina po prvom izdanju od god. 1495, Zagreb 1885.
EB	Desiderius *Erasmus Roterodamus*, Novum testamentum per D. Erasmum Roterodamum noviſsime recognitum, Parisiis 1542.

GB Greek text of the New Testament.
Ju Augustinus *Justinianus* (transl.), Psalterium, hebraeum, graecum, arabicum et chaldaeum, cum tribus latinis interpretationibus et glossis, Genuae 1516.
LB 1545 Die Luther-Bibel: Originalausgabe 1545 und revidierte Fassung 1912: 2. Ausgabe, Berlin 2000 (Digitale Bibliothek 29).
MPs Wolfgang *Musculus*, In sacrosanctum Dauidis Psalterium Commentarii, Basileae 1556.
Vu Vulgate, 1969.
WPs Rudolph *Gwalther*, Die kleine Bibel: Oder der Psalter Davids, Zürich 1831.
ZB Ulrich *Zwingli*, Die gantze Bibel, Zürich 1531.

Kozma Ahačič, Scientific Research Centre of the Slovenian Academy of Sciences and Arts, Ljubljana

Die «Kurtze und glaubhaffte verantwortung» (1596)

Ein Dokument zur theologischen Auseinandersetzung zwischen Reformation und Katholizismus

von Philipp Wälchli

Einleitung

1. Allgemeines

Der nachfolgend erstmals kritisch edierte Text bildet ein Mandat der Zürcher Obrigkeit und ist als solcher in der Mandatsammlung der Stadt Zürich überliefert. Allerdings hat dieser Text auf den ersten Blick wenig mit einem «Mandat» im Sinne von «Gesetzgebung» zu tun, da er keinen Regelungsgehalt aufweist – ausgenommen vielleicht der Hinweis, die Zürcher Obrigkeit würde ihren Geistlichen den Rekurs auf Geistererscheinungen und bestimmte Formen von Exempla-Erzählungen zum Beweis ihrer Predigten nicht gestatten, der als Verbot gedeutet werden könnte.[1] Im Übrigen jedoch stellt der Text eine reine Apologie gegen katholische Vorwürfe dar und reiht sich so in eine zahlenmässig kleine, aber inhaltlich nicht unbedeutende Gruppe «apologetischer» Mandate ein, die sich fast ausnahmslos gegen katholische Vorwürfe richten. Aus dieser Gruppe sticht die vorliegende «Verantwortung» formal durch ihre Kürze, aber auch durch den Umstand hervor, dass sie in drei Sprachen deutsch, lateinisch und italienisch veröffentlicht wurde.[2] Dass aber Mandate teilweise ausführliche Rechtfertigungen, Begründungen und bisweilen sogar erzählende oder traktatartig argumentierende Teile enthalten, ist durchaus üblich,[3] so dass die apologetischen Mandate wie das vorliegende gewissermassen nur eine extreme Ausprägung der Gattung Mandat darstellen, in der die begründend-argumentie-

1 Siehe unten S. 143.

2 Durch seine Länge und seine Stossrichtung gegen die Täufer sticht auch der «Wahrhaffte Bericht» von 1639 aus der Gruppe der apologetischen Mandate hervor; er ist ediert in: Täufer und Reformierte im Disput: Texte des 17. Jahrhunderts über Verfolgung und Toleranz aus Zürich und Amsterdam, hg. von Philipp Wälchli et al., Zug 2009.

3 Gleichsam prototypisch dafür die umfassende Ordnung des Armenwesens von 1662 (Staatsarchiv Zürich, III AAb 1.4), die neben Vorschriften auch eine ausführliche Darstellung des Armenwesens und einen abschliessenden Traktat gegen das Almosengeben enthält. Zu diesem Dokument vgl. Philipp *Wälchli*, Zürcher Mandate zum Armenwesen von der Reformation bis 1675, in: Zwingliana 35 (2008), 101–115, bes. 108f.

renden Teile gegenüber dem Regelungsgehalt bei weitem das Übergewicht bilden.[4]

2. *Anlass, Inhalt und Bedeutung*[5]

Der Anlass, der zum nachfolgend edierten Mandat führte, ist eindeutig bezeugt: Am Auf- bzw. Himmelfahrtstag, nach katholischem Kalender der 21. Mai 1596, hatte ein Kapuziner in Baden eine Predigt gehalten, in der er massive Vorwürfe gegen die Reformierten erhob. Vor allem führte er als Exempel einen angeblichen Vorfall an, bei dem sich ein reformierter Zürcher Pfarrer während der Predigt mittels einer Selbstverfluchung verschworen habe, wenn er nicht die Wahrheit sage, solle ihn der Teufel holen, worauf er von diesem mitten aus der Predigt von der Kanzel hinweg entführt worden sei. Aus traditionell-katholischer Sicht, die mit (insbesondere auch übernatürlich-jenseitigen) Exempla zu argumentieren gewohnt war, schien somit der Beweis des Irrtums der Reformierten erbracht.

Da Baden ein auch bei den Zürcher Reformierten beliebter Badeort war, gelangten Berichte über diese Predigt umgehend nach Zürich. Der Zürcher Rat erkundigte sich brieflich beim Badener Rat, der aber ausweichend antwortete und darauf verwies, dass die Niederlassung der Kapuziner nicht seiner Autorität unterstehe.[6]

Allerdings bildete die Predigt in Baden offenbar nur den Auslöser für die Reaktion der Zürcher. Denn schon auf der Mai-Synode der Zürcher Geistlichen wurde eine ähnliche Predigt der zum Badener Bezirk des Kapuziner-Ordens gehörenden Niederlassung in Frauenfeld besprochen, die bereits um Ostern gehalten worden war und ebenfalls massive Vorwürfe gegen die Reformierten enthalten hatte.[7] Die Abteilung E I 10 des Zürcher Staatsarchivs enthält überdies aus früheren und späteren Jahren zahlreiche Zeugnisse über vergleichbare Auseinandersetzungen mit den Kapuzinern, so dass sich im Lauf von April bis Juni 1596 offenbar nur eine besondere Zuspitzung eines

[4] Zur Gattung «Mandat» vgl. René *Pahud de Mortanges*, Schweizerische Rechtsgeschichte: Ein Grundriss, Zürich/St. Gallen 2007, 99–102, Randnoten 157–159.

[5] Vgl. zu diesem Abschnitt die ausführlichere Besprechung desselben und weiterer Texte bei Philipp *Wälchli*, Zürich und die Geister: Geisterglaube und Reformation, in: Bewegung und Beharrung: Aspekte des reformierten Protestantismus, 1520–1650. Festschrift für Emidio Campi, hg. von Christian Moser und Peter Opitz, Leiden/Boston 2009 (Studies in the History of Christian Traditions 144), 246–257.

[6] Das Antwortschreiben des Badener Rates, datiert auf den 10. Juni 1596, ist im Staatsarchiv Zürich, E I 10.2, erhalten.

[7] Protokoll der Synode vom 4. Mai 1596 [14. Mai 1596 n. St.]: Staatsarchiv Zürich, E II 1a, S. 898, unter dem Randtitel «Caputschiner»; Bericht vom 4. April 1596 [14. April 1596 n. St.] über den zugrunde liegenden Vorfall: Staatsarchiv Zürich, E I 10.2; beide Dokumente wiedergegeben und besprochen bei *Wälchli*, Zürich und die Geister, 253 f.

andauernden Konfliktes ereignete, der die Zürcher Geistlichkeit und Obrigkeit mit der «Verantwortung» zu begegnen suchten.

An der äusseren Form des vorliegenden Mandates ist vor allem auffällig, dass es nicht nur auf deutsch, sondern auch auf lateinisch und italienisch, welche beide Fassungen im Anschluss an die deutsche und an ein gemeinsames Titelblatt in zwei Spalten parallel gedruckt sind, publiziert wurde. Die deutsche Fassung ist augenscheinlich authentisch, die beiden anderen sind Übersetzungen. Dabei dürfte die lateinische auf ein internationales gebildetes und folglich lateinkundiges Publikum gezielt haben; die italienische Fassung hat sich schwerlich an einheimische Italienischsprachige, z.B. Angehörige der ausgewanderten Tessiner Gemeinde, gerichtet, sondern vermutlich auf Italien selbst gezielt, woher der Kapuziner-Orden stammte, wo er damals ganz klar seinen Schwerpunkt und die meisten Mitglieder besass, die als Angehörige eines Laien-Ordens zudem oftmals nicht über eine Bildung verfügten, die Latein einschloss. Trifft diese Annahme zu, so dürfte die italienische Fassung also auf die italienischen Kapuziner gezielt haben.

Der Umstand, dass die deutsche Fassung des Textes auch im Archiv des Freiamt-Kapitels erhalten ist, soll und darf angesichts der Zufälle der Überlieferung nicht überbewertet werden. Das Freiamt-Kapitel, das im fraglichen Zeitraum die Gemeinden Affoltern, Birmensdorf, Bonstetten, Hausen, Hedingen, Kappel, Knonau, Maschwanden, Mettmenstetten, Ottenbach, Rifferswil und Stallikon umfasste, also das Gebiet um den Albis, war allerdings einer der Grenzbezirke Zürichs mit Anstoss an die katholische Innerschweiz und an den heutigen Kanton Aargau, zu dem Baden gehört. In einer solchen Grenzlage zum katholischen Gebiet dürfte die sorgfältige Aufbewahrung dieses Dokumentes (selbst)verständlich sein.

Inhaltlich argumentiert der Text vor allem auf zwei Arten: Einerseits wird die Erzählung über einen angeblich vom Teufel von der Kanzel entführten Zürcher Pfarrer als Lüge zurückgewiesen und als Teil einer böswilligen Verleumdungskampagne hingestellt; anderseits wird, was die Religion anbelangt, auf Grundlage der Bibel argumentiert. Damit zeichnen sich zwei verschiedene Argumentationsmuster ab, die in der zugrunde liegenden Angelegenheit im Konflikt standen: Auf der einen Seite handelte es sich um eine traditionelle, aus dem Mittelalter gut bezeugte Argumentationsweise, die auf Exempla auch übernatürlich-jenseitiger Art als Beweismittel rekurrierte und diese anschaulich zu erzählen verstand (zu erinnern ist an die mittelalterliche Visionsliteratur), auf der anderen Seite jedoch eine gleichsam rational-aufgeklärte Argumentation, die sich auf die Bibel und deren sorgfältige Exegese stützte. Die erste Art lässt sich prototypisch der katholischen, die zweite der reformierten Seite zuschreiben, was zugleich einem verbreiteten Vorverständnis entspricht.

Allerdings erweist sich diese prototypische oder gar schematische Zuordnung bei näherem Hinsehen als problematisch und keineswegs so eindeutig, wie der erste Anschein nahelegen könnte: Immerhin leugnet der Zürcher Text nirgends die grundsätzliche Möglichkeit, dass der Teufel einen sich selbst verfluchenden Menschen sogleich entführen könnte, nimmt also keine «aufgeklärte» Position ein, sondern beschränkt sich darauf zu beteuern, der kolportierte Vorfall habe sich nicht ereignet; anderseits gleitet der Text aber auch gegen Ende selbst in eine Andeutung ab, die dem Eingreifen des Teufels ins menschliche Leben gefährlich nahe kommt, indem unter Anspielung auf zwei Bibelstellen gesagt wird, dass selbst die «Pforten der Hölle» nicht gegen die aus der Bibel gewonnene Wahrheit ankämen und dass es sich, falls ein Engel vom Himmel käme und etwas anderes lehrte, um einen bösen Engel, d.h. Teufel handeln müsse.[8] Damit wird wiederum die grundsätzliche Möglichkeit eines überirdisch-jenseitigen bzw. diabolischen Eingreifens nicht ausgeschlossen, sondern eingestanden und somit auch die grundsätzliche Beweiskraft derartiger Exempla nicht völlig bestritten. Letztlich dürfte sich also der Konflikt zwischen einer traditionell-mittelalterlichen, auf Exempla gestützten Argumentation und einer rational-exegetischen, auf die Bibel gestützten sogar im Text selbst wiederfinden.

Insgesamt handelt es sich beim vorliegenden Dokument um ein formal einzigartiges und trotz seiner relativen Kürze auch inhaltlich bedeutsames Zeugnis für eine in der damaligen Zeit hoch aktuelle Auseinandersetzung um zwei grundsätzlich verschiedene und miteinander ringende Argumentationsmodelle.

3. Quellen und Editionsprinzipien

Quellen: Staatsarchiv Zürich, Sammlung der gedruckten Mandate, Signatur: III AAb 1.1; nur der deutsche Text auch Staatsarchiv Zürich, Kapitelsarchiv des Freiamt-Kapitels, Signatur: E IV 29 Freiamt

Vorlage: Als Vorlage der Edition dient das Exemplar der Mandatsammlung.

Editionsprinzipien: Die vorliegende Edition folgt den Richtlinien[9] der Arbeitsgemeinschaft historischer Forschungseinrichtungen in der Bundesrepublik Deutschland e.V. in München mit folgenden Abweichungen:

1. Normalisiert wurden die Überschriften und die Gestaltung der Absätze.
2. Besonderheiten der Vorlage wurden in den textkritischen Fussnoten vermerkt.

[8] Siehe unten S. 144.
[9] Gedruckt in Archiv für Reformationsgeschichte 72 (1981), 299–315.

3. Normalisiert wurden u und v; ansonsten wurde der Zeichenbestand der Vorlage unverändert übernommen, eingeschlossen die Gross- und Klein- sowie die Zusammen- und Getrenntschreibung, der Schriftstil und die Interpunktion. Gängige Kurzzeichen wurden stillschweigend aufgelöst, Abkürzungen wurden wie andere Ergänzungen in eckigen Klammern [] aufgelöst.
4. Die Umrechnung julianischer Daten (alter Stil, a. St.) in gregorianische (neuer Stil, n. St.) erfolgte nicht im Text, sondern in den kommentierenden Fussnoten.
5. An Stelle der nicht vorhandenen Seitenzahlen wurde die Lagezählung des Originals zur Paginierung verwendet.
6. Abweichend vom Original folgt der italienische Text auf den lateinischen und wurde nicht in einer zweiten Spalte neben diesen gesetzt.

Dr. Philipp Wälchli, Universität Zürich

Edition

|[A] Kurtze und glaubhaffte verantwortung Herren Burgermeisters unnd eins Ehrsamen Rahts der Statt Zürych:

Uber das unverschampt unnd erdichtet ußspreiten etlicher lugenhaffter lüthen: Sam[10] der Tüfel einen Prediger inn der Statt Zürych inn der Predig ab der Cantzel genommen und hinweg gefuͤrt habe / etc. In Truck verfertiget zů errettung der wahrheit / unnd darnebend zeerkennen den lugenhafften geist[11] der widerwertigen der wahrheit Evangelischer lehr[12].[13]

M. D. XCVI.

|[A ii] WIr[14] der Burgermeister unnd Raht der Statt Zürych / Wünschend allen unnd jeden / was standts und ehren die syend / unseren Christlichen fründtlichen grůß und alles gůts / durch Christum Jesum unseren einigen Erloͤser: Und gebend hiemit mengklichem zůvernemmen / Als dann uns kurtz verruckter tagen glaubwürdig fürkhommen / wie daß allenthalben hin unnd wider gantz unwahrhaffter unverschampter wyß offentlich geredt und ußgespreitet[15] werde: Als ein Diener deß Worts Gottes / oder Predicant / inn unser Statt allhie / an der Cantzel geprediget und namlichen geredt: Wann er nit die wahrheit lehre / so soͤlle der Tüfel kommen und jnne von der Cantzel hinweg nemmen / Sye / inn dem er soͤllichs geredt / der Tüfel khommen unnd hab jnne vor mengklichen von der Cantzel hinweg gefuͤrt / etc. Und wie es gmeinlich beschicht / daß man die lugenen besseret / also ist es inn dem fal auch zůgangen / daß man diserm lug allerley seltzamer umbstaͤnden zůgedichtet unnd angehenckt hat / nit not diß orts zůerzellen:

Wiewol wir nun nit vermeint / dz jemandt funden |[A ii verso] wurde / der soͤllichen unverschampten unnd unwahrhafften reden und grifflichen lugenen oren geben hette: Jedoch nütdestweniger diewyl soͤlliche red hin und wider inn und usserthalb einer Eydtgnoschafft erschollen / spoͤttlich und schimpflich allenthalben darvon geredt wirt / unnd vil lüth glauben moͤchten / als

[10] Als ob.

[11] 1Kön 22,23; 2Chr 18,22.

[12] Vgl. Gal 2,5.14.

[13] Im Original folgt unter dem Titel das Emblem der Stadt Zürich: In quadratischem Rahmen auf Renaissance-Tartsche der doppelköpfige Reichsadler, darunter auf zwei Renaissance-Tartschen spiegelverkehrt angeordnet das Wappen der Stadt Zürich, über der oberen Tartsche Reichsapfel; zwei Löwen, halb dem Betrachter zugewendet, halten über den Schilden eine Bügelkrone (5 Bügel). Den Rändern entlang ist eine spätgotische Bogenkonstruktion (Scheinarchitektur) angebracht, darauf 29 Wappen der von Zürich beherrschten Gebiete.

[14] W als Initialbuchstabe mit geometrischem Rankenwerk verziert.

[15] Verbreitet, ausgestreut.

wann diß ein wahrheit were: Darnebend wir auch deß berichtet werdend / Daß ein Cappuciner zů Baden im Ergoͤw so unverschampt gewesen / daß er soͤllichs allda zů Baden by den grossen Båderen offentlich an der Cantzel inn bysyn viler ehrlichen lüthen / am Zinstag[16] vor nechst verschinner Uffart unsers Herren Jesu Christi[17] nach dem nüwen Calender[18] / doͤrffen ußgeben und bestetigen / als ein sichere ungezwyflete wahrheit: Nebend vilen anderen erdichteten unwahrheiten / so[19] er domalen sonst auch uff ehrliche / vor vilen jaren seligklich inn Gott verscheidne lüth / unverschampter wyß frefenlich und falschlich ußgegossen:

SO habend wir / der geliebten wahrheit zestür[20] / und zů trutz dem Tüfel unnd allen lugneren / sinen glideren / långer nit koͤnnen noch woͤllen soͤlliche ungegründte unnd erdichte Calumnien lassen fürüber gahn / sondern unsere gethrüwe Vorstender am Wort Gottes / wie billich / vor Gott unnd der welt verantworten. Unnd das umb so vil desto mehr / diewyl soͤllichs geredt wirdt von denen / so[21] uns zů|[A iii]nechst an der thür sitzend / unnd billich der sach besser nachgeforschet solten haben / ehe daß sy soͤlliche schmechliche unwahrheit ußgussind.

Bekhennend unnd bezügend deßhalb hiemit offentlich / Daß uns und unseren gethrüwen Dieneren deß Goͤttlichen Worts inn dem allem groblich gewalt und unrecht beschicht:

Dann zum vordristen / so habend wir (Gott dem HErren sye lob und danck gesagt) vil andere und bessere gründ unserer Christlichen Religion unnd Glaubens / dann[22] daß es eines soͤllichen bezügens bedoͤrffe. Wir wurdind auch unseren Predigern und Dieneren deß Goͤttlichen Worts das nit gestatten: da sy jr lehr uff disere maaß zůbezügen understůndind / wie sy auch deß nit gesinnet sind / unnd sich soͤllicher lychtfertigkeit nit gebrucht habend / unnd noch nit gebruchen werdend. Ire zugnussen sind Gottes klar und håll Wort. Und in dem voruß das heilig Vatter unser[23] / Die artickel deß uralten

16 Dienstag.

17 21. Mai 1596 n. St.

18 Neuer Kalender, stylus novus: der gregorianische Kalender, der 1582 von Papst Gregor XIII. (Papst 1572–1585) in der katholischen Kirche eingeführt wurde. Die reformierten Gebiete lehnten diese Kalenderreform zunächst ab und hielten am herkömmlichen julianischen Kalender mit strikte vierjährigem Schaltjahreszyklus fest. Bei seiner Einführung ging der gregorianische Kalender dem julianischen 10 Tage voraus.

19 Die (Relativpronomen).

20 Zur Hilfe.

21 Die (Relativpronomen).

22 Als (Vergleichspartikel).

23 Mt 6,9–13; Lk 11,2–4.

Christlichen Glaubens[24] / sampt den heiligen Zehen Gebotten[25]. Was mit dem stimpt / das bekhennend wir der massen gegründet syn / daß auch die porten der hellen darwider nützit werdend vermoͤgen[26]. Daß es deßhalb deß lychtfertigen zügens nützit bedarff. Was disen Hauptstucken Christlicher Religion unnd Glaubens zewider / Innsonders dem thüren |[A iii verso] verdienst unsers lieben Herren Jesu Christi / das bekhennend wir so presthafft[27] und krafftlos syn / daß wann ein Engel von himmlen kheme / unnd ein anders lehrte / wir mit S [ancto] Paulo reden wurdind / daß es nit ein gůter / sonder verflůchter Engel sye.[28] Ist derhalben diß anders nützit / dann ein offentliche und unverschampte Calumnia[29].

Was demnach belanget den Tüfel / der ein Predicanten ald[30] Diener deß Goͤttlichen Worts by uns soͤlte von der Cantzel genommen unnd entfůrt haben / Ist dasselbig glychsfals ein grosse unnd grobe unwahrheit / erdichtet unserer Christlichen Religion unnd Glauben zů verachtung / nachteil unnd verkleinerung by eynfalten unnd unberichteten lüthen.

Vermanend hieruf alle gůthertzigen gmůter / diserem unerbaren / erdichteten unnd offentlich unwahrhafften ußgiessen soͤllicher lestermüleren kheinen glauben zegeben / sondern es für ein freffne und unverschampte unwahrheit (das es an jm[31] selbs ist) zeachten und zehalten: Und daß sy auch sich vor soͤllichen lugenhafften geisteren[32] hůtind und wol fürsehind.

Unnd bevelhend hiemit alle unnd jede liebhaber Goͤttlicher wahrheit unnd ehrbarkeit dem gne|[A iiii]digen schutz unnd schirm Gottes deß Allmechtigen.

Actum inn unserem Raht / Sambstags den XXIX. Maij,[33] im Jar nach der geburt Christi unsers Heylands M. D. XCVI.

Getruckt zů Zürych by Johanns Wolffen.

[24] D. h. das Apostolikum.
[25] Ex 2,2–17; Dtn 5,6–21.
[26] Mt 16,18.
[27] Schädlich, mangelhaft.
[28] Gal 1,8.
[29] Dieses Wort im Original in Antiqua.
[30] Oder.
[31] Sich (Reflexivpronomen).
[32] 1Kön 22,23; 2Chr 18,22.
[33] 8. Juni 1596 n. St.

|[A 1] BREVIS ET VERA RESPONSIO D[OMINI] N[OSTRI] CO[N]S[ULIS] ET AMPLISS[IMI] SENATUS CIVITATIS TIGURINAE:

AD IMPUDENTER CONFICTAM CALUMNIAM nonnullorum mendacissimorum hominum, spargentium, A Diabolo Verbi divini Praeconem, concionantem Tiguri, e suggestu ablatum esse, etc. typis mandata tum asserendae veritatis causa, tum ad retegendum spiritum mendacii[34] eorum, qui veritati Evangelicae[35] adversantur.

BRIEVE ET FEDELE RISPOSTA DEL S [IGNORE] CONSULE, E DELL' HONORATO SENATO DELLA CITTA DI ZURIGO:

CONTRA LA SFACCIATA E FENTA DIFFAMATIO*ne d'alcuni huomini bugiardi: come se il Diavolo havesse levato un'predicatore dal pulpito e portato via, etc. stampata per diffesa della verità, et per far conoscer lo spirito degli avversari della verità Evangelica.*[36]

Tradotta del Tedescho.

TIGURI

APUD IOHANNEM VVOLPHIUM, TYPIS FROSCH[OVERI] ANNO M. D. XCVI.[37]

|A 2[38] NOS CONSUL ET SENATUS CIVITATIS *Tigurinae*,

UNIVERSIS[39] ac singulis, cujuscunque sint status et conditionis, ad quos praesentes nostrae pervenerint, salutem plurimam et prosperitatem optamus ab unico nostro Redemptore D[omino] Iesu Christo et notum facimus, Recens ad nos perlatum esse, passim hinc inde falso et impudenter spargi, Quod minister sive praeco Verbi divini, Tiguri in civitate nostra, cum pro suggestu concionatus dixisset, Nisi veritatem doceat, ut Diabolus ipsum e medio desuggestu auferat a Diabolo de repente coram omnibus de suggestu abreptus sit, etc. Et quod fieri consuevit, ut fama mendax crescat eundo[40]: ita hic quoque factum, ut videlicet et homines huic longe putidissimo mendacio omnis

[34] spiritum mendacii: 1Kön 22,23; 2Chr 18,22.
[35] Vgl. Gal 2,5.14.
[36] Vgl. Gal 2,5.14.
[37] Die Rückseite des Titelblattes weist das Emblem der Stadt Zürich (wie oben Anm. 13) auf.
[38] Der lateinische und der italienische Text folgen im Original nebeneinander in zweispaltigem Druck, links Latein, rechts Italienisch.
[39] U als Initialbuchstabe mit geometrisch-floralem Rankenwerk verziert.
[40] Vgl. zur Metapher Vergil, Aeneis 4,173–177.

generis varias circumstantias affinxerint, quas quidem hoc loci commemorare nihil attinet.

Tametsi igitur non arbitrabamur, quemquam fore, qui impu|A 2 versodentissimo et falsissimo huic rumori, et manifestissimo mendacio aures, nedum fidem praeberet: tamen cum rumor hic e finibus Helvetiae in alias etiam regiones emanarit, a quibus levi et scaenatili joco exceptus plurimos in eam opinionem pertraxit, ut putarent, rem veram esse: Quo accedit, quod ad nos perfertur, Monachum Ordinis Cappucini Badae in Ergovia eo impudentiae processisse, ut illic ad thermas majores, quas vocant, publice pro suggestu in coetu honestorum virorum, die Martis proximo ante festum Ascensionis D[omi]n[i] nostri Iesu Christi,[41] stylo novo[42], ausus sit idem proferre et asseverare, pro re certa et indubitata: praeterquam quod multis alijs confictis calumniis viros aliquot proscidit, qui pie dudum in Deo defuncti honestam sui famam reliquerunt.

Proinde his de causis non potuimus, nec voluimus diuturniore silentio uti, quin amicae Veritatis asserendae causa (disrumpatur ut Diabolus et omnia ejus membra mendacissima) falsissimam hanc et iniquissimam calumniam dilueremus, atque ita fidos Dei Verbi praecones nostros jure meritoque coram Deo et hominib[us] ab injuria vindicaremus: idque tanto magis, quo nob[is] viciniores et propiores sunt illi, a quib[us] haec calumnia potissimum in nos effunditur et hinc inde dispergitur: quos aequum fuerat, rem certe diligentius |A 3 et accuratius indagasse prius, quam probrosum istiusmodi mendacium in nos evomuissent.

Testificamur itaque et protestamur publice his literis, Nobis ac fidis Verbi divini praeconib[us] nostris in hac tota re injuriam et vim fieri maximam.

Etenim, Deo Opt[imo] Max[imo] sit laus, aliis ac longe firmiorib[us] fundamentis Christiana haec nostra religio ac fides innititur, quam ut huiusmodi nec-Christianis attestationib[us] sit opus. Quinimmo Verbi divini praeconibus nostris hujusmodi temeritas per nos minime concederetur, si ea ad doctrinae suae probationem ac fidem uti conarentur: sicut sane illa nec utuntur, neque unquam usi sunt. Testimonia ipsorum, quae producunt, sunt clarum et apertum Dei Verbum: atque in hoc praecipue sacratissima Oratio Dominica[43], antiquissimum Symbolum Apostolorum et Decalogus[44]. Cum his quicquid consentit, illud confitemur et profitemur ita firmum, stabile et fixum esse, ut ne quidem portae Inferorum iis praevalere[45] queant: adeo ut temeraria et vanissima illa attestatione neutiquam sit opus.

41 21. Mai 1596 n. St.
42 Siehe oben Anm. 18.
43 Mt 6,9–13; Lk 11,2–4.
44 Ex 2,2–17; Dtn 5,6–21.
45 Mt 16,18.

Ex adverso quicquid cum his capitibus Christianae religionis ac fidei pugnat, et inprimis pretiosissimum meritum D[omi]n[i] nostri Iesu Christi obscurat, id confitemur et profitemur, ita debile, mancum et elumbe esse, ut, etiamsi Angelus de coe|[A 3 verso]lo delapsus aliud doceret: tamen nos cum D[ivo] Paulo constanter asseveraremus, hunc non utique bonum, sed maledictum Angelum esse[46].

Quare manifestissima et imputentissima haec est calumnia.

Iam vero quod attinet ad illud, quod Diabolus praeconem Verbi divini nostratem e suggestu comprehensum abripuerit, magnum similiter et impudens hoc est mendacium, compositum ad invidiam et infamiam, quam movent apud homines, praesertim rudes et simplices, non nobis solum, sed Christianae nostrae fidei ac religioni.

Hortamur igitur serio et obtestamur omnes Veritatis amantes, ut ventosas hujusmodi voces, quibus levissimi et lividissimi homunciones vela sua ad calumniandum implent, ad animum suum non admittant, sed confidant et certo sibi persuadeant, rumorem hunc reipsa non nisi procacissimum et impudentissimum esse mendacium: simul, ut ab istis spiritibus mendacibus[47] probe ac diligenter sibi temperent et caveant.

Atque hisce universos et singulos Veritatis divinae et honestatis studiosos clementissimo Omnipotentis Dei praesidio commendamus.

Actum in nostro Senatu, die Sabbathi XXIX. Maji,[48] anno a nato in carne Christo, nostro Salvatore M. D. XCVI. TIGURI.

|[A 2] NOI CONSULE E SENATO DELLA CITTA di Zurigo,

PREGHIA*mo*[49] *ad ogni sorte di huomini, di qualunque stato e condition siano, ogni felicità e benedittione dal Sig[nore] Giesu Christo unico salvatore nostro. Poi facciamo intendere a ciascheduno, Come avanti pochi giorni ci è stato riferito per certo, che per tutti i luoghi publicamente si sparge falsa[mente] e sfacciatamente, che un'ministro over predicatore della parola di Dio, qui nella nostra città mentre che sul pulpito predicava, haver detto, Se io non vi insegno la verità, venga il Diavolo e portami via, e dicendo queste parole subito il Diavolo l'habbia portato via alla presentia di tutti. E come è solito, che le bugie vanno crescendo,*[50] *cosi è avenuto in questo caso, che vi sono state aggionte varie e mirabili circonstantie fente, de quali non fa bisogno quà parlarne:*

E se bene noi non haveressimo mai creduto, che si fussero trovate per|[A 2 verso] *sone, ch'havessero prestato fede a tali sfacciate e falsissime inventioni e palpa-*

46 Gal 1,8.
47 spiritum mendacii: 1Kön 22,23; 2Chr 18,22.
48 8. Juni 1596 n. St.
49 P als Initialbuchstabe mit geometrisch-floralem Rankenwerk verziert.
50 Vgl. zur Metapher Vergil, Aeneis 4,173–177.

bili bugie, nientedimeno poiche tali raggionamenti si sono divolgati quà e là nell'Helvetia et altri paesi, e parlandosi di tal cosa con scherno et sbeffamento, di sorte che molte persone potrebbono credere che fosse vero: et appresso havendo inteso, che un Cappucino a Bada in Ergovia è stato tanto sfacciato, che ha havuto ardire di invulgare e confermare tal cosa per certa e sicura, predicando a molte persone sul pulpito nel luogo maior de bagni di Bada, il martedi avanti l'assensione del nostro S[ignore] Giesu Christo,[51] *secondo il Calendario nuovo,*[52] *oltre molte altre falsità, quali ha divolgate con grand ardire sfacciatissimamente e falsissimamente contra alcune honorate persone, gia molti anni fa morti piamente nel Signore.*

Pertanto noi in diffesa dell'amata verità, et al dispetto del Diavolo, e di tutti i bugiardi, suoi membri, non habbiamo voluto, ne potuto lasciar trapassar via queste fente calonnie quali non hanno fondamento alcuno senza difender li nostri fedeli predicatori della parola di Dio, sicome e giusto, dinanzi a Dio et agli huomini, e questo tanto piu per esser state divulgate queste cose da quelli, che ci sono vicini sul'uscio, quali dovevano ben'di ragione informarsi meglio, |[A 3] *avanti che spargessero tal vituperosa falsità.*

Però noi protestiamo publicamente con questo nostro scritto, che et a noi, et a nostri fedeli predicatori della parola di Dio, in cio è fatto gran torto et ingiuria.

Percioche habbiamo primieramente (la Dio mercé) altri fondamenti della nostra religione e[53] *fede molto migliori, che bisogno non é di tali giuramenti e prove. Ne mancho noi permetteriamo, che i nostri ministri e predicatori della parola di Dio in tal modo confermassero la lor dottrina, sicome ne ancho essi sono di tal pensiere, ne mai furono si leggieri, ne saranno. Le lor raggioni e fondamenti sono la schietta e netta parola di Dio, et principalmente il Padre nostro,*[54] *il Credo,*[55] *e li dieci Comandamenti del Signore,*[56] *contenuti in essa. Tuto cio che consente con questo, che é detto, noi confessiamo esser talmente*

51 21. Mai 1596 n. St.

52 Siehe oben Anm. 18.

53 Im Original wohl versehentlich: è.

54 Mt 6,9–13; Lk 11,2–4.

55 An dieser Stelle weicht der italienische Text vom deutschen und lateinischen ab: Credo meint in aller Regel die lateinische Fassung des nicaeno-konstantinopolitianischen Bekenntnisses, wie sie in der katholischen Messe verwendet wird, hingegen nicht das apostolische Glaubensbekenntnis (Apostolikum), das eindeutig im deutschen und lateinischen Text gemeint ist und tatsächlich in Zürich seit der Reformation bis ins 19. Jh. im Gottesdienst verwendet wurde, wo es den Platz des «Credo» eingenommen hatte. Eventuell könnte der Begriff an dieser Stelle auch unspezifisch im Sinne von «Bekenntnis» verwendet sein, vgl. englisch *creed*.

56 Ex 2,2–17; Dtn 5,6–21.

saldo e fermo, che ne ancho le porte del Inferno possino punto contrafare[57]. *Dimaniera che bisogno non è di tal leggieri testimonij.*

E tutto cio che contrario è a questi fondamenti della Christiana religione e fede, massime se oscura il pretioso merito del Sign[ore] nostro Giesu Christo, confessiamo esser cosi diffettoso, et invalido, che se bene un ange|A 3 verso*lo di cielo predicasse altremente, diriamo con S[anto] Paolo, che non fosse angelo buono, ma maladetto.*[58]

Per tanto questa non è altro, che una manifesta e vergognosa calonnia.

Quanto poi spetta a quello, che il Diavolo habbia portato via un'nostro predicatore della parola di Dio, è parimente una espressa e grossa falsità, fenta in dishonor, disprezzo, e danno, non solo nostro ma della nostra Christiana religione e fede, appresso li semplici et ignoranti.

Preghiamo dunque tutti li ben'affettionati verso la verità, che non voglino dar fede a queste dishoneste, fente, e solenne falsità di cotali calonniatori, ma che la reputino una temeraria et impudente bugia, si come veramente è: e che voglino ben guardarsi da tali spiriti bugiardi[59].

E con questo raccommandiamo tutti li amatori della divina verità, et della honestà alla protettione e diffesa dell' omnipotente Iddio.

Actum nel nostro Senato, il giorno die Sabbato, a XXIX. di Maggio,[60] *del'anno della natività del nostro salvator Giesu Christo,* M. D. XCVI.

57 Mt 16,18.
58 Gal 1,8.
59 1Kön 22,23; 2Chr 18,22.
60 8. Juni 1596 n. St.

Neue Literatur zur zwinglischen Reformation

Luca Baschera · Hans Jakob Haag · Christian Moser

Berücksichtigt sind wissenschaftliche und wissenschaftsrelevante Publikationen zu Themen und Personen der Zürcher Reformation und zu deren Umfeld; Rezensionen werden im Allgemeinen nicht aufgenommen. Die Bibliographie ist in vier Abteilungen gegliedert: Sammelschriften, Bibliographien, Quellen und Darstellungen. Die Titel der Sammelschriften erscheinen unter der jeweils angegebenen Kurzform in den übrigen Abteilungen. Außer den kursiven Nachbemerkungen stammen auch die in eckigen Klammern gesetzten Zusätze von den Autoren der Bibliographie. Wir danken allen aufmerksamen Lesern und Leserinnen, die uns auf entlegene Titel hingewiesen haben. Die Bibliographie steht Internet-Benutzern auch als elektronisches Dokument zur Verfügung (URL: http://www.zwingliverein.ch/zwingliana). Mitteilungen über Neuerscheinungen des Jahres 2009 werden erbeten an zwabib@theol.uzh.ch.

Sammelschriften

Laurent *Auberson*, siehe Jean-Claude Rebetez.

Jean-Pierre *Bodmer*: Aus Zürichs Bibliotheksgeschichte. Beiträge von 1964–2007. Zürich (Zentralbibliothek Zürich) 2008.
[Zit.: Bodmer: Beiträge]

Damien *Bregnard*, siehe Jean-Claude Rebetez.

Emidio *Campi*, Simone De Angelis, Anja-Silvia Goeing, Anthony T. Grafton (Hg.): Scholarly Knowledge. Textbooks in Early Modern Europe. Genf (Droz) 2008 (Travaux d'Humanisme et Renaissance 447).
[Zit.: Campi: Knowledge]

Simone *De Angelis*, siehe Emidio Campi.

Jonathan *Dewald* (Hg.): Europe 1450 to 1789. Encyclopedia of the Early Modern World. 6 Bde. New York u.a. (Thomson Gale) 2004.
[Zit.: Dewald: Europe I–VI]

Kathy *Ehrensperger*, R. Ward Holder (Hg.): Reformation Readings of Romans. New York/London (T & T Clark) 2008 (Romans Through History and Cultures Series).
[Zit.: Reformation Readings of Romans]

Michael *Fishbane*, siehe Magne Saebø.

Anja-Silvia *Goeing*, siehe Emidio Campi.

Marie-Christine *Gomez-Géraud* (Hg.): Biblia. Les Bibles en latin au temps des Réformes. Paris (PUPS) 2008.
[Zit.: Gomez-Géraud: Biblia]

Anthony T. *Grafton*, siehe Emidio Campi.

Kaspar von *Greyerz*, siehe Thomas Kaufmann.

Historisches Lexikon der Schweiz. Chefred. Marco Jorio. Bd. 7: Jura – Lobsigen. Basel (Schwabe) 2008.
[Zit.: HLS VII]
Franz. Ausgabe: Dictionnaire historique de la Suisse, Hauterive (Editions Gilles Attinger); ital. Ausgabe: Dizionario storico della Svizzera, Locarno (Armando Dadò). Diese beiden Ausgaben wurden nicht bibliographiert.

R. Ward *Holder*, siehe Kathy Ehrensperger.

André *Holenstein*, Thomas Maissen, Maarten Prak (Hg.): The Republican Alternative. The Netherlands and Switzerland compared. Amsterdam (Amsterdam University Press) 2008.
[Zit.: Holenstein: Alternative]

Linus *Hunkeler*, siehe Hildegard Elisabeth Keller.

Andrea *Kauer*, siehe Hildegard Elisabeth Keller.

Thomas *Kaufmann*, Anselm Schubert, Kaspar von Greyerz: Frühneuzeitliche Konfessionskulturen. 1. Nachwuchstagung des VRG Wittenberg, 30.9.–2.10. 2004. Gütersloh (Gütersloher Verlagshaus) 2008 (Schriften des Vereins für Reformationsgeschichte 207).
[Zit.: Kaufmann: Konfessionskulturen]

Hildegard Elisabeth *Keller*, unter Mitarbeit von Linus Hunkeler, Andrea Kauer und Stefan Schöbi (Hg.): Mit der Arbeit seiner Hände. Leben und Werk des Zürcher Stadtchirurgen und Theatermachers Jakob Ruf (1505–1558). Zürich (Verlag Neue Zürcher Zeitung) 2008 (Jakob Ruf. Leben, Werk und Studien 1).
[Zit.: Keller: Ruf I]

Hildegard Elisabeth *Keller* (Hg.): Die Anfänge der Menschwerdung. Perspektiven zur Medien-, Medizin- und Theatergeschichte des 16. Jahrhunderts. Zürich (Verlag Neue Zürcher Zeitung) 2008 (Jakob Ruf. Leben, Werk und Studien 5).
[Zit.: Keller: Ruf V]

Thomas *Maissen*, siehe André Holenstein.

Reto *Marti*, siehe Jean-Claude Rebetez.

Christopher *Ocker*, Michael Printy, Peter Starenko, Peter Wallace (Hg.): Politics and Reformations. Essays in Honor of Thomas A. Brady, Jr. 2 Bde. Leiden/Boston (Brill) 2007 (Studies in Medieval and Reformation Traditions 127/128).
[Zit.: Ocker: Politics and Reformations I bzw. II]

Maarten *Prak*, siehe André Holenstein.

Michael *Printy*, siehe Christopher Ocker.

Jean-Claude *Rebetez*, in Zusammenarbeit mit Jürg Tauber, Reto Marti, Laurent Auberson, Damien Bregnard: Pro Deo. Das Bistum Basel vom 4. bis ins 16. Jahrhundert. Delsberg (Editions D+P) 2006.
[Zit.: Rebetez: Pro Deo]

Antonio *Rotondò*: Studi di storia ereticale del Cinquecento. Florenz (Olschki) 2008 (Studi e testi per la storia religiosa del Cinquecento 15).
[Zit.: Rotondò: Studi]

Magne *Saebø*, in Co-operation with Michael Fishbane, Jean Louis Ska: Hebrew Bible / Old Testament. The History of its Interpretation. Bd. 2: From the Renaissance to the Enlightenment. Göttingen (Vandenhoeck & Ruprecht) 2008.
[Zit.: Saebø: Hebrew Bible]

Stefan *Schöbi*, siehe Hildegard Elisabeth Keller.

Anselm *Schubert*, siehe Thomas Kaufmann.

Jean Louis *Ska*, siehe Magne Saebø.

Peter *Starenko*, siehe Christopher Ocker.

Jürg *Tauber*, siehe Jean-Claude Rebetez.

Peter *Wallace*, siehe Christopher Ocker.

David M. *Whitford* (Hg.): Reformation and Early Modern Europe. A Guide to Research. Kirksville, MO (Truman State University Press) 2008 (Sixteenth Century Essays and Studies Series 79).
[Zit.: Whitford: Reformation]

Bibliographien

Luca *Baschera*, Hans Jakob Haag, Christian Moser: Neue Literatur zur zwinglischen Reformation. In: Zwingliana 35, 2008, 187–212.

Paul *Fields*, Chelsey L. Harmon: 2008 Calvin Bibliography. In: Calvin Theological Journal 43/2, 2008, 313–335.
Vgl. u. a. 316: «Cultural Context – Social History».

Hans Jakob *Haag*, siehe Luca Baschera.

Chelsey L. *Harmon*, siehe Paul Fields.

Raffael *Keller*, siehe Urs B. Leu.

Urs B. *Leu*, Raffael Keller, Sandra Weidmann (Hg.): Conrad Gessner's Private Library. Leiden/Boston (Brill) 2008 (History of Science and Medicine Library 5).

E. *Louchez*, siehe D. Vanysacker.

Christian *Moser*, siehe Luca Baschera.

P. *Valvekens*, siehe D. Vanysacker.

D. *Vanysacker*, unter Mitarbeit von E. Louchez und P. Valvekens. Bibliographie. In: Revue d'Histoire Ecclésiastique 103/1, 2008, 7*–143*.
Siehe insbes. den Abschnitt «Histoire des Églises protestantes» (85–91*).*

D. *Vanysacker*, unter Mitarbeit von E. Louchez und P. Valvekens. Bibliographie. In: Revue d'Histoire Ecclésiastique 103/2, 2008, 9*–144*.
Siehe insbes. den Abschnitt «Histoire des Églises protestantes» (86–90*).*

D. *Vanysacker*, unter Mitarbeit von E. Louchez und P. Valvekens. Bibliographie. In: Revue d'Histoire Ecclésiastique 103/3–4, 2008, 9*–123*.
Siehe insbes. den Abschnitt «Histoire des Églises protestantes» (75–77*).*

Sandra *Weidmann*, siehe Urs B. Leu.

Werkübersicht [Jakob Ruf]. In: Keller: Ruf I, 173–182.

Markus *Wriedt*, et al.: Literaturbericht. In: Archiv für Reformationsgeschichte, Beiheft 37, 2008.
Vgl. insbes. die Abschnitte «Zwingli» (27), «Täufertum und heterodoxe Richtungen» (44–47) und «Schweiz» (189–194).

Quellen

Jan-Andrea *Bernhard*: «Vna cuorta et christiauna fuorma da intraguider la giuuentüna». Iachiam Tütschett Bifruns Katechismus von 1552 in der Ausgabe von 1571. In: Annalas da la Societad Retorumantscha 121, 2008, 187–247.

Siegfried *Bräuer* (Hg.): Wittenberg und die Prototäufer in Zürich. Erhart Hegenwalds Brief an Konrad Grebel und seinen Kreis vom 1. Januar 1525. In: Mennonitische Geschichtsblätter 64, 2007, 79–104.
Mit Einleitung und moderner deutscher Übersetzung.

Anja *Buckenberger*, siehe Hildegard Elisabeth Keller.

Heinrich *Bullinger*: Sermones synodales. In: Jon Delmas Wood. Heinrich Bullinger's Sermones synodales. New Light on the Transformation of Reformation Zurich. Diss. Princeton Theological Seminary, Princeton 2008, 152–279.
Transkription von Zürich Zentralbibliothek, Ms. D 220.

Heinrich *Bullinger*: Sermonum Decades quinque de potissimis Christianae religionis capitibus (1552). Bearb. von Peter Opitz. Zürich (Theologischer Verlag Zürich) 2008 (Heinrich Bullinger Werke III/3.1–2).

Alain *Dufour*, Béatrice Nicollier, Hervé Genton (Hg.): Correspondance de Théodore de Bèze, Tome XXX (1589). Genf (Droz) 2008 (Travaux d'Humanisme et Renaissance 442).
Enthält u. a. Briefe von und an Johann Jakob Grynäus, Johann Rudolf Stumpf, Johann Wilhelm Stucki, Abraham Musculus und Johann Jezler.

Francesco Pucci a Johann Jacob Grynaeus (1575). In: Rotondò: Studi, 743–755.

Francesco Patrizi a Theodor Zwinger (1580). In: Rotondò: Studi, 779.

Hervé *Genton*, siehe Alain Dufour.

Guglielmo Grataroli a Bonifacio Amerbach (1559). In: Rotondò: Studi, 719f.

Guglielmo Grataroli al Senato dell'Università di Basilea (1567). In: Rotondò: Studi, 725–728.

Martin *Haas* (Hg.): Quellen zur Geschichte der Täufer in der Schweiz. Bd. 3: Kantone Aargau, Bern, Solothurn. Quellen bis 1560. Zürich (Theologischer Verlag Zürich) 2008.

Rainer *Henrich*, Alexandra Kess, Christian Moser: Heinrich Bullinger Briefwechsel. Bd. 13: Briefe des Jahres 1543. Zürich (Theologischer Verlag Zürich) 2008 (Heinrich Bullinger Werke II/13).

Andrea *Kauer*, siehe Hildegard Elisabeth Keller.

Hildegard Elisabeth *Keller* (Hg.): Jakob Ruf. Werke bis 1544. Kritische Gesamtausgabe, Teil 1. Zürich (Verlag Neue Zürcher Zeitung) 2008 (Jakob Ruf. Leben, Werk und Studien 2).
Enthält 8–38: «Einleitung zur Gesamtausgabe» (Hildegard Elisabeth Keller); 43–211: «Etter Heini» (hg. von Andrea Kauer); 215–410: «Weingarten» (hg. von Stefan Schöbi); 419–425: «Flugblatt von der Schaffhauser Missgeburt» (hg. von Hubert Steinke); 433–444: «Flugblatt von der Glarner Nebensonnenerscheinung» (hg. von Hubert Steinke); 449–552: «Zürcher Hiob» (hg. von Seline Schellenberg Wessendorf); 557–754: «Zürcher Joseph» (hg. von Anja Buckenberger).

Hildegard Elisabeth *Keller* (Hg.): Jakob Ruf. Werke 1545–1549. Kritische Gesamtausgabe, Teil 2. Zürich (Verlag Neue Zürcher Zeitung) 2008 (Jakob Ruf. Leben, Werk und Studien 3).
Enthält 11–75: «Ärzte- und Astrologenverzeichnis» (hg. von Hildegard Elisabeth Keller); 79–116: «Astrologentafel» (hg. von Hildegard Elisabeth Keller); 121–225: «Willhelm Tell» (hg. von Andrea Kauer); 229–461: «Passion» (hg. von Seline Schellenberg Wessendorf); 465–599: «Augenheilkunde» (hg. von Hubert Steinke und Clemens Müller); 603–621: «Flugblatt von der Glarner Wolkenerscheinung» (hg. von Stefan Schöbi); 625–645: «Konstanzerlied» (hg. von Andrea Kauer); 649–673: «Lied von Frau Schwätzerin» (hg. von Seline Schellenberg Wessendorf).

Hildegard Elisabeth *Keller* (Hg.): Jakob Ruf. Werke 1550–1558. Kritische Gesamtausgabe, Teil 3. Zürich (Verlag Neue Zürcher Zeitung) 2008 (Jakob Ruf. Leben, Werk und Studien 4).
Enthält 11–261: «Adam und Eva» (hg. von Stefan Schöbi); 265–695: «Trostbüchlein / De conceptu et generatione hominis» (hg. von Hildegard Elisabeth Keller, Clemens Müller und Hubert Steinke); 699–714: «Archivalien zum Trostbüchlein» (hg. von Hubert Steinke und Hildegard Elisabeth Keller); 719–783: «Texte zur Rezeptionsgeschichte des Trostbüchleins» (hg. von Hildegard Elisabeth Keller); 787–882: «Tumorbüchlein» (hg. von Hubert Steinke und Clemens Müller); 887–895: «Texte zur Rezeptionsgeschichte des Tumorbüchleins» (hg. von Hildegard Elisabeth Keller); 899–926: «Kalender zwischen 1543 und 1558» (hg. von Hildegard Elisabeth Keller);

931–962: «Prognostik und Praktik» (hg. von Hildegard Elisabeth Keller); 967–993: «Fischsprüche» (hg. von Hildegard Elisabeth Keller).

Alexandra *Kess*, siehe Rainer Henrich.

Christian *Moser*, siehe Rainer Henrich.

Clemens *Müller*, siehe Hildegard Elisabeth Keller.

Béatrice *Nicollier*, siehe Alain Dufour.

Peter *Opitz*, siehe Heinrich Bullinger.

Quellen zur Biographie [Jakob Rufs]. In: Keller: Ruf I, 185–198.
Enthält die folgenden Stücke: «Bürgerbuch», «Konstanzer Missive», «Berichtsprotokoll Root 1531», «Bestallungsurkunde», «Jakob Rufs Fürtrag», «Gemächtsbrief» und «Bullingers Totenbuch».

Harry L. *Roth*, siehe Huldrych Zwingli.

Seline *Schellenberg Wessendorf*, siehe Hildegard Elisabeth Keller.

Stefan *Schöbi*, siehe Hildegard Elisabeth Keller.

Hubert *Steinke*, siehe Hildegard Elisabeth Keller.

Huldrych *Zwingli*: Twee preken te Bern. Belijden en volharden. Übers. von Harry L. Roth. [Groot Ammers] (Roth) 2008.
Moderne niederländische Übersetzung von Zwinglis Berner Predigten (1528).

Huldrych *Zwingli*: De herder. Übers. von Harry L. Roth. [Groot Ammers] (Roth) 2008.
Moderne niederländische Übersetzung von Zwinglis Schrift «Der Hirte» (1524).

Darstellungen

David *Amherdt*: Les Dialogi sacri de Castellion. Une Bible latine pour les enfants? Les relations entre la Latine de Castellion et les Dialogi sacri. In: Gomez-Géraud: Biblia, 175–189.

Hans Ulrich *Bächtold*: Karlstadt [Andreas Bodenstein]. In: HLS VII, 103.

Hans Ulrich *Bächtold*: Kessler, Johannes. In: HLS VII, 193 f.

Hans Ulrich *Bächtold*: Landfriedensbünde. In: HLS VII, 591 f.

Hans Ulrich *Bächtold*: Lavater, Ludwig. In: HLS VII, 717.

Hans Ulrich *Bächtold*: Leemann, Burkhard. In: HLS VII, 733.

Irena *Backus*: Life Writing in Reformation Europe. Lives of Reformers by Friends, Disciples and Foes. Aldershot (Ashgate) 2008 (St. Andrews Studies in Reformation History).
47–95: «Lives of Chief Swiss Reformers: Hagiographies, Historical Accounts and Exempla»; 97–124: «Zurich Lives in the Latter Part of the Sixteenth Century».

Willem *Balke*, Jan C. Klok, Willem van 't Spijker: Johannes Calvijn. Zijn leven, zijn werk. Kampen (Kok) 2008.
Vgl. u. a. 105f.: «Pierre Caroli»; 144: «Jacopo Sadoleto (1477–1547)»; 175f.: «Sebastiaan Castellio»; 191f.: «Calvijn en Bullinger» (Verf. Emidio Campi); 193–195: «De Consensus Tigurinus»; 279f., 284–286: «De verhouding met Bern»; 306–311: «De verhouding met zwinglianen en lutheranen: de avondmaalskwestie»; 351: «Bern en Genève: een hoofdstuk uit de geschiedenis van een relatie»; 352–354: «Calvijn en Bern» (Verf. Hans Scholl); 356f.: «Calvijn en Zürich» (Verf. Hans Scholl).

Luca *Baschera*: Tugend und Rechtfertigung. Peter Martyr Vermiglis Kommentar zur Nikomachischen Ethik im Spannungsfeld von Philosophie und Theologie. Zürich (Theologischer Verlag Zürich) 2008 (Zürcher Beiträge zur Reformationsgeschichte 26).

Jan-Andrea *Bernhard*: «Vna cuorta et christiauna fuorma da intraguider la giuuentüna». Der erste Katechismus Bündens als Zeugnis der Ausstrahlungen der Zürcher Reformation. In: Zwingliana 35, 2008, 45–72.

Franz Xaver *Bischof*, siehe Kaspar von Greyerz.

James Joseph *Blakeley*: Confronting the Reformation. Popular Reaction to Religious Change in the Pays de Vaud. In: Kaufmann: Konfessionskulturen, 101–117.

James Joseph *Blakeley*: Popular Responses to the «Reformation from Without» in the Pays de Vaud. Diss. University of Arizona 2006.

Neal *Blough*: Nicolsburg et Schleitheim (1527). Deux expressions d'anabaptisme «suisse». In: Mennonitica Helvetica 31, 2008, 27–41.

Jean-Pierre *Bodmer*: Das Bücherinventar des Zürcher Bürgers Hans Heinrich Grob (1566–1614). In: Bodmer: Beiträge, 87–118.
Erstpublikation in Daphnis 27, 1998, 59–92.

Jean-Pierre *Bodmer*: Eine antitridentinische Karikatur von Pfarrer Lorenz Meyer (1497–1564). In: Bodmer: Beiträge, 33–38.
Erstpublikation in: Festgabe Leonhard von Muralt zum siebzigsten Geburtstag 17. Mai 1970, hg. von Martin Haas und René Hauswirth, Zürich 1970, 221–227.

Jean-Pierre *Bodmer*: Ein Schwerttanz in Zürich 1578. Bildreportage in der Sammlung Wickiana. In: Bodmer: Beiträge, 39–46.
Erstpublikation in Schatzkammer der Überlieferung, hg. von Alfred Cattani und Bruno Weber, Zürich 1989, 62–67, 169f.

Jean-Pierre *Bodmer*: Hans Heinrich Grob (1565–1614), der Pfister. Büchsenschütze, Büchersammler, Autor, Italophile. In: Bodmer: Beiträge, 69–86.
Erstpublikation in Zürcher Taschenbuch NF 127, 2000, 69–84.

Jean-Pierre *Bodmer*: Vera virtus – vera nobilitas. Hans Hartmann Escher (1567–1623) und sein Stammbuch. In: Bodmer: Beiträge, 47–68.
Erstpublikation in Zwingliana 16/1, 1983, 1–18.

Jean-Pierre *Bodmer*: Werner Steiner und die Schlacht bei Marignano. In: Bodmer: Beiträge, 15–24.
Erstpublikation in Zwingliana 12/4, 1965, 241–247.

Jean-Pierre *Bodmer*: Werner Steiners Pilgerführer. In: Bodmer: Beiträge, 25–32.
Erstpublikation in Zwingliana 12/1, 1964, 69–73.

Eduardus van der *Borght*: Theology of Ministry. A Reformed Contribution to an Ecumenical Dialogue. Leiden/Boston (Brill) 2007 (Studies in Reformed Theology 15).
Vgl. insbes. 15–29: «Huldrych Zwingli and Ministry within the Church».

Catherine *Bosshart-Pfluger*: Limperger, Tilman. In: HLS VII, 863.

Erich *Bryner*: Teološki motivi v svetopisemskih prevodih Primoža Trubarja [Theologische Motive in der Bibelübersetzungsarbeit von Primus Truber]. In: Stati inu obstati. Revija za vprašanja protestantizma 7–8, 2008, 127–136 [slowenisch], 336 [dt. Zusammenfassung].
Behandelt auch Bullinger und Bibliander.

Amy Nelson *Burnett*: Contributors to the Reformed Tradition. In: Whitford: Reformation, 25–56.

Amy Nelson *Burnett*: Basel's Long Reformation. Church Ordinances and the Shaping of Religious Culture in the Sixteenth Century. In: Zwingliana 35, 2008, 145–159.

Euan K. *Cameron*: Clergy, protestant. In: Dewald: Europe I, 530–534.

William S. *Campbell*: Built on Tradition but not Bound by Tradition. Response to Peter Opitz. In: Reformation Readings of Romans, 166–170.
Vgl. den Beitrag von Peter Opitz im selben Sammelband.

Emidio *Campi*: Peter Martyr Vermigli as a Teacher at the Schola Tigurina. In: Campi: Knowledge, 391–405.

Emidio *Campi*, Christian Moser: «Geliebt und gefürchtet». Calvin und die Eidgenossenschaft. In: 1509 – Johannes Calvin – 2009. Sein Wirken in Kirche und Gesellschaft. Essays zum 500. Geburtstag. Hg. von Martin Ernst Hirzel und Martin Sallmann. Zürich (Theologischer Verlag Zürich) 2008 (Beiträge zu Theologie, Ethik und Kirche 5), 29–51.

Emidio *Campi*, Christian Moser: «Entre amour et crainte». Calvin et les confédérés. In: Calvin et le calvinisme. Cinq siècles d'influences sur l'Eglise et la Société. Hg. von Martin Ernst Hirzel und Martin Sallmann. Genf (Labor et Fides) 2008, 32–63.
Franz. Übersetzung von Campi/Moser, «Geliebt und gefürchtet».

Emidio *Campi*, siehe Willem Balke.

Ueli *Dill*: Johannes Chrysostomos im Basler Buchdruck des 16. Jahrhunderts. In: Chrysostomosbilder in 1600 Jahren. Facetten der Wirkungsgeschichte eines Kirchenvaters. Hg. von Martin Wallraff und Rudolf Brändle. Berlin/New York (De Gruyter) 2008 (Arbeiten zur Kirchengeschichte 105), 255–265.

Michael D. *Driedger*: Anabaptism. In: Dewald: Europe I, 49–54.

Beverley *Durance*: The Unifying Power of Song. The Swiss Anabaptist Ausbund as a Voice of Convergence in a Divergent Movement. Masterarbeit University of Calgary. Calgary 2007.

Mark W. *Elliott*: Romans 7 in the Reformation Century. In: Reformation Readings of Romans, 171–188.
Behandelt u. a. Oekolampad, Bullinger, Vermigli, Ochino und Wolfgang Musculus.

Hubert *Filser*: Die Theologie im Zeitalter der Reformation, der katholischen Reform und der Konfessionalisierung. In: Geschichte der christlichen Theologie. Hg. von Wolfgang Pauly. Darmstadt (Primus) 2008, 93–135.
105–108: «Die Theologie Huldrych Zwinglis (1484–1531)».

Renate *Frohne*: Eine unerhörte Geschichte. Ein Manuskriptdiebstahl und «Raubdruck» aus dem Jahre 1533. In: UFITA. Archiv für Urheber- und Medienrecht, 2005/II, 427–432.
Betrifft Bullingers «Lucretia».

Thomas *Fuchs*: Klarer, Walter. In: HLS VII, 250.

Ulrich *Gäbler*: Huldrych Zwingli. Bevezetés életébe és munkásságába. Budapest (Kiadja a Magyarországi Református Egyház Kálvin János Kiadója) 2008.
Ungarische Übersetzung von Ulrich Gäbler: Huldrych Zwingli. Eine Einführung in sein Leben und sein Werk, Zürich 2004.

Anja-Silvia *Goeing*: Establishing Modes of Learning. Old and New Hebrew Grammars in the 16th Century. In: Campi: Knowledge, 157–182.
Behandelt vorwiegend Biblianders Hebräisch-Grammatik.

Hans-Jürgen *Goertz*: Scriptural Interpretation among Radical Reformers. In: Saebø: Hebrew Bible, 576–601.
586–588: «The Anabaptists in Switzerland».

Marie-Christine *Gomez-Géraud*, Anne-Laure Metzger-Rambach: Reformuler la Vulgate? Castellion devant le IVe livre d'Esdras. In: Gomez-Géraud: Biblia, 157–172.

Antonia Lučić *Gonzalez*: Balthasar Hubmaier and Early Christian Tradition. Diss. Fuller Theological Seminary, Pasadena 2008.

Bruce *Gordon*: Bullinger, Heinrich. In: Dewald: Europe I, 339–341.

Bruce *Gordon*: The Swiss. In: Whitford: Reformation, 309–327.

Bruce *Gordon*: Zurich. In: Dewald: Europe VI, 263f.

Bruce *Gordon*: Zwingli, Huldrych. In: Dewald: Europe VI, 264f.

Kaspar von *Greyerz*, Franz Xaver Bischof: Konfessionalismus. In: HLS VII, 348–350.

Nicole *Gueunier*: Le Cantique des cantiques dans la Bible Latine de Castellion. In: Gomez-Géraud: Biblia, 145–156.
Vergleich der Übersetzungen von Castellio, Sebastian Münster und derjenigen der «Biblia sacrosancta».

Urs *Hafner*: Kult, Macht und Glaube. Eine kleine Geschichte des Zürcher Grossmünsters. Zürich (Verlag Neue Zürcher Zeitung) 2007.

Randolph C. *Head*: Reformation, protestant. In: Dewald: Europe V, 150–158.

Randolph C. *Head*: Switzerland. In: Dewald: Europe V, 562–566.

Randolph C. *Head*: Thinking with the Thurgau. Political Pamphlets from the Vilmergerkrieg and the Construction of Biconfessional Politics in Switzerland and Europe. In: Ocker: Politics and Reformations II, 239–258.

Martin *Heimbucher*: Prophetische Auslegung. Das reformatorische Profil des Wolfgang Fabricius Capito ausgehend von seinen Kommentaren zu Habakuk und Hosea. Frankfurt a.M. u.a. (Peter Lang) 2008 (Europäische Hochschulschriften XXIII/877).
Vgl. u.a. 345–349: «Capito und Zwingli».

Gerald *Hobbs*: Pluriformity of Early Reformation Scriptural Interpretation. In: Saebø: Hebrew Bible, 452–511.
481–487: «The Upper Rhine School».

Paul *Hofstettler*: Täufertum im Grenzgebiet zwischen deutscher und welscher Schweiz und seine waldensischen Wurzeln. Bern (Paul Hofstettler) 2008.

Thomas *Huonker*, Peter Niederhäuser: 800 Jahre Kloster Kappel. Abtei, Armenanstalt, Bildungshaus. Zürich (Orell Füssli) 2008.
48–65: «Die Reformation: Eine theologische, politische und soziale Umbruchzeit».

Beat *Immenhauser*: «Hohe Schule» oder Universität? Zur Pfarrerausbildung in Bern im 16. Jahrhundert. In: Ocker: Politics and Reformations II, 143–178.

Beat *Immenhauser*: Hohe Schule oder Universität? Zur Pfarrerausbildung in Bern im 16. Jahrhundert. In: Berner Zeitschrift für Geschichte und Heimatkunde 70/2, 2008, 1–35.
Revidierte Fassung des vorhergehenden Artikels.

Martin H. *Jung*: Die Reformation. Theologen, Politiker, Künstler. Göttingen (Vandenhoeck & Ruprecht) 2008.
55–61: «Balthasar Hubmaier»; 61–71: «Ulrich Zwingli».

Hannes *Kappeler*: Die Reformation im Thurgau. [Winterthur] ([Hannes Kappeler]) [2009].

Andrea *Kauer*: Die frommen Väter und der Stein Gottes. Modelle der Kontinuität und des Umbruchs in Jakob Rufs Spielen. In: Keller: Ruf V, 194–210.
Behandelt u.a. die Geschichtsauffassung Zwinglis und Bullingers.

Andrea *Kauer*: Jakob Rufs Herkunft und Erbe. In: Keller: Ruf I, 51–61.

Andrea *Kauer*, Hildegard Elisabeth Keller und Stefan Schöbi: Ein Panorama zu Jakob Rufs Zürichs. In: Keller: Ruf I, 201–284.
Enthält u.a. Einträge zu «Heinrich Bullinger», «Froschauer», «Zürich» und «Zwingli», teilw. von weiteren Autoren verfasst.

Andrea *Kauer*, Seline Schellenberg Wessendorf: Soziale Netze in Zürich und Konstanz. In: Keller: Ruf I, 135–153.

Thomas *Kaufmann*, Raymund Kottje (Hg.): Ökumenische Kirchengeschichte. Bd. 2: Vom Hochmittelalter bis zur frühen Neuzeit. Darmstadt (Wissenschaftliche Buchgesellschaft) 2008.
Vgl. insbes. 274–288: «Die große Spaltung der Reformationsbewegung»; 346–351: «Reformierte Bekenntnisbildung».

Hildegard Elisabeth *Keller*: Im steinrisy der Reformation. Ein Leben erzählt. In: Keller: Ruf I, 35–49.

Hildegard Elisabeth *Keller*, Hubert Steinke: Jakob Ruf's Trostbüchlein and De Conceptu (Zurich 1554). A Textbook for Midwives and Physicians. In: Campi: Knowledge, 307–332.

Hildegard Elisabeth *Keller*, siehe Andrea Kauer.

Sophie *Kessler Mesguich*: Early Christian Hebraists. In: Saebø: Hebrew Bible, 254–275.
264–272: «Christian Hebraists in Basel».

Wilfried *Kettler*: Untersuchungen zur frühneuhochdeutschen Lexikographie in der Schweiz und im Elsaß. Strukturen, Typen, Quellen und Wirkungen von Wörterbüchern am Beginn der Neuzeit. Bern u. a. (Peter Lang) 2008.
Behandelt u. a. Werke von Sigismund Gelenius, Johannes Fries, Peter Kolin, Josua Maaler, Konrad Gessner und Kaspar Wolf.

Jan C. *Klok*, siehe Willem Balke.

Rainer *Kobe*: Die Täufer und der Zins bei Heinrich Bullinger. In: Mennonitica Helvetica 31, 2008, 43–63.

Raymund *Kottje*, siehe Thomas Kaufmann.

Julian *Kümmerle*: Konfessionalität und Gelehrtenkultur im Generationenverband. Protestantische Theologen- und Juristenfamilien im Heiligen Römischen Reich Deutscher Nation, in Frankreich und in der Schweiz. In: Kaufmann: Konfessionskulturen, 69–97.
Zur Familie Buxtorf vgl. 84–89.

Pierre-Olivier *Léchot*: Concordia discors. Die theologische Botschaft der Reformation zwischen Übereinstimmungen und Uneinigkeiten. In: Rebetez: Pro Deo, 260–266.

Urs B. *Leu*: Textbooks and their Uses. An Insight into the Teaching of Geography in 16th Century Zurich. In: Campi: Knowledge, 229–248.

Urs B. *Leu*: Konrad Gessners Privatbibliothek. In: Librarium 51/1, 2008, 63–72.

Marc *Lienhard*: Guerre et paix dans les écrits de Zwingli et de Luther. Une comparaison. In: Ocker: Politics and Reformations I, 217–240.

Robert D. *Lindner*: The Reformation Era. Westport, Conn. (Greenwood Press) 2008 (Greenwood Guides to Historic Events, 1500–1900).
Behandelt u. a. Zwingli und die Reformation in Zürich bis 1531 (35–37) und das Schweizer Täufertum (88–91).

Francisca *Loetz*: Bridging the Gap. Confessionalisation in Switzerland. In: Holenstein: Alternative, 75–97.

Diarmaid *MacCulloch*: Die Reformation 1490–1700. München (DVA) 2008.
Vgl. u. a. 194–203: «Evangelische Herausforderungen: Zwingli und der Radikalismus, 1521–1522»; 204–213: «Zürich und Wittenberg, 1522–1524». Die englische Originalausgabe erschien 2003.

Thomas *Maissen*: Inventing the Sovereign Republic. Imperial Structures, French Challenges, Dutch Models and the Early Modern Swiss Confederation. In: Holenstein: Alternative, 125–150.

Gerhard *Markert*: Menschen um Luther. Eine Geschichte der Reformation in Lebensbildern. Ostfildern (Jan Thorbecke) 2008.
275–281: «Johannes Oekolampad»; 293–298: «Huldrych Zwingli».

Katrin *Martin*: Die frühe Täuferbewegung in Zürich. Einfache Täufer im Verhör. Saarbrücken (VDM Verlag Dr. Müller) 2008.
Magisterarbeit Universität Bochum, 2001.

Theda *Marx*: Die Täufer und Luzern in der zweiten Hälfte des 16. Jahrhunderts? Oder: Darf über die «Stillen im Lande» gelacht werden? In: Mennonitica Helvetica 31, 2008, 77–89.

Franz Matthias *Mauelshagen*: Wunderkammer auf Papier. Die Wickiana zwischen Reformation und Volksglaube. Diss. Universität Zürich 2008.

Bernhard *Maurer*: Lehrer des Glaubens. Theologisch-biographische Vorträge und Studien. Frankfurt a. M. u. a. (Peter Lang) 2008 (Übergänge 10).
141–162: «Vom wahren Glauben: Huldrych Zwingli und die Zürcher Reformation».

R. Emmet *McLaughlin*: Radicals. In: Whitford: Reformation, 80–120.

Marcus *Meier*: «Güldene Aepffel in silbern Schalen». Die Beziehungen des Pietismus zum Schweizer Täufertum. In: Mennonitica Helvetica 31, 2008, 139–153.

Anne-Laure *Metzger-Rambach*, siehe Marie-Christine Gomez-Géraud.

Helmut *Meyer*: Kappelerkriege. In: HLS VII, 91–93.

Christian *Moser*, siehe Emidio Campi.

Andreas *Mühling*: Calvin und die Eidgenossenschaft. In: Calvin Handbuch. Hg. von Herman J. Selderhuis. Tübingen (Mohr Siebeck) 2008, 64–74.

Andreas *Mühling*: Caspar Olevian 1536–1587. Christ, Kirchenpolitiker und Theologe. Zug (Achius) 2008 (Studien und Texte zur Bullingerzeit 4).
Zahlreiche Verweise auf Heinrich Bullinger.

Clemens *Müller*: … propter Latinae dictionis puritatem. Jakob Ruf im Kreis der Zürcher Humanisten. In: Keller: Ruf V, 56–77.
Behandelt u. a. Jakob Ceporin.

Peter *Niederhäuser*, siehe Thomas Huonker.

Peter *Opitz*: Bullinger on Romans. In: Reformation Readings of Romans, 148–165.

Peter *Opitz*: The Exegetical and Hermeneutical Work of John Oecolampadius, Huldrych Zwingli and John Calvin. In: Saebø: Hebrew Bible, 407–451.

Herbert *Pachmann*: Geschichte von Evangelisch Dübendorf. Dübendorf (Evangelisch-reformierte Kirchgemeinde) 2006.
Vgl. u.a. 21–26: «3. Reformation (1520–1580)»; 27–33: «4. Verwaltete Seelen (1580–1700)».

Ulrich *Pfister*: Konfessionelle Parität. In: HLS VII, 350f.

Cynthia M. *Pyle*: Gessner, Conrad. In: Dewald: Europe III, 60.

Antonio *Rotondò*: Anticristo e Chiesa romana. Diffusione e metamorfosi d'un libello antiromano del Cinquecento. In: Rotondò: Studi, 45–199.
45–60: «1. Tra Zurigo e l'Italia: le due facce dell'Anticristo» (Antichristpolemik bei Gwalther, Bullinger und Bibliander).

Antonio *Rotondò*: Esuli italiani in Valtellina nel Cinquecento. In: Rotondò: Studi, 403–442.

Antonio *Rotondò*: Guillaume Postel e Basilea. In: Rotondò: Studi, 443–478.
448–453: «2. Reazioni dei teologi svizzeri alle idee di Postel»; 453–464: «3. Le censure di Pellikan e i primi contrasti fra Postel e Oporino».

Antonio *Rotondò*: Il primo soggiorno in Inghilterra e i primi scritti teologici di Francesco Pucci. In: Rotondò: Studi, 577–615.
581–604: «2. I concetti di fede e di giustificatione nella lettera al Grynaeus».

Antonio *Rotondò*: L'uso non dogmatico della ragione: Agostino Doni. In: Rotondò: Studi, 635–699.
635–648: «1. Fra aristotelici in crisi: La posizione di Zwinger»; 648–657: «2. Il soggiorno a Basilea e la stesura del De natura hominis».

Antonio *Rotondò*: Nuove testimonianze sul soggiorno di Francesco Pucci a Basilea. In: Rotondò: Studi, 617–633.

Antonio *Rotondò*: Pietro Perna e la vita culturale e religiosa di Basilea fra il 1570 e il 1580. In: Rotondò: Studi, 479–576.

Stefania *Salvadori*: Sebastian Castellio and the Holy Supper. Reading Zwingli in the Pursuit of Tolerance. In: Zwingliana 35, 2008, 23–43.

Christian *Scheidegger*: Wahrheit und Subjektivität. Warum schwenkfeldische Nonkonformisten in Zürich 1588 gegen Glaubenszwang protestierten. In: Mennonitica Helvetica 31, 2008, 91–111.

Seline *Schellenberg Wessendorf*: Jakob Ruf und der Zürcher Buchmarkt. In: Keller: Ruf I, 119–133.

Seline *Schellenberg Wessendorf*, siehe Andrea Kauer.

Regula *Schmid*: The Politics of History in the Swiss Reformation. In: Ocker: Politics and Reformations II, 317–343.

Sebastian *Schmidt*: Was stimmt? Reformation. Die wichtigsten Antworten. Freiburg i. Br. u. a. (Herder) 2007 (Herder Spektrum 5893).
Vgl. zu Zwingli, Bullinger und der Reformation in der Schweiz 90–95; zum Täufertum 99–103.

Thomas Martin *Schneider*: Der Mensch als «Gefäss Gottes». Huldrych Zwinglis Gebetslied in der Pest und die Frage nach seiner reformatorischen Wende. In: Zwingliana 35, 2008, 5–21.

Caroline *Schnyder*: Reformation. Stuttgart (Eugen Ulmer) 2008 (UTB Profile).
48–65: «3. Huldrych Zwingli, Zürich und die Eidgenossenschaft».

Stefan *Schöbi*: Der Ludius auf Zürichs Bühne. In: Keller: Ruf I, 155–171.

Stefan *Schöbi*: Geselle auf Wanderschaft. In: Keller: Ruf I, 75–89.

Stefan *Schöbi*, siehe Andrea Kauer.

Hans *Scholl*, siehe Willem Balke.

Anselm *Schubert*: Täufertum und Kabbalah. Augustin Bader und die Grenzen der Radikalen Reformation. Gütersloh (Gütersloher Verlagshaus) 2008 (Quellen und Forschungen zur Reformationsgeschichte 81).
327–344: «Exkurs: Cellarius und Capito über die chiliastische Restitution Israels».

Bertram Eugene *Schwarzbach*: Three French Bible Translations. In: Saebø: Hebrew Bible, 553–575.
562–566: «Sébastien Châteillon».

Willem van 't *Spijker*, siehe Willem Balke.

Benjamin *Steiner*: Die Ordnung der Geschichte. Historische Tabellenwerke in der Frühen Neuzeit. Köln u. a. (Böhlau) 2008 (Norm und Struktur 34).
102–107: «Tabellengeschichtsschreibung im protestantischen Deutschland: Heinrich Pantaleon, Johann Funck, Theodor Bibliander, David Chytraeus».

Hubert *Steinke*: Ein gelehrter Chirurg. In: Keller: Ruf I, 105–117.

Hubert *Steinke*: Medizinische Karriere im städtischen Dienst. In: Keller: Ruf I, 91–102.

Hubert *Steinke*: Vom Schererlehrling zum Chirurgenmeister. In: Keller: Ruf I, 63–73.

Hubert *Steinke*, siehe Hildegard Elisabeth Keller.

Peter *Stotz*: Heinrich Bullinger (1504–1575) and the Ancient Languages. In: Campi: Knowledge, 113–138.

Heinzpeter *Stucki*: Lavater, Hans Rudolf. In: HLS VII, 715.

Michel *Ummel*: «Diese kamen heimlich zusammen in dem Eichhölzlein bey dem grossen Stein». Elemente aus Leben und Glauben der Täufer in Biel und Umgebung. In: Rebetez: Pro Deo, 285–292.

Philipp *Wälchli*: Gedruckte Zürcher Mandate zum Armenwesen von der Reformation bis 1675. In: Zwingliana 35, 2008, 101–115.

Samuel E. *Wenger*: Anabaptist and Reformed Walking Tours of the Cities of Zurich and Bern, Switzerland. Morgantown, PA (Masthof Press) 2006.
«Reiseführer» mit historischen Erläuterungen.

Margrit *Wick-Werder*: Ketzerstadt zwischen Bischof und Bern. In: Rebetez: Pro Deo, 267–284.

Marc van *Wijnkoop Lüthi*: Wolfgang Musculus und das Mönchtum. In: Reformation und Möchtum. Aspekte eines Verhältnisses über Luther hinaus. Hg. von Athina Lexutt, Volker Mantey und Volkmar Ortmann. Tübingen (Mohr Siebeck) 2008 (Spätmittelalter, Humanismus, Reformation 43), 145–171.

Jon Delmas *Wood*: Heinrich Bullinger's Sermones synodales. New Light on the Transformation of Reformation Zurich. Diss. Princeton Theological Seminary, Princeton 2008.

W. J. *Wright*: Marburg, Colloquy of. In: Dewald: Europe IV, 25 f.

Andreas *Würgler*: «The League of Discordant Members» or How the Old Swiss Confederation Operated and How it Managed to Survive for so Long. In: Holenstein: Alternative, 29–50.

Alejandro *Zorzin*: Die Verbreitung täuferischer Botschaft in den Anfangsjahren der «Schweizer Brüder» (1524–1529). Täuferische Propaganda und reformatorische Publizistik – zwei unterschiedliche Kommunikationsstrategien. In: Mennonitica Helvetica 31, 2008, 11–26.

Jason *Zuidema*: Peter Martyr Vermigli (1499–1562) and the Outwards Instruments of Divine Grace. Göttingen (Vandenhoeck & Ruprecht) 2008 (Reformed Historical Theology 4).

Buchbesprechungen

Nicolas Bourbon, **Nugae (Bagatelles). 1533.** Edition critique, introduction et traduction par Sylvie Laigneau-Fontaine. Genf: Droz, 2008 (Travaux d'Humanisme et Renaissance CDXLVI) – 1063 S., ISBN 978-2-600-01226-3.

Vorzustellen ist ein respektables Werk, die über 1000 Seiten starke kritische, kommentierte und mit einer französischen Übersetzung versehene Neuausgabe der neulateinischen «Nugae» des französischen Dichters Nicolas Bourbon (1503 bis etwa 1551), die seinerzeit mehrere Auflagen erlebten und einen weiten Leserkreis fanden. Bearbeitet wurde sie von Sylvie Laigneau-Fontaine, Professorin für Latein an der Université de Bourgogne, und erschien in der renommierten Reihe «Travaux d'Humanisme et Renaissance» der Librairie Droz in Genf. Bourbons Werk ist damit sozusagen in der Schweiz geblieben, denn die zweite Auflage der «Nugae» war durch Vermittlung des ehemaligen Basler Studenten Ludwig Kiel (Carinus) im September 1533 in Basel von Andreas Cratander gedruckt worden (vgl. S. 22); auch Erasmus von Rotterdam besaß ein Exemplar, lobte und rezipierte das Werk (vgl. S. 10).

Die Edition geht weit über die bisher einzig greifbare, unkommentierte Auswahlausgabe der «Nugae» von Verdun-Louis Saulnier (Paris 1945) hinaus. Dargeboten werden 584 Epigramme. Den Text konstituiert nicht die Ausgabe letzter Hand von 1540, sondern die erwähnte zweite, Basler Auflage von Cratander aus dem Jahr 1533 (vgl. S. 188–191), deren Anordnung beibehalten wurde. Die Editionsprinzipien werden eingehend erläutert (S. 191–194). Die Ausgabe ist mit Sachverstand und synoptisch angelegt: Links findet sich der lateinische Text, rechts die französische Übersetzung; textkritischer und Quellenapparat befinden sich unter dem lateinischen Teil, der Kommentar unter den französischen Partien, so dass der lateinische Text erfreulicherweise frei von Anmerkungen geblieben ist. Zudem zeichnet sich die Ausgabe durch eine umfangreiche Bibliographie und ebenso zahlreiche wie differenzierte Anhänge und Indizes aus, die nicht nur zur Auffindung von Stellen dienen, sondern auch sacherschließende Funktion haben. Hier hat die Herausgeberin einmal mehr Großartiges geleistet. Es gibt einen *Conspectus metrorum*, ein Personen- und Autorenregister, unterteilt in antike Autoren, Autoren der Renaissance und moderne Autoren, eine Konkordanz und eine Übersicht aller Ausgaben der «Nugae/Epigrammata», die zu Lebzeiten des Dichters bis 1540 erschienen; schließlich Quellentexte sowie ein Abkürzungsverzeichnis.

In einer umfassenden Einleitung zeichnet Laigneau-Fontaine zunächst den Lebensweg des Autors nach, wofür sie zahlreiche Primärquellen ausgewertet hat (S. 9ff.). An dieser Stelle sei nur erwähnt, dass Bourbon, der evangelischen Kreisen in Paris nahestand, Anfang 1534 inhaftiert wurde, wenig später durch Vermittlung von Kardinal Jean de Lorraine und Marguerite von Navarra freikam und von Anne Boleyn nach England eingeladen wurde, wo er am Hof verkehrte und mit Hans Holbein d.J. zusammenarbeitete. Im Jahr 1536 kehrte Bourbon nach Frankreich zurück, fand Anschluss an das *sodalitium lugdunense* (vgl. S. 31 ff.) und wurde im Jahr 1539 von Marguerite von Navarra als Erzieher ihrer Tochter Jeanne d'Albret nach Paris berufen.

In den folgenden Kapiteln setzt sich Laigneau-Fontaine mit der Sammlung der «Nugae» auseinander und entwickelt poetologische Gedanken unter Bezugnahme auf die antiken und zeitgenössischen Vorbilder (S. 41 ff.) und die Theorien der Humanisten (S. 43 ff.). Sie zeigt auf, wie beliebt die Gattung der Epigramme – die sie als Gelegenheitsliteratur (S. 11) und als «non genre» beschreibt (S. 49) – im 16. Jahrhundert war. Bourbons Epigrammatik greift das gesamte Spektrum antiker epigrammatischer Versformen auf, ebenso bunt ist ihr Inhalt und verschieden sind ihre Adressaten, darunter Berühmtheiten wie Erasmus (Nr. 28), Rabelais (Nr. 406), Andrea Alciato (Nr. 142, 479), Lorenzo Valla (Nr. 494) und Guillaume Budé (Nr. 198, 381, 543). Ganz neu sind freilich die christlichen Gedichte (vgl. etwa Nr. 93, 274, 329, 433, 441, 489, 491, 492, 516, 518, 533). Bezüge zur Schweiz respektive zu Calvin und Bullinger ergeben sich einmal im weiteren Kontext: in der *Deploratio temporis* (Nr. 101), in der möglicherweise auf die religiösen Auseinandersetzungen zwischen den protestantischen und katholischen Kantonen angespielt wird (vgl. Anm. 391) und in der Calvins Auffassung über Astrologie (Anm. 396) eine Rolle spielt (vgl. Anm. 396), sowie in Nr. 421 (*E Graeco suo*), wo eine Stelle aus Plinius' d.Ä. erscheint, die auch Bullinger verwendet hat. Zum anderen richten sich zwei weitere Gedichte an Oporin (Nr. 473) und an Simon Grynäus (Nr. 569). Literaturgeschichtlich interessant sind auch die vielen Übersetzungen griechischer Epigramme, teilweise nach der «Anthologia Graeca», die 1494 erstmals ediert wurde (vgl. etwa Nr. 8, 21, 23, 26, 55, 67, 92, 123, 307 f.), sowie die diversen Bearbeitungen von Epigrammen Martials oder Catulls.

Bei der überaus sorgfältigen Arbeit fallen einige kleinere Verschreibungen kaum ins Gewicht (Anm. 8: «M. Mann Philips» statt «M. Mann Phillips»; im Wort γλυκύτης auf S. 46 fehlt der Akzent). Als problematisch könnte immerhin die unkommentierte Beibehaltung der metrischen Akzente aus dem Original angesehen werden (vgl. etwa S. 74 mit Nr. 54, siehe aber dazu die editorischen Bemerkungen auf S. 192). Zwei Epigramme sind von Willy Brändly in seiner Studie über Ludwig Kiel ins Deutsche übersetzt worden – dies nur als ergänzender Hinweis.

Laigneau-Fontaine hat sich nicht nur darum verdient gemacht, die weitere Überlieferung eines nahezu vergessenen lateinischen Werkes gesichert zu haben, was um so mehr zu begrüssen ist, wenn man an die traurige Bestandsaufnahme denkt, die der Philologe und Historiker Christopher S. Celenza in seinem preisgekrönten Buch «The Lost Italian Renaissance: Humanists, Historians and Latin's Legacy» zur Überlieferung der lateinischen Literatur der Renaissance und der Frühen Neuzeit abgab. Die Editorin hat zudem mit der umfassenden Einleitung und der gründlichen Kommentierung dem weiteren Verständnis der «Nugae» Bourbons den Weg bereitet, und künftige Generationen von Wissenschaftlern werden diese neue Standardausgabe dankbar benutzen. Der Epigrammatiker Kallimachos prägte das berühmte Diktum, ein großes Buch sei ein großes Übel – Laigneau-Fontaine hat dies trefflich widerlegt.

Judith Steiniger, Zürich

Akten der deutschen Reichsreligionsgespräche im 16. Jahrhundert. Dritter Band: Das Regensburger Religionsgespräch (1541). Hg. im Auftrag der Akademie der Wissenschaften und der Literatur, Mainz, von Klaus Ganzer und Karl-Heinz zur Mühlen unter Mitarbeit von Norbert Jäger, Saskia Schultheis und Christoph Stoll, Göttingen: Vandenhoeck & Ruprecht, 2007, 2 Teilbände. – XXXVIII, IX, 960 S., ISBN 978-3-525-36602-8.

Es liegt nahe, gerade diesen Doppelband (nachfolgend zit. ADRG 3) in der Zwingliana vorzustellen, weil er eine größere Anzahl von Dokumenten aus den Archiven und Bibliotheken von Zürich, Basel und Bern berücksichtigt. Darauf geht die Rezension näher ein. Anders als in den beiden Doppelbänden über das Hagenauer und das Wormser Religionsgespräch 1540/41, ist der dritte Band nicht mehr nach der Provenienz der Quellen (mit chronologischem Register), sondern richtigerweise chronologisch-sachlich gegliedert (allerdings ohne ein Quellen-Register mit Verweis auf die Nummern): Texte zum Religionsgespräch, I. im Vorfeld des Reichstages, II. zu dessen Eröffnungsphase und III. zu den auf dem Religionsgespräch diskutierten Artikeln; IV. – je lateinisch und deutsch parallel auf gegenüberliegenden Seiten – das Regensburger Buch (Nrn. 150, 151) und V. die protestantischen Gegenartikel (Nrn. 152, 153), VI. Texte zur Beurteilung des Gesprächs im weitern Verlauf des Reichstages sowie VII. danach entstandene zusammenfassende Darstellungen (lateinisch und deutsch überlieferte wieder nebeneinander). Nachgetragen ist VIII. noch ein Kolloquium zwischen Eck und Melanchthon in Worms (Nr. 287). Der Quellenedition voraus gehen je eine informative historische und editorische Einleitung; die Bibliographie am Schluss ergänzt nur jene in den ersten beiden Bänden, auf die man deshalb angewiesen bleibt. Beste Orientierung über die lateinischen, frühneuhochdeutschen, italienischen und französischen Dokumente gibt das detaillierte Inhaltsverzeichnis. Sehr hilfreich sind die internen Verweise und die Rückverweise auf die früheren Bände.

Der Doppelband bietet gemäß Vorwort vor allem theologische und kirchliche Texte und verweist für politische und religionspolitische Texte generell auf die in Bearbeitung durch Albrecht P. Luttenberger befindliche Edition der Deutschen Reichstagsakten 1541 (Jüngere Reihe, Bd. 11). Bei Martin Bucers «Alle Handlungen und Schriften» vom Dezember 1541 konnten die Herausgeber sich darauf beschränken, die Abschnitte aufzulisten (Nrn. 240–267) und auf Cornelis Augustijns Edition in Bucers Deutschen Schriften zu verweisen (BDS 9/2; Gütersloh 2007; Verweise leider noch nicht auf die Seiten dieser Edition). Berechtigt ist es, bereits edierte Dokumente wieder abzudrucken, wie etwa die Schreiben des päpstlichen Legaten Contarini oder die Briefe von und an Johannes Eck, Luther, Melanchthon oder Calvin. Dabei werden weitere Editionen nur inkonsequent aufgelistet. So wurden Calvins Briefe an Farel und einer von Gwalther an Myconius (28. April 1541, Nr. 62) nach Herminjards «Correspondance des réformateurs dans les pays de langue française» (Band 7, Genf/Paris 1886) wiedergegeben, angepasst an die eigenen Editionsrichtlinien; auf Calvini Opera (Corpus Reformatorum XI) aber wird (außer in Nr. 105) nicht hingewiesen. Befremdlicherweise ließ man Herminjards Sachanmerkungen und auch die Standortangaben der von ihm benutzten Handschriften weg, sodass die Bibliotheken von Genf und St. Gallen nicht als weitere Aufbewahrungsorte von Akten zu «Regensburg 1541» erscheinen. Solches Weglassen der Manuskript-Standorte und -Signaturen gilt überall dort, wo eine ältere Edition übernommen wird, beispielsweise für Calvins Kommentare zum Religionsgespräch (Nrn. 274–286, «gedruckt nach» Corpus Reformatorum 33). Fast ebenso oft aber legten die Bearbeiter das beste Manuskript zu Grunde und benutzten die aufgeführten ältern Editionen lediglich als Lesehilfe. Wo sich die Wiedergabe in ADRG 3 jedoch allein auf Handschriften stützen musste, fallen recht viele Auslassungen und mit [?] markierte unsichere Lesungen auf, so etwa in Teilen des Briefes von Johannes Pistorius an Bullinger vom 30. Mai 1541 (Nr. 149), worin einige groteske Lesefehler stehen und wo außerdem die Angabe «Staatsarchiv Zürich, E II 448, fol. 405–408» in E II 350 zu korrigieren ist; Band 11 von Bullingers Briefwechsel (Zürich 2005), der unter Nr. 1524 die vollständige und richtige Entzifferung gibt, wurde nicht berücksichtigt, sondern nur in der Bibliographie nachgetragen (S. 940, mit falschen Namen von zwei der drei Bearbeiter: «Heinrich» und «Kress», statt richtig «Henrich» und «Kess», dazu: Moser). Es fehlen auch Hinweise auf die hier edierten Briefe aus Regensburg an Bullinger von Martin Frecht, Pistorius, Johannes Draconites, Calvin, Dionysius Melander und Gwalther, der zwei Briefen (Nrn. 1523 und 1538) wichtige Berichte beigelegt hat; ADRG 3 bringt diese Berichte nicht und erwähnt nicht deren Erstedition durch Leo Weisz (Schweizerquellen zur Geschichte des Regensburger Reichstages 1541, in: Zeitschrift für schweizerische Kirchengeschichte 28 [1934], 98–104).

Die aus Zürcher Beständen in ADRG 3 edierten Dokumente stammen (außer Nr. 149) durchwegs aus der Feder des Bullinger-Schülers Rudolf Gwalther. Er hatte im Winter 1540/41 in Marburg studiert und war von den hessischen Theologieprofessoren an den Reichstag in Regensburg mitgenommen worden. Als ihn dort ein von Zürich nach Marburg geschickter und dann umgeleiteter Rückruf erreichte, befolgte er diesen; kaum daheim, wurde er dank seiner Briefe und der kopierten Dokumente sogleich wieder nach Regensburg gesandt, um weiterhin alles, was er (im wesentlichen durch die hessische Delegation) erfahren könne, für Zürich aufzuzeichnen. So weilte Gwalther vom 27. März bis 28./29. April und vom 27. Mai bis 29. Juni 1541 in Regensburg; er verpasste weitgehend das Religionsgespräch (27. April bis 31. Mai) und erfuhr darüber doch einiges; wichtige Abschnitte des Reichstages erlebte er selbst. Seine «Acta Ratisbonae» sollen zum kleineren Teil in den Deutschen Reichstagsakten (Jüngere Reihe, Band 11) ediert werden, zum größeren Teil sind sie in ADRG 3 abgedruckt, und zwar aufgeteilt in Nr. 48 («Bericht Rudolf Gwalthers», 27. März bis 24. April) und (ohne Nennung seines Namens) in Nrn. 55, 65, 156 und 160; nur in Nr. 156 ist richtig «Zürich Staatsarchiv, E II 448» angegeben, sonst ist jeweils falsch «E II 350» vermerkt und in E II 448 zu korrigieren. Die textkritischen Anmerkungen der Nrn. 178, 179, 188 und 190 (Stellungnahmen zum Regensburger Buch von Johannes Amsterdamus aus Bremen, Johannes Pistorius, Caspar Cruciger und Philipp Melanchthon) berücksichtigen unter dem Sigel «Züri 2» das Quartheft «Zürich Zentralbibliothek, Ms D 111» (das in der Sigelliste S. XXXVIII zugefügte «Car. XV» ist zu streichen); es ist von Gwalther geschrieben, was allerdings weder im Heft noch im Zürcher Handschriftenkatalog festgehalten ist. Es enthält auch, ohne an den betreffenden Stellen vermerkt zu sein, die nach andern Quellen edierten Akten Nr. 122, 195 (in stark abweichender Fassung) und 196 (Konstanzer Stellungnahmen) sowie 189 (eine deutsche Stellungnahme Melanchthons), dazu aber auch Dokumente von Melanchthon (einen Brief an Karl V., Melanchthon Briefwechsel 3, Nr. 2700, und eine «Protestatio» vom 16. Mai 1541, ebd. 9, Nr. 2697a) und von Draconites, die in ADRG 3 übergangen sind; werden diese in der Edition der Reichstagsakten berücksichtigt? Die von Gwalther aufgezeichneten Predigten, die Melanchthon in Regensburg lateinisch gehalten hat, um den protestantischen Theologen die Auslegungsrichtlinie für deren deutsche Predigten vorzugeben, finden sich als Nrn. 35, 161, 164, 175 und 186 in ADRG 3 wieder. Sein jeweiliges Hauptanliegen haben die Herausgeber aufs beste schon in der Überschrift zusammengefasst (über die wahre und die falsche Kirche, über die verfolgte Kirche, die Kirche in der Welt, über die wahre Lehre, über den rechten Gebrauch der Sakramente); sie verweisen für die Datierung auf die Erstedition des Rezensenten: Kurt Jakob (nicht: «Jacob») Rüetschi, Fünf «Conciones» Melanchthons. Rudolf Gwalthers Nachschrift am (nicht: «vom») Regensburger Reichstag 1541, in: Hans Ulrich Bächtold (nicht: «Bächthold»), Rainer Henrich und Kurt Jakob Rüetschi (Hg.): Vom Beten, vom Verketzern, vom Predigen: Beiträge zum Zeitalter Heinrich Bullingers und Rudolf Gwalthers, Zug [1999]; für die Tagesdaten wäre allerdings korrekt auf S. 97–100 (statt 77–94) zu verweisen.

Im «Bericht zu den Archivalien» (ADRG 3, S. XXVI) wird gewürdigt, dass Wolfgang Musculus (damals Prädikant in Augsburg und in Regensburg dabei, später Theologieprofessor in Bern) die im Codex A 39 (so richtiger als «Manuskript A, Codex 39») der Burgerbibliothek Bern aufbewahrten Dokumente zusammengestellt hat, die den Nrn. 39, 41, 44, 45, 60, 61, 66, 84, 86, 87, 89, 91, 177, 183 und 198 zu Grunde gelegt wurden und als eine der weiteren Quellen neben der Hauptquelle auch in Nrn. 42, 100 und 169 unter dem Sigel «Bern 1» erwähnt sind. Wiedergegeben ist auch ein Brief von Musculus an Georg Herwart (Nr. 95). Zu jenen «Parallelüberlieferungen» (der Hauptquellen in den Archiven von Wien, Würzburg und Karlsruhe usw.), die lediglich «eingelesen» (so S. XXIX), was wohl heißt: verglichen, aber in der Regel nicht in den textkritischen Anmerkungen berücksichtigt wurden, gehört eine Auswahl der in den Kirchenakten A 5 des Staatsarchives Basel-Stadt aufbewahrten (von Kanzlisten geschriebenen) «Regensburger» Dokumente; sie sind unter dem Sigel «Basel 2» in den Nrn. 21, 27, 167, 199, 200, 208, 216 und 220 erwähnt.

Bei den nach Handschriften (nicht aber bei den bloß nach Drucken) wiedergegebenen Texten stehen präzise textkritische Anmerkungen. In den Sachanmerkungen werden heute ungebräuchliche Wörter erklärt, Begriffe, Ereignisse, Bibelstellen und Zitate nachgewiesen, leider aber nicht Personen und geographische Namen, für die auf das Personen-und Ortsregister verwiesen wird. Dieses ist aber weder fehlerfrei noch vollständig. Es nennt zwar in der Regel die Namensvarianten und die Funktionen von Personen, aber nur beim Haupteintrag; selten sind hier Verweise, sodass eine grosse Vertrautheit mit dem damaligen Personenkreis vorausgesetzt wird. Einige Beispiele: Wer in den Quellentexten auf «Balthasar» stößt, muss wissen, dass es sich um Keufflin oder Hubmaier handeln kann. Im bereits erwähnten Brief an Myconius vom 28. April lässt Gwalther Grüße und gute Wünsche an «Blatter» (Thomas Platter), Heinrich Billing und

(Leonhard, nicht Johannes, wie Herminjard vermutetete) Hospinian (Wirth) ausrichten (S. 95, Schluss von Nr. 62); keinen findet man im Register, bzw. erscheint dort (der Basler) Billing unter Heinrich Bullinger! Die Einträge zu «Cellarius (Borrhaus) Martin» in Basel (mit Verweis bei Borrhaus) betreffen durchwegs den Sachsen Johannes Cellarius. Wolfgang Musculus erscheint in Texten auch unter «der Meuslen» (S. 161) oder «Meußlin» (S. 847), wovon das Register nichts weiß, jedoch auch auf S. 569 verweist, wo er nicht vorkommt. «Cordier, Marthurin» ist zu verbessern in «Mathurin»; ihn, Capunculum (Jean Chaponneau) und die überhaupt nicht nachgewiesenen Thomas (Barbarin) und Michael (Mulot) grüßt Calvin am 4. Mai (Nr. 76, S. 121 f) und erwähnt auch (Jean) Frellon und (Pierre) Viret sowie unter mehreren Orten auch Solothurn, worauf das Register auch nicht hinweist. Bei «Drach (Draconites, Track)» (ohne Verweis bei Track) fehlt S. 179 und sollte S. 150 statt 151 stehen. Bei Farel steht S. 22 hinter 71 und sollte eigentlich 23 sein. Nur über das Inhaltsverzeichnis findet man die erste der fünf von Gwalther nachgeschriebenen Predigten Melanchthons (S. 48–51, Nr. 35) und im Register nur über Farel einen der zehn Briefe Calvins an Farel (jenen S. 476, Nr. 171). In der Wiedergabe der Schweizer Quellen zu «Regensburg 1541» – nur sie wurde hier geprüft – und im Register findet man grobe, ärgerliche Fehler neben sauber Gearbeitetem. Das breit angelegte Werk ist offensichtlich mit ganz unterschiedlicher Sorgfalt geschaffen worden. Dankenswert bleibt, dass die Editoren weit verstreute, «offizielle» wie auch eher «private» Dokumente zusammengetragen, in Haupt- und Nebenüberlieferung klassifiziert, teilweise datiert und leicht zugänglich gemacht haben.

Kurt Jakob Rüetschi, Luzern

Heinrich Bullinger Briefwechsel. Band 13: Briefe des Jahres 1543. Bearb. von Rainer Henrich, Alexandra Kess und Christian Moser. Zürich: Theologischer Verlag Zürich, 2008 (Heinrich Bullinger Werke II/13). – 382 S., ISBN 978-3-290-17459-0.

1543 marked a turning point for the fortunes of German Protestantism. The newly-published thirteenth volume of Heinrich Bullinger's correspondence is a valuable source of information concerning not only the events of that year but the general reaction to them. The emperor's return to Germany, his victory over Duke Wilhelm of Jülich-Cleves, his resumption of war with France, Ferdinand's efforts to halt the Turkish advance in Hungary, and the accompanying recruitment and movement of troops all drew the attention and aroused the fears of Bullinger and his correspondents.

As in earlier years, Bullinger's chief correspondents were Ambrosius Blarer in Constance and Oswald Myconius in Basel. For the first time Myconius' colleague Johannes Gast also appears as a regular correspondent. All three maintained close ties with friends in Strasbourg, and much of the news from Germany that they passed on to Zurich came from their correspondents in the Alsatian city. After almost five years of silence between them, Bullinger renewed his correspondence with Martin Bucer, who was in the midst of efforts to reform the territory subject to the archbishop of Cologne. Bucer responded with reports on the progress of the Cologne reformation.

The delicate relations between the two reformers were hampered from the start, however, by Luther's letter to the Zurich printer Christoph Froschauer, in which the Wittenberger condemned Zurich's pastors for teaching error and leading their followers to hell. Bullinger's letters reveal the anger and frustration the Zurich reformer felt at Luther's absolute refusal to accept the Zurichers as fellow Christians. By the end of the year both Blarer and Myconius had joined Bucer in urging Bullinger to restraint regarding Luther, despite the latter's obvious faults.

Other concerns took up Bullinger's attention as well. At the beginning of the year, the Hessian pastor Johannes Lening sent him a long letter in response to a passage in the latter's commentary on Matthew, published the previous year, in which the Zurich Antistes criticized those who defended bigamy. Bullinger was not impressed with Lening's arguments. In his answering letter he bemoaned the public scandal caused by the discussion of bigamy and condemned as childish Lening's exegesis of Scripture to defend the practice. Bullinger's commentary on John was published in August, and he sent copies not only to his friends but also to Philipp Melanchthon and the archbishop of Cologne. Bullinger's books were eagerly sought elsewhere as well. The Siebenbürgen student Martin Hentius wrote from Wittenberg asking for copies of all of Bullinger's works, and he told Bullinger that other students had asked for a list of everything he and the other Swiss reformers had written, since those books could not be sold in Wittenberg. Bullinger's attention was also drawn to Italy through letters describing the underground support for evangelical teaching and asking for copies of Calvin's recent publications as well as the Latin Bible produced by the Zurich theologians.

This is only an overview of the most striking topics discussed in Bullinger's correspondence. The letters also contain news about the imperial diet at Nuremberg and the meetings of the Schmalkaldic League, Bullinger's views on private confession, church discipline and the use of images contained in a long letter to the Siebenbürgen reformer Johannes Honter, and discussion of measures to counter the teachings of Kaspar Schwenckfeld. The variety and the significance of the issues addressed in the correspondence make this volume particularly important for understanding the influence of the Zurich reformer outside of his home church.

One hundred of the 123 letters contained in this volume are published for the first time. Roughly 80 % of those letters come from Bullinger's correspondents. These give readers a fascinating glimpse of how news was spread in the sixteenth century. As with earlier volumes, the letters are provided with useful summaries in German; the annotations for each are succinct but sufficient to explain context and contents. There is an index of personal and place names but not of topics at the end of the volume.

The ongoing publication of Bullinger's correspondence has consistently combined quality editorial work with regular and timely publication. The foreword describes some of the changes to the editorial team that will be responsible for future volumes. The new editors have a high standard to meet but also an exemplary model to follow in the volumes produced by the current editors.

Amy Nelson Burnett,
University of Nebraska-Lincoln

Barbara Katharina Studer Immenhauser, **Verwaltung zwischen Innovation und Tradition: Die Stadt Bern und ihr Untertanengebiet 1250–1550**, Ostfildern: Thorbecke, 2006 (Mittelalter-Forschungen 19). – XII, 500 S., ISBN 978-3-7995-4270-8.

Das voluminöse Werk untersucht in einem ersten Teil die Verwaltungsorgane der Stadt Bern und zeichnet die Entwicklung von einer einfachen «Protoverwaltung» zu einer differenziert ausgebauten Administration von annähernd 150 Personen um 1550 nach. Ein zweiter Teil wendet sich anschließend der Verwaltung des bernischen Territoriums zu, das in seiner Ausdehnung von keiner anderen Stadt nördlich der Alpen übertroffen wurde. Als Gründe für diese exzeptionelle Größe führt die Vf. an, dass der Territorialisierungsprozess in Bern aufgrund der relativen Königsferne der Stadt früher als in den übrigen eidgenössischen Städten einsetzen konnte und auch länger andauerte, da sich Bern aufgrund seiner geographischen Lage auch im Westen Expansionsmöglichkeiten boten. Zudem konnte sich in Bern keine – tendenziell eher defensiv agierende – Zunftherrschaft etablieren, so dass die Macht bei den risikobereiten, an einer möglichst großen Anzahl von Steuerzahlern interessierten Adels- und Notabelngeschlechtern verblieb. Die offensive Territorialerwerbspolitik wurde durch eine aktive und erfolgreiche Bündnispolitik flankiert, und schließlich gelang es dem Berner Rat auch, bei seinem Expansionsdrang die ländliche Bevölkerung für sich einzunehmen. Die Verwaltung der erworbenen Gebiete zeichnet sich durch ein pragmatisches Vorgehen aus. Zumeist wurde das geltende Recht beibehalten und auch das bisherige Verwaltungspersonal übernommen. Insgesamt erreichte Bern in seinem Territorium nur einen vergleichsweise niedrigen Grad an Verwaltungs- und Herrschaftsdichte. Die Berner Herrschafts- und Verwaltungspraxis wird schließlich hinsichtlich ihrer Innovationsleistung bzw. ihres Grads an Traditionsverbundenheit beurteilt. Während der Stadt Bern im Bereich des Landerwerbsprozesses ein innovatives Vorgehen bescheinigt wird, zeigt sich die Verwaltung sowohl der Stadt als auch der Landschaft als in hohem Maße traditionsverhaftet und starr, da Maßnahmen kaum je prospektiv, sondern stets als Reaktion auf akute Probleme getroffen wurden. Das Buch argumentiert wohlausgewogen auf hohem Niveau, ist sorgfältig erarbeitet, vorbildlich dokumentiert, glasklar strukturiert und verdient in Konzeption und Durchführung höchste Anerkennung.

Christian Moser, Zürich

Jason Zuidema, **Peter Martyr Vermigli (1499–1562) and the Outward Instruments of Divine Grace.** Göttingen: Vandenhoeck & Ruprecht, 2008 (Reformed Historical Theology 4). – 196 S., ISBN 978-3-525-56916-0.

Zuidemas Buch stellt eine geringfügig revidierte Fassung seiner an der McGill University, Montreal im Jahre 2007 eingereichten Dissertation dar. Im Vorwort setzt der Autor seiner Untersuchung zunächst ein etwas ambitioniertes Ziel: «The purpose of the present essay is not simply to understand a few more historical details about Vermigli's life, but, rather, to understand his theological outlook, his methodological presuppositions, the sources of his thought, and the goals of his life's work» (S. 9). Bald schränkt jedoch Zuidema seine Fragestellung auf Vermiglis «general hermeneutical approach and the coherence of his thought» (10) ein. Um Vermiglis «theologisches Profil» zu skizzieren, stützt er sich auf dessen Behandlung der sogenannten «äußeren Gnadenmittel» («outward instruments of divine grace»), nämlich der Person Jesu Christi, des geschriebenen Wortes Gottes und der Sakramente, wobei nur das Abendmahl in den Blick genommen wird. Zuidemas Studie wird vom Gedanken geleitet, dass Vermigli in seiner Christologie, Schrift- und Abendmahlslehre ein «Mann in der Mitte» («man in the middle», 13) zwischen den Extremen einer Übervergeistigung und einer Überverfleischlichung gewesen sei (35). Vermiglis Streben nach diesem goldenen Mittelmaß zwischen den Positionen der Radikalen einerseits («over-spiritualization») und der Römisch-Katholiken und Lutheraner andererseits («over-carnalization») charakterisiere ihn als typischen orthodox-reformierten Theologen, der – geleitet vom «chalcedonischen Modell» (157) – den Implikationen der Menschwerdung Gottes in Sachen Christologie, Schrift- und Abendmahlslehre gerecht zu werden versucht (89). In den Kapiteln 3 bis 5 wird die Position Vermiglis im Bezug auf die drei erwähnten Themata erläutert und dessen «Maßhalten» bestätigt.

Trotz der im Vorwort formulierten großen Versprechungen, nimmt sich die vorliegende Monographie letztlich wie eine Einführung in Vermiglis Theologie aus, welche sich zwar eignet, um Einblick in den Forschungsstand sowie in die Hauptlinien des theologischen Denkens des großen Florentiners zu gewinnen. Abgesehen von der Feststellung, dass Vermigli die Bewahrung einer mittleren Position zwischen «over-carnalization» und «over-spiritualization» anstrebte – eine Feststellung, die sich fürwahr auf praktisch alle reformierten Theologen anwenden ließe! –, formuliert Zuidema jedoch keine bestimmte These. Ist seine Arbeit solide und fundiert, so beschränkt sie sich fast ausschließlich auf eine weitgehend textimmanente Darstellung der Position Vermiglis in Sachen Christologie, Schrift- und Abendmahlslehre.

Selbst wenn Zuidemas Monographie aus den genannten Gründen zur Vermigli-Forschung nur in geringem Maße beitragen kann, wird sie sicherlich viele Leser zu einer ersten Begegnung mit Vermigli und seinem Werk verhelfen können.

Luca Baschera, Zürich

Kirsi Stjerna. **Women and the Reformation**. Maden-Oxford: Blackwell Publishing 2009. – 269 S., ISBN 978-1-4051-1422-6.

Social history, biography, and theology converge in Kirsi Sterna's «Women and the Reformation», an introductory textbook for readers somewhat familiar with the Reformation that also serves to showcase the burgeoning research on Reformation women. Even if some remain unconvinced that women were involved in re-forming the church during the sixteenth century, many scholars have long been conducting advanced and original comprehensive research on Reformation women leaders and sharing their findings in both classrooms and print. Stjerna, Associate Professor of Reformation History and Director of the Institute for Luther Studies at the

Lutheran Theological Seminary at Gettysburg (USA), joins this group with her book and contributes to an inclusive picture of leadership in the sixteenth century.

Stjerna's first section engages the «Options and Visions for Women» by juxtaposing the problematic shift of theology to the priesthood of all believers with the harsh socio-cultural realities of women's possibilities in a church and culture with a male-dominant hierarchical leadership structure. The categories relevant to women in the sixteenth century are discussed in chapters on prophecy and teaching, intellectual life outside the safety of the convent, and the reformed view of marriage and motherhood, all of which culminate in a fourth chapter on the gender discrepancy between learning and power. Section two, «Women as Models and Leaders and Teachers of the Reformation», offers biographical case studies of ten exceptional German, French, Swiss, and Italian women whose ideas have survived the various crises of public and private space, documenting ideas and contributions that were preserved more often in letters, pamphlets, poems, or songs than in the books or tracts of their male counterparts.

The author's choice of words and the format of the case studies do commend the work for use as a textbook, yet the text is supported by a wealth of primary and secondary documentation. Her contemporary approach does not detract from this study's theological implications, which are timely and relevant to church leadership and Reformation history in general. Stjerna's ability to present facts without extensive personal commentary sets her apart from other feminist historians, yet she is not hesitant to remind the reader that these Protestants were also women and that their voices need to be listened to differently than those of their male counterparts. Another helpful feature that commends this book is an accompanying website (still under construction) that will feature the writings of some of the women.

«Women and the Reformation» follows Roland Bainton's biographical case-study models in his similarly-titled three-volume, which has been the classic for brief biographies of Reformation women since 1971. Happily, many of Bainton's brief cases have received full-length studies since then, and even critical editions. Stjerna makes her own unique contribution with a compilation of research from the last several decades that renders Reformation women accessible to students and scholars who care to add a feminine dimension to their thought on the history of the Reformation.

Rebecca Giselbrecht, Zürich

Daniel A. Neval, **Die Macht Gottes zum Heil: Das Bibelverständnis von Johann Amos Comenius in einer Zeit der Krise und des Umbruchs**, Zürich: Theologischer Verlag Zürich, 2006 (Zürcher Beiträge zur Reformationsgeschichte 23). – XXV, 613 S., ISBN 978-3-290-17361-6.

Das zu besprechende Werk hat eine tragische Vorgeschichte, verstarb dessen Autor doch noch vor der Drucklegung im Alter von nur gerade 35 Jahren. Auf die näheren Umstände geht Emidio Campi im Vorwort ein und Jan B. Lášek widmet Daniel Neval eine ausführliche Würdigung in tschechischer Sprache, die auch auf Deutsch übersetzt ist. Im Anhang findet sich neben einem Bild des Autors ein Curriculum und eine Zusammenstellung seiner Publikationen.

Johann Amos Comenius ist ins allgemeine Bewusstsein vor allem als Pädagoge eingegangen; der Theologe Comenius ist hingegen weniger bekannt, obwohl beide Aspekte aufs engste miteinander verflochten sind. Das vorliegende Werk füllt in diesem Punkt eine empfindliche Lücke, indem es unmissverständlich klarmacht, dass Comenius' pädagogisches Anliegen ein zutiefst religiöses ist, sollte doch das christliche Volk genau verstehen, was es glaubte. Neval zieht im gesamten Werk nicht nur deutsche, lateinische und auf deutsch übersetzte Quellen heran, sondern auch tschechische und polnische (Comenius lebte u.a. im polnischen Exil) Quellenstücke, da er beide Sprachen beherrschte. Erstmals gibt Neval auch ein nahezu lückenloses Verzeichnis aller Werke, die Comenius verfasste (S. 557–597), was für künftige Forschungen zweifellos eine wesentliche Erleichterung bedeutet.

Neval nähert sich seinem Gegenstand, Comenius' Bibelverständnis, in mehreren Durchgängen aus unterschiedlicher Sicht. Das einführende erste Kapitel enthält eine Kurzbiographie Comenius', einen Forschungsbericht und methodologische Überlegungen, ehe in Kapitel 2 Comenius' Sicht auf den Zustand von Theologie und Kirche seiner Zeit analysiert wird. Kapitel 3 «Comenius und die Tradition» trägt einen wesentlich schlichteren Titel, als seinem Inhalt entspricht, gibt Neval doch en passant eine Geschichte der Brüder-Unität und des Hussitismus in Böhmen, eine Einführung in deren Theologie, einen Abriss über die wichtige Kralitzer Bibelübersetzung und eine Zusammenfassung der Schriftlehre der reformierten Orthodoxie, daneben aber auch eine knappe Einführung ins Weltbild des Barock. Kapitel 4 bildet unter dem Titel «Praxis Pietatis» den Angelpunkt der Arbeit mit einer detaillierten Darstellung und Analyse von Comenius' Bibelverständnis, Exegese, Hermeneutik und Homiletik. Einem prophetischen Ausblick ist das Kapitel 5 «Haggaeus Redivivus» – nach dem Titel einer gleichnamigen Schrift des Comenius – gewidmet, bevor in Kapitel 6 die Erträge aus den vorangehenden Kapiteln zusammengefasst werden. Im Anhang finden sich tabellarische Aufstellungen der zahlreichen von Comenius verwendeten rhetorischen Begriffe und deren Definitionen, was ebenfalls ein wichtiges Hilfsmittel für künftige Forschungen bilden dürfte. Überhaupt ist auf die vielen Tabellen auch im Haupttext hinzuweisen, die teilweise nach Vorlagen oder Anregungen von Comenius gestaltet sind und komplexe Sachverhalte ganz in Comenius' Sinn veranschaulichen.

Ein ausführliches Personenregister erschließt die Arbeit teilweise, wünschbar schiene angesichts ihres Umfangs und ihrer Konzeption aber auch ein Sachregister. Zweifellos wird diese Arbeit die Comenius-Forschung noch lange befruchten, gewiss aber auch weitere Felder der Geschichte der Frühen Neuzeit.

Christian Moser, Zürich

112. Jahresbericht des Zwinglivereins über das Jahr 2008

Mitgliederversammlung
Die ordentliche Mitgliederversammlung fand unter der Leitung von Präsident Dr. Matthias Senn am Donnerstag, dem 19. Juni 2008, in der Kapelle der Helferei Grossmünster statt.

Der Jahresbericht wurde, ohne Wortmeldung aus dem Plenum, einstimmig angenommen; ebenso die durch den Quästor Dr. Hans-Rudolf Steiner erläuterte Jahresrechnung 2007 und das Budget 2009.

Der Antrag des Vorstandes, die Höhe der Mitgliederbeiträge beizubehalten (Einzelmitglieder Fr. 60.–, Studierende Fr. 20.– und Kollektivmitglieder Fr. 100.– pro Jahr) fand die einhellige Zustimmung der Versammlung.

Der Präsident stellte den Berner Kirchengeschichtsprofessor und Zwinglikenner Dr. Martin Sallmann vor. Dieser wurde einstimmig in den Vorstand gewählt.

Im Anschluss an die Versammlung sprach Dr. Martin Haas zum Thema «Profile des frühen Täufertums im Raume Bern, Solothurn und Aargau». Danach folgte ein Kurzreferat von Kirchenratspräsident Dr. Ruedi Reich zum Thema «Die Zürcher Landeskirche und die Täufer. Oder: Die Wahrheit wird euch frei machen (Joh 8,32)».

Jahresrechnung 2008
Die Jahresrechnung mit den Bemerkungen des Quästors befindet sich auf einem separaten Blatt.

Zwingliana
Der Band XXXV konnte wie geplant ausgeliefert werden. Wiederum hat die Schweizerische Akademie der Geistes- und Sozialwissenschaften, vermittelt durch die Schweizerische Theologische Gesellschaft, der Zwingliana einen Druckkostenbeitrag zugesprochen. Der Zwingliverein und die Redaktion bedanken sich an dieser Stelle für die sehr willkommene Unterstützung. Die Arbeiten zur retrospektiven Digitalisierung der Zwingliana wurden durch Christian Moser weitergeführt und stehen kurz vor dem Abschluss.

Exegetische Schriften Huldrych Zwinglis
Das Vorwort und das wissenschaftliche Nachwort des Bearbeiters sind redaktionell zur Druckreife bearbeitet worden. Die für die Drucklegung notwendigen Korrektur- und Formatierarbeiten wurden in Angriff genommen, erweisen sich als komplexer als bisher angenommen und konnten deshalb noch nicht ganz abgeschlossen werden. Die Fertigstellung ist für das laufende Jahr in Aussicht gestellt.

Bullinger-Briefwechsel-Edition

Für das Editorenteam stand das vergangene Jahr im Zeichen belastender struktureller Diskussionen über die Stellung des Projekts am Institut für Schweizerische Reformationsgeschichte, die mit dazu führten, dass lic.theol. Rainer Henrich sich entschloss, nach mehr als zwanzig Jahren auf hohem wissenschaftlichem Niveau besorgter Editionstätigkeit die Heinrich Bullinger-Briefwechsel-Edition zu verlassen, dies freilich nicht ohne ihr in PD Dr. Reinhard Bodenmann einen kompetenten Nachfolger zu vermitteln. Im Anschluss an diese Rochade trat am Ende des Berichtsjahres auch Prof. Dr. Rudolf Schnyder von seinen vor dreißig Jahren übernommenen Funktionen als vom Zwingliverein für die Edition des HBBW verantwortlicher Delegierter zurück.

Trotz der damit verbundenen Beunruhigung konnte der Editionsplan dank dem ungebrochenen Einsatz der Editorinnen Frau Dr. Alexandra Kess und Frau Dr. Judith Steiniger fast eingehalten werden. 2008 erschien Band XIII der Edition mit den Briefen des Jahres 1543 (123 Briefe, 380 Seiten). Die Bearbeitung des umfangreichen Briefjahrgangs 1544 (223 Briefe) ist so weit fortgeschritten, dass mit der Revision und Drucklegung von Band XIV, wie vorgesehen, 2010 gerechnet werden kann.

Heinrich Bullinger, «Tigurinerchronik»

Im Jahr 2008 hat der Bearbeiter, Dr. H. U. Bächtold, den Text von 11 der insgesamt 14 (15) Bücher der «Tigurinerchronik» rohbearbeitet; d.h. der Text wurde durchgearbeitet, die Spracherläuterungen für das Glossar eingetragen und die Personen und Orte für das Register identifiziert und kommentiert; ansatzweise erfolgte auch die Sachkommentierung.

Mitgliederbestand

Am 31. Dezember 2008 zählte der Verein 270 Einzelmitglieder (2007: 282) und 39 Kollektivmitglieder (2007: 40).

Zürich, 20. Mai 2009

Der Präsident	Der Aktuar
Dr. Matthias Senn	Dr. Hans Ulrich Bächtold

Register

VON DORIS KLEE

Personenregister

Ortsregister

Bibelstellenregister